胡晓霞◎著

基本原理与理性构建：

民事审前程序研究

JIBEN YUANLI YU LIXING GOUJIAN
MINSHI SHENQIAN CHENGXU YANJIU

中国法制出版社
CHINA LEGAL PUBLISHING HOUSE

目　录

Contents

第 一 章

绪 论

民事审前程序，一般是指民事案件立案之后至法院开庭审理之前的中间程序。在新的立法理念影响下，逐渐重视对审前程序的改革与完善已成为世界各国民事诉讼改革的新动向。在大陆法系国家，虽然传统上秉承庭审中心主义，但为了提高诉讼效率，很多国家近些年进行了审前程序改革，将审前程序的功能定位于审理前的准备程序。于是，双方当事人交换主张、证据，整理争点，从而使案件达到适合判决的程度，构成了大陆法系审前程序改革的主要内容；在英美法系国家，审前程序产生之初是为了适应集中审理的需要，但在案件剧增的压力之下，审前程序的原有功能已经发生了改变。立法者和司法者通过一系列的复杂精细的制度设计，促使当事人在审前程序中交换信息，进行和解，从而使大部分纠纷在开庭审理前得到解决。进入 21 世纪以来，世界主要国家审前程序的发展趋势日趋明显，审前程序的功能已经由单一的准备功能发展为包括准备、化解纠纷功能在内的复合性功能，即由为开庭审理做准备以保证诉讼的顺利进行，发展为提供了一个无须审判而结束案件纠纷的解决途径。

通过对学术史的梳理和对司法实践的考察发现，学者对于中国民事审前程序的研究早于民事审前程序的司法实践，而近年来各地法院进行的包括民事审前程序改革在内的司法改革活动，则为学术研究提供了丰富的素材。21 世纪已经走过了第一个十年，在这期间，社会经济的发展和公众对保护权利、解决纠纷的需求，对民事审前程序提出了更高、更新的要求。我国的民事审前程序不能再以移植西方制度和理论为导向，而应从实际出发，从司法实践和社会需求的实际需要出发；不能再通过继受特定理论和移植域外立法来解决实际问题，而应是从解决中国实际问题的角度来完善立法和发展理论。因此，以中国实际为出发点，以中国国情为着眼点，以中国文化为立足点，构建一个与立案、调解、审理程序相衔接的、符合中国司法语境的审前程序，已成为民事诉讼立法和司法改革的重要任务。为完成这一任务，本文在梳理学术史的同时，重点对中国民事审前程序的司法实践进行了考察、梳理和分析。在社会史的背景下，对学说史和制度史进行研究之后，已经可以大致发现中国民事审前程序发展的规律和趋势。在历史分析这一基础工作完成之后，本文主要采取比较研究和实证研究的方法，对我国民事审前程序进行系统深入的研究。本文主要选取了三个研究视角，分别是民事审前程序的功能定位、阶段划分和主持主体。这三个研究视角，也是构建中国民事审前程序的重要方面。

一、研究民事审前程序的背景

（一）国内背景分析

在我国，计划经济向市场经济的转型逐步完成、法治国家逐步成为现实、公民的法制意识和法律观念大大增强，民事诉讼已经成为解决社会纠纷的最重要手段。而民事诉讼法从 1982 年试行到 1991 年正式颁行，以及 2007 年、2012 年两次修订完善，历经 20 多年的探索实践，虽然积累了不少经验，但随着社会经济发展进步，民事纠纷的数量和种类激增、民事纠纷范围扩大、民事诉讼标的额增大、民事诉讼当事人的维权意识日渐增强，同时也面临着严峻挑战。加之，国外民事诉讼理论的大量引入，引发了实务界和理论界对我国现行民事诉讼法与诉讼原理诸多相悖问题的积极反思，极大加速了民事审判领域的改革提上日程。特别是 20 世纪 80 年代末期，我国民事审判制度改革以庭审方式改革为重心拉开了改革的序幕，并层层推进着整个民事审判制度和诉讼法学理论的改革进程，且这种庭审方式的深入变革始终是审判制度改革的重心，由此牵动了对我国民事审判审前程序的深层次探讨和积极重构。

1. 规范性文件的陆续出台

我国民事审前程序的改革，始于最高人民法院对审前证据交换制度改革的探索。1993 年 5 月 6 日，《全国经济审判工作座谈会纪要》规定，"开庭前，合议庭成员可以召集双方当事人交换、核对证据，也可以让双方当事人及其委托代理人交换、核对证据，对双方当事人无异议的事实和证据，开庭时经当事人确认后可不再核对、质证"，标志着我国正式拉开了审前证据交换制度变革的序幕。此后，最高人民法院通过系列规范性文件逐步完善了证据交换制度。

1993 年 11 月 16 日，《最高人民法院第一审经济纠纷案件适用普通程序开庭审理的若干规定》中，"开庭前，合议庭可以召集双方当事人及其诉讼代理人交换、核对证据，核算数目。对双方当事人无异议的事实、证据应当记录在卷，并由双方当事人签字确认。在开庭审理时如双方当事人不再提出异议，便可以予以认定。"

1998 年 6 月 19 日，《最高人民法院关于民事经济审判方式改革问题的若干规定》进一步明确规定可以在开庭前进行证据交换。

1999 年 10 月 20 日，最高人民法院发布了《人民法院五年改革纲要》，明确提出要在审前建立证据交换制度。

最高人民法院 2001 年 12 月 6 日通过的《关于民事诉讼证据的若干规定》、2009 年 7 月发布的《关于建立健全诉讼与非诉讼相衔接的矛盾纠纷解决机制的若干意见》、2010 年 6 月 7 日发布的《关于进一步贯彻"调判优先、调判结合"工作原则的若干意见》以及陆续实施的《人民法院第二个五年改革纲要》、《人民法院第三个五年改革纲要》等规范性文件均涉及民事审前证据交换制度的改革，有力地推动了民事审前程序改革的进程。

2. 司法实践的积极探索

"加强和完善审前准备程序是各国民事诉讼立法和司法的共同选择和取向。……我国也已从近几年的审判方式改革的实践中深刻体味了这一选择和取向的重要意义和价值所在。"[1] 在此背景下，一些地方法院也结合审判实践需要，陆续推出了各项审前程序改革的具体措施。[2] 如"河北省高级人民法院积极探索庭前示证的方法，要求双方当事人在庭前出示开庭时要提交的证据并阐明各自观点，相互了解对方的证据和观点，为审判人员把握双方争议焦点、驾驭法庭审理做好了充分准备"[3]。"海南省高级人民法院《关于民事诉讼庭

---

① 蔡彦敏著：《民事诉讼主体论》，广东人民出版社 2001 年版，第 213 页。

② 参见陈桂明：《审前程序设计中的几对关系问题》，载《政法论坛（中国政法大学学报）》2004 年第 4 期。

③ 河北省高级人民法院：《深化改革、努力探索有中国特色的民事审判方式》，载最高人民法院研究室编：《走向法庭》，法律出版社 1997 年版，第 66 页。

前准备的若干规定（试行）》规定，预审法官根据案件实际情况，接待当事人来访、咨询时，征求当事人意见后可以固定双方当事人诉讼请求；根据合议庭的决定，依法调查、收集与核对有关证据，办理委托鉴定（含评估、审计）、勘验等事项；组织当事人出示、交换证据；在当事人自愿前提下，组织庭前调解，促进双方和解等"[①]。另外，近几年各地法院也在积极推行"诉调对接"模式，完善立案诉讼服务管理机制[②]。

如前所述，近年来，我国各地法院为解决实际问题，提高审判效率，根据司法实践需求，在民事诉讼既有制度框架内，对民事审前程序的改革进行了大量积极探索，采取了多样化的庭前改革措施，毋庸置疑，具有重要的制度创新意义。对既存的各种模式进行总结，并进行制度升华，为进一步深化民事审前制度改革和完善民事审前程序立法奠定了坚实基础。但当前的各种积极探索缺乏系统的理论指导，存在诸多不协调之处。[③] 如审前程序的构建应当与何种外在环境相适应？能在多大程度上实行审前化解纠纷？构建过程中会出现什么性质的问题？等等。要对这些问题作出准确而有力的解答，需要对审前程序进行比较研究，建立一个分析问题的准据框架。

（二）国外背景分析

20 世纪后半叶以来，西方各国司法的社会功能不断扩大，司法

---

① 王晓龙：《海南强化民案庭前准备》，载《人民法院报》2003 年 1 月 6 日第 1 版。

② 北京市高级法院于 2010 年 7 月决定在海淀区、丰台区、房山区、昌平区四个法院开展"完善立案诉讼服务管理机制"试点工作。

③ 例如："一步到庭"矫枉过正，走向极端，结果只能是昙花一现，引来大量的消极评价。

机关在社会中的地位进一步提升。与此同时，审判机制面对日益增多的诉讼案件开始显得力不从心，诉讼的高成本和过度迟延逐渐成为世界性问题。降低诉讼费用与缓解诉讼迟延已成为全世界民事审判改革中的共同呼声。①"尤其是70年代以来，许多国家由于民众获取司法救济的途径受到高额的诉讼费用、复杂的诉讼程序以及漫长的诉讼过程的严重阻碍，致使人们在寻求争议的解决和权利的保护时遭遇重重困难，法院不能有效解决纠纷和保护权利而受到社会各界的批评乃至不信任"②。美国司法改革较为典型，"在20世纪最后30年的时间里，美国民事诉讼改革的总体焦点集中于如何将民事诉讼的成本和诉讼迟延问题最小化。"③ 虽然各国民事司法制度经历的形式不同、出现的危机程度不同，但其正在酝酿或进行着改革已引起了全球范围以 ADR 为主题的民事司法改革运动的蓬勃兴起，旨在助推民事司法适应社会经济的发展和时代的变迁，与时俱进，不断改革司法制度及其运行方式，构建多元化的纠纷解决机制，使人民能够更便利地利用司法制度，使司法制度能够更公正、更有效地解决纠纷，保护人民的合法权益。

在全球司法改革浪潮下，民事诉讼制度尤其是民事审前程序改革成为了各国改革的重心和亮点。在诉讼爆炸的大背景下，美国开始了民事诉讼制度的改革，诸如加强法官的诉讼指挥权，证据开示制度改革为自主开示等；"英国人虽然具有保守的民族特性，但英国民事诉讼制度的改革步伐从未停止过，历经多次改革，《英国民事诉

---

① 参见张家慧编译：《美国民事诉讼改革之比较研究》，载陈刚主编：《比较民事诉讼法》（2000 年卷），中国人民大学出版社 2001 年版，第 195 页。

② 齐树洁主编：《民事审前程序》，厦门大学出版社 2009 年版，第 5 页。

③ 常怡主编：《外国民事诉讼法新发展》，中国政法大学出版社 2009 年版，第 11 页。

讼规则》是其 20 世纪改革的重大成果之一。"① 它是英国 800 余年法制史绵延发展进程中民事司法制度量变积聚到质变的飞跃，是 19 世纪初以来英国不断渐进推动司法改革的成果、转折和突破，也是近几十年以来英国全面反思民事司法制度、酝酿大变革所取得的划时代、跨世纪的成就;② 德国 1877 年制定第一部民事诉讼法，1924 年和 1933 年修改过两次;二战后又经历了多次修改，尤其是 1976 年颁布的简略化法③给德国民事诉讼实务带来了根本性的变化;④ 法国也于 1976 年开始实施全面修改后的民事诉讼法。并在近年来针对民事诉讼程序上存在的问题和不足之处，采取各种有力的措施，积极推进改革，努力克服民事诉讼司法制度上的困境，总的来说，已取得了一定成效;⑤ 日本在明治维新以后，在司法制度方面先是学习法国后是学习德国，二战后又学习美国，每一次学习都是一次改革。

纵观世界各国的民事诉讼改革，对我国民事诉讼制度特别是民事审前程序的完善具有重要启发意义。具体来说，我们可以得出结

---

① 英国民事司法改革的另一项主要内容是 1999 年制定的《接近正义法》（Access to Justice Act）。陈刚、相庆梅:《当事人主义修正论与英国民事司法制度改革的实证》，载陈刚主编:《比较民事诉讼法》（2000 年卷），中国人民大学出版社 2001 年版，第 233 页。

② 参见徐昕著:《英国民事诉讼与民事司法改革》，中国政法大学出版社 2002 年版，第 421 页。

③ 即 1976 年制定的《有关简化审判程序及加快审理过程的法律》，该法律在德国正式确立了"审前准备"与"法庭审理程序"两个诉讼阶段并存的模式，此后，90% 以上的地方法院都习惯于使用审前准备程序。Peter Gottwald, Civil Procedure Reform in Germany, in The American Journal of Comparative Law , 1997, Vol. 45. 转引自齐树洁主编:《民事审前程序》，厦门大学出版社 2009 年版，第 378 页。

④ 熊跃敏著:《民事审前准备程序研究》，人民出版社 2007 年版，第 61 页。

⑤ 参见常怡主编:《外国民事诉讼法新发展》，中国政法大学出版社 2009 年版，第 157 页。

论：任何一个国家的民事诉讼制度都不可能永恒不变，不可能有完美无缺的诉讼制度。无论是英美法系国家还是大陆法系国家，诉讼制度必须随着社会变革的要求不断作出调整。具体到民事审前程序而言，也面临着同样的任务。"程序，不是纯粹的形式，它是各种矛盾的交汇点，是国家政策的结合处，是人类思想碰撞的火花。……事实上，程序忠实地映射出我们时代所有的迫切需要、存在的问题以及不断的尝试，也是对我们时代巨大挑战的客观反映。"① 另外，还有一点我们必须高度重视，即民事审前程序的改革必须打破单纯改革诉讼程序的狭隘思路。毕竟，法律属于国家的上层建筑，受制于经济发展的程度；民事诉讼法只是国家法律部门之一，其制定与修改必须纳入国家法治建设的整体考虑当中。因此，民事诉讼制度的改革有待于国家政治体制的改革，政治体制改革又和经济体制改革的进程密切相关。可见，民事司法改革将是一项持久的工程，要经过一个漫长而艰苦的历程，希望一蹴而就的想法是不现实的，也是不科学的。对于审前程序的完善必须遵循这样一种规律，任重而道远。

二、研究民事审前程序的意义

（一）有利于案件类型化归纳并创设多元民事诉讼程序

近些年来，我国民事案件数量和种类均不断激增，尤其是基层人民法院受理案件的数量迅速增长使得人民法院开始面临巨大的案

---

① ［意］莫诺·卡佩莱蒂等著，徐昕译：《当事人基本程序保障权与未来的民事诉讼》，法律出版社2000年版，第143页。

件压力。而就我国现行的各种民事诉讼程序设置及适用而言，除了少量案情简单、争议不大的案件适用简易程序外，大多数案件仍适用普通程序，程序较为单一复杂，且即使适用简易程序的案件也并未实现真正意义上的简易审理，无法根据程序相称的要求实现案件繁简分流。加之非诉纠纷解决渠道不畅通，机制不健全，无法充分发挥其案件分流功能，使得人民法院无法系统、有效应对社会转型时期化解矛盾纠纷所提出的新挑战。因此，对现有案件进行类型化归纳，并根据各类型案件的性质、特点设置多元化的民事诉讼程序，如2012年民事诉讼法针对部分适用简易程序的案件设置了小额诉讼程序，正是在社会转型新时期民事案件类型繁多、数量较大背景下，实行案件繁简分流①，以大幅提升诉讼效率的有效措施。

设置多元化民事诉讼程序的一个重要步骤就是要建立适合中国国情的民事审前程序。英美法系的民事审前程序虽然历史悠久，但是程序过于繁琐，难以适应我国本土化的个性需求，必须加以改造，对大陆法系国家民事审前程序的移植和借鉴也应当注意本土化改造。从我国近年来的司法实践看，各地法院纷纷探索实行的由法官引导或主导的诉前调解、委托调解等各种途径化解纠纷的实践取得了一定的成效。不仅快速化解了纠纷，减少了进入诉讼的案件数量，同时还使纠纷当事人之间因纠纷引起的矛盾能够快速消除，促进社会和谐，也使法官在面临案件压力新挑战面前增强了信心，因此，审前程序已经实质具备了化解纠纷的功能。因此，我国民事审前程序改革，应当尊重司法实践需要，"在程序功能上，实现繁简分流，并

---

① 王亚新教授将其称为"程序分化"，参见王亚新：《民事诉讼立法修改与程序分化》，载《人民法院报》2010年12月8日第5版。

以庭审替代方式最大限度地解决民事纠纷为重点"①。必须使民事审前程序由原本处于近似边缘化的前置性诉讼架构逐渐转变为一套相对独立的体系。

　　2012 年修改后的民事诉讼法第一百二十二条增设了先行调解，第一百三十三条增设了起诉分流，极大地完善了民事审前程序，并使之体系化。可见，本次修法使民事审前程序在为审前作准备的功能基础上，极大拓展了相应的纠纷解决的功能。另外，笔者认为现行法规定的将审前程序的时间界限定为立案后至开庭审理以前，使得审前程序失去了当事人提交起诉状至立案期间通过调解等方式化解纠纷的良好时机。适合中国国情的审前程序不仅要为庭审做准备，更要发挥其化解纠纷的功能，其时间界限应是：纠纷发生后，法院收到起诉状或者口头起诉之后至开庭审判之前，即起诉后至开庭前。在此期间，在法院的引导或主导下综合运用各种手段以达和解解决纠纷，在不能化解纠纷的情况下为开庭审理做好准备。如此界定审前不仅能提早化解纠纷，也能促进案件繁简分流，并有助于创设多元化民事诉讼程序。2012 年新民事诉讼法关于"先行调解"的规定，可以从这个方面进行深化解读。

（二）有助于积极构建多元化纠纷解决机制

　　"多元化纠纷解决机制，是指一个社会中多样的纠纷解决方式（包括诉讼与非诉讼两大类型）以其特定的功能相互协调、共同存在，所构成的一种满足社会多种需求的程序体系和动态调整系统。"②

---

　　① 姜启波：《民事诉讼法修订的几点建议——以人民法院立案审判工作为视角》，载《人民法院报》2010 年 9 月 15 日第 5 版。

　　② 范愉著：《纠纷解决的理论与实践》，清华大学出版社 2007 年版第 221 页。

纠纷解决的机制的多元化是人类社会历史上一种必然的状态。因为社会主体的利益是多元化的，这种多元化的程度还会随着社会的发达程度和社会关系的复杂程度的变化而变化；社会主体关系是多元化的、价值观和文化传统也是多元化的。由此所引发的冲突和纠纷在所难免，"纠纷不仅是人类社会的通则，而且，纠纷对于调整生活规则、促进社会发展、清醒人们的头脑，都有积极意义。"① 尤其是在我国转型时期，这种多元化的矛盾和纠纷大量存在并且容易激化，应对这种冲突更需要一种多元化的思路。如果仅仅只有一种解决冲突的纠纷和方式是难以使多种相互冲突的利益达到最大限度的公平与协调。因此，多元化纠纷解决机制反映了人类社会发展的客观需求。

完善民事审前程序，有利于构建和协调多元化纠纷解决机制，加大从诉讼源头化解社会矛盾工作力度，积极实现人与人之间的和睦共处，切实促进社会和谐稳定。特别是，2012年民事诉讼法第一百二十二条增设的先行调解，极大充实了民事审前程序的功能，使得诉讼机制与非诉讼纠纷解决机制进行了有效衔接。一方面，先行调解强化了立案前对人民调解、行政调解等非诉程序的适用。使当事人无需只依赖法院的审判解决纠纷，选择更为适宜的纠纷解决方式，把矛盾纠纷吸收、化解在基层，控制、消化在萌芽状态，平衡纠纷各方的利益关系。同时提升了法院诉前调解的地位，使得法院通过积极引导诉前调解，在情、理、法并用的感召下，使当事人自愿、自觉接受法院调解，实现纠纷的彻底化解；当然，在积极完善民事审前程序，也可从源头上减少和化解因程序性问题产生的再审

① 何兵主编：《和谐社会与纠纷解决机制》，北京大学出版社2007年版序。

和涉诉信访案件。

另一方面也防止了大量纠纷涌入法院形成诉讼，减轻了法院的审执压力。通过推行委托调解，可以因社会舆论、道德、当地习惯等方面的作用使看似不可调解的纠纷最后得以顺利化解；对一些涉及民生权益的群体性纠纷，综合整合党委政府等各种资源，利用行政的、法律的、经济的等各种行之有效的措施化解纠纷，法院通过对委托案件的委托、指导协助和对调解协议的确认等，达到司法资源和社会资源的互补，形成化解纠纷的合力。法院通过大力推行邀请调解，法官通过与协助调解人员一起调解的工作方式，可以学到人民群众的调解艺术、调解语言和调解方法，了解更多的社会知识，不断完善自己的知识结构和体系。社会各种力量参与案件的调解，使法院的审判更具有生机和活力，法院的审判因具有广泛的群众基础更易树立起司法的权威，社会的各种资源也通过审判平台的参与得以整合与共享，从而更有效的化解各种矛盾。可见，研究民事审前程序，有助于诉前调解、委托调解和邀请调解等多元化纠纷解决机制的改进和相互衔接。

（三）可助推现代民事诉讼模式的转型

对民事诉讼模式的研究①一直是民事诉讼理论界和实务界近年来探讨的核心问题。从我国民事诉讼模式的发展历程看，由于建国初期受到前苏联较深的影响，我国民事诉讼在较长一段时期内坚持了

---

① 对于这一问题，学者们在进行探讨时，往往还使用了其他一些不同的表述，例如民事诉讼基本模式、民事诉讼结构或民事诉讼基本机构、民事诉讼构造或民事诉讼基本构造、民事诉讼中法关于当事人的角色分担（分配等）。但以民事诉讼模式或民事诉讼基本模式之表述最为常见。

超职权主义模式和职权主义模式。基于对这种民事诉讼模式各种弊端的深刻反思，自上世纪 80 年代末开始，我国开展了以强化当事人举证责任和庭审功能为核心内容的民事审判方式改革，并以此作为转换我国民事诉讼模式的逻辑起点。此次改革旨在强化当事人举证责任，在较大程度上重新调整了法院与当事人之间的关系，是实现我国民事诉讼模式由职权主义向当事人主义转换的重要环节。但需要注意的是，长期以来的司法实践证明，职权主义模式和当事人主义模式均存在一定的局限性。职权主义的诉讼模式因忽略了对当事人诉讼主体地位的尊重，不能适应我国社会转型时期纠纷解决的特殊需要；而纯粹的当事人主义因严重偏离我国的民事司法传统和审判需要，也难以完全适应我国的司法需求。因此，探寻合适的民事诉讼模式已成为民事诉讼法学界和法律实践部门正在共同面对和需要重点研究解决的重大课题。

从近些年来我国司法改革的举措可以大体窥见关于民事诉讼模式发展的端倪，即民事诉讼模式应当寻求职权主义和当事人主义之间的适度平衡。越来越多的司法实践者认为：法院拥有适当的职权是必要的，但尊重当事人的诉讼地位也是必要的。例如，法院系统近年来重提"马锡五审判方式"，高调提出"大调解"模式，注重司法的社会效果与法律效果的统一，随之又大推"能动司法"理念等等。诸如此类的司法改革措施和理念的提出总是有意或无意的在改变此前的民事诉讼模式。这种模式既距职权主义甚远，也与当事人主义模式不同，有学者称之为"和谐主义诉讼模式"① 或者"协

---

① 参见陈桂明、刘田玉：《民事诉讼法学的发展维度》，载《中国法学》2008 年第 1 期。

同型诉讼模式"①。这种诉讼模式的理念是要求现代民事诉讼既要充分发挥当事人的主导作用，又要充分发挥法院的职能作用。法官和当事人之间是一种和谐和协同的关系，共同推进民事诉讼的有序进行。这种模式可以克服职权主义中法官完全主导程序的弊端，也能够改善当事人主义中法官的完全消极和中立，充分发动法官和当事人的能动性。

审前程序中的起诉与答辩、证据交换、审前会议等诸多环节无不涉及到法院与当事人作用的分担，是构筑民事诉讼模式的根基。因此，设计完善的民事审前程序，对民事诉讼的具体程序进行精细化改造，可以充分发挥法院与当事人各自的优势，实现对法院和当事人合理定位以及其作用的充分平衡，为实现现代民事诉讼模式的转型奠定良好的基础。但是，无论是在司法实践中还是理论探讨中，我国民事审前程序的问题仍然比较多。本书立足我国的司法实践，通过研究和分析力图解决一些问题，促进审前程序的建立和完善，为我国现代民事诉讼模式的转型提供程序和制度保障。

（四）可促进民事诉讼若干基本原则的充实和确立

我国现行民事诉讼法关于辩论原则规定了当事人有权对争议的问题进行辩论，却没有规定相应的法律后果，因此不具有大陆法系民事诉讼中的辩论主义对法院和当事人的裁判和诉讼活动所产生的实际的法律拘束力。这就必然使我国民事诉讼法所规定的辩论原则

---

① 参见汤维建：《理念转换与民事诉讼制度的改革和完善》，载《法学家》2007年第1期。

实际是一种"非约束性辩论原则"。① 也就是说，当事人虽然享有"辩论权"，但是当事人的辩论内容及结果却对法院没有约束力，从而使辩论权的规定事与愿违的成为一句空洞的口号。在诉讼实践中，开庭审理、当事人双方激烈的言词辩论常常会变形为一种"话剧表演"而流于形式。② 辩论原则的实质化是我国民事诉讼转型的一大课题。

诉讼中的辩论与辩论竞赛不同，诉讼中的辩论是发现真实的途径，辩论竞赛中的辩论是辩论技巧的比拼。辩论比赛中，辩论主题的真伪与辩论的难易程度相关，而与辩论的胜负无直接关联，辩论的胜负直接取决于辩论双方辩论技巧的高低。在早期的对抗制诉讼中，庭审中的辩论类似于辩论竞赛，由于胜诉利益的刺激，技巧性甚于辩论竞赛。因为审前阶段对抗双方对彼此掌握的证据并不完全了解，庭审辩论成为律师们各显神通的舞台，证据突袭和争议焦点突袭成为律师们赢得庭审中优势、赢得法官倾向于己方心证的"杀手锏"。对抗制诉讼程序的结构性变化和对抗制性质的现代化改造必然导致辩论原则内涵的现代化。辩论原则内涵的现代化就是在强调辩论结果的约束性的同时也关注辩论过程的信息完备性。这样，辩论原则贯穿了审前程序和开庭审理两个阶段。对于辩论原则在民事诉讼中长期被虚置的我国来讲，现阶段辩论原则实质化自然应包含辩论结果的约束性与辩论过程的信息完备性两个方面，而不可偏废任何一方面。

---

① 张卫平著：《诉讼架构与程式——民事诉讼的法理分析》，清华大学出版社2000年版，第158页。

② 参见刘学在著：《民事诉讼辩论原则研究》，武汉大学出版社2007年版，第89页。

审前程序是使辩论过程具备信息完备性的最为重要的途径和渠道。"审前准备程序的公正价值还体现在审前准备程序较为充分地体现了当事人的意思自治和法官中立，即当事人确定争议焦点，当事人收集和提出证明材料，当事人决定审判对象。这不但体现在审前准备程序中形成的'辩论材料'对当事人具有约束力，构筑了法院开庭审理和裁判的基础，而且可以大大提高当事人的诉讼主体地位和参与的积极性。法院只能根据当事人所主张之事实和所提供之证明材料判断事实并适用法律，作出判决，法官的权力受制于当事人的主张事实和证明材料，这正是辩论原则的体现，也是法官与当事人之间关系优化、法官地位中立的主要表现所在。"① 因此，对审前程序的研究将有助于辩论原则的实质化。依此理推之，审前程序使案件的有关诉讼资料在开庭审理前就予以集中，保障双方当事人得以对话和交流，为案件的正式审理做好充分准备，对其研究也有助于言辞原则和直接原则在我国的设立。

我国现行民事诉讼法并无集中审理原则的规定，只是列举规定了延期审理的情形。在审判实践中，法院审理民事案件有时需要多次开庭，其中包括一些需要适用简易程序审理的案件。这种"审限内的迟延"违背了诉讼经济原则，增加了当事人的诉讼成本，浪费法院的司法资源，在一定程度上还是司法腐败的一个渠道，法官可能借以"寻租"，不轨当事人可能借机干扰法官。实现审理的集中化，去除间断、多次审理的弊害，矫正"审限内的诉讼迟延"，当是公正与效率的司法主旋律下的应有内容。审前程序中的收集、交换证据、整理争议焦点等功能使其成为集中审理原则的制度保障，英

---

① 杨荣新、陶志蓉：《再论审前准备程序》，载江伟主编：《中国民事审判改革研究》，中国政法大学出版社2003年版，第41页。

美等国家的司法实践也证明了这一点。因此，对审前程序的研究将有助于集中审理原则在我国的确立。

三、民事审前程序的研究思路与方法

（一）研究民事审前程序的思路

有学者指出，"我国民事诉讼模式经历了从'先定后审'到'一步到庭'两个极端，其间呈现的一系列结构问题再次印证了哲学上'否定之否定'的规律。实践经验的总结、理论研究的不深入，使得审前程序的改革成为当前民事诉讼法学的研究热点之一。"① 无论审前程序如何构建，都要考虑实体法和程序法的交错，都要考虑"发现事实"和"促进诉讼"之间的关系。对审前程序的研究需要分析其生存的本土环境，探究其运作机制和规律，构建其完整的理论体系。也就是要立足我国国情和司法经验，以域外民事审前程序的立法、学说和司法为参照，对两大法系的民事审前程序进行比较和分析，并在全球司法改革的背景下探索民事审前程序发展的规律，以期为我国民事诉讼制度改革和完善提供些许参考和借鉴。具体来说，本文的研究思路体现在如下几个方面：

1. 充分考量本土环境借鉴国外先进经验

研究我国民事审前程序，借鉴国外先进经验必不可少。但必须坚持一个基本的原则就是要立足于我国基本国情，确保司法改革的本土化。不可否认，司法活动的共性决定了不同社会制度下的审判

---

① 常怡主编：《民事诉讼法学》，中国法制出版社 2008 年版，第 353 页。

模式会有共同的规律可以遵循，但忽略本土化需求的盲目移植也必然导致沉痛的教训。典型的教训如十年前我国因盲目移植德国庭审制度而步入推行"一步到庭"的改革误区，如我们充分了解德国法院一百多年前实行的"一步到庭"最终又为实践所否定的所有相关背景信息，这种误导便可以在较大程度上避免。因此，学习借鉴国外先进经验必须建立在对域外以及我国法治环境和司法发展均全面深入认识的基础上，就民事审前程序而言，更应如此。例如英美法系准备程序的产生与其陪审团审判制度有着直接的关系，审前准备是对陪审团裁决所带来的抑制因素的回应。而以德国和日本为代表的大陆法系国家，审前程序以及失权制度本来与其传统的法律思想和司法体制是相悖的，但迫于改变司法实践层面的操作困境，在经历了长时间的激烈争论后也不得不被动地接受了这一制度。从两大法系的司法改革历程，我们不难得到启示，即无论采取哪一种民事诉讼模式，审前程序都是其不可或缺的重要组成部分，只是在就具体制度的设计上我们应当从现实国情出发，有所取舍。

2. 立法确立民事审前程序独立地位，改革审判架构

近年来，我国审判实践中有关民事审前程序改革的种种努力均源于对国外先进司法经验的借鉴、对传统审判方式的反思和对审判程序正当性与效率性的追求，其中一些成果已被相应的司法解释所确认。事实上，当前法院的一些根本性的变革措施，已经受到民事诉讼法的严重桎梏。如何立足于时代的要求，结合实践中的经验和问题，在立法层面上制定和完善审前程序已是当务之急。我国民事审前程序的改革应当遵循"立足国情、扬长避短、循序渐进、分步实施"这样一个总体的思路。在具体程序制度的设计上，应当注重继承和发扬我国司法制度中被证明是行之有效的传统经验做法，有选择、有步骤地学习借鉴国外的规则制度，形成适合我国国情的协同主义诉讼模式。在民事审前程序的性质定位上，应赋予其独立的诉讼程序地位。审前程序与庭审程序是相对独立而又联系密切的两个阶段，两者相互独立、平等，不可偏废。民事审前程序，不仅具有整理争点和固定证据等基本功能，还具有定纷止争的纠纷化解功能，大量的案件可在审前阶段通过调解、速裁等方式了结。因此我们应当将传统的"准备＋庭审"的审理一元型诉讼结构拓展为"大审前＋精审判"的二元型诉讼结构，赋予审前程序独立的诉讼程序地位，充分发挥其独立的价值和功能，而不能仅将其视作开庭审理的附属阶段。

3. 重新厘定民事审前程序的内涵

笔者以一审普通程序审前程序为主要研究对象，从上述思路出发，赋予审前程序崭新内涵，即审前程序是指在纠纷发生以后，法院收到起诉状或者口头起诉之后至开庭审判之前，对当事人的起诉进行必要的询问、释明、调查、引导或组织调解，对不需要开庭审理的案件通过调解化解纠纷或径行裁判，并对需要开庭审理的案件作必要的审前准备的程序。

按照新内涵的界定，可以按照诉讼的进程将审前程序划分为以下内容：（1）诉前调解；（2）向当事人送达受理案件通知书、应诉通知书和起诉状、答辩状副本；（3）行使释明权；（4）管辖异议和管辖争议的审查；（5）委托调解或邀请调解；（6）审查处理当事人资格、追加当事人、诉讼保全、证据保全、先予执行等问题；（7）确定举证时限和证据交换日期；（8）对案件进行繁简分流；（9）组织证据交换，进行争点整理和证据固定；（10）调查收集证据，包括勘验、委托鉴定等；（11）其他必要的准备工作，如审查有关的诉讼材料，传唤当事人，告知合议庭组成人员，发布公告，排期开庭等。

根据前述内涵界定，民事审前程序流程图展示如下：

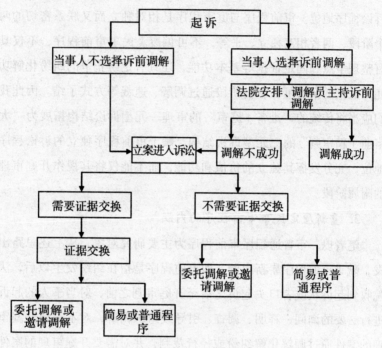

（二）研究民事审前程序的方法

科学合理的研究方法，关系着可否得出合理的结论。本书极其重视研究方法的采用，包括历史考察法、比较分析法、规范分析法、实证分析法等多种方法。拟主要采用研究方法具体介绍如下：

1. 历史考察法

"只有通过历史，才能与民族的初始状态保持生动的联系，而丧失了这一联系，也就丧失了每一民族的精神生活中最为宝贵的部分"①。唯有对我国民事审前程序演变和发展的历史进行详细的梳理和归纳，才能深刻分析其发展脉络，分析其改革趋势，避免陷入历史覆辙，实现制度的不断改进。因此，本文将充分使用这一传统的研究方法使对民事审前程序的研究符合其发展规律。

2. 比较分析法

外国法能够给我们提供一种观念，一种刺激，一种智慧的火花，能使我们的眼睛更加明亮，进而发现本国法律制度的缺陷。就民事审前程序而言，无论是英美法系国家还是大陆法系国家，特别是诸如美国、德国等国家具有完善的民事审前程序，其发展历程也丰富与生动，其立法和司法运作状况均是检讨和构建我国审前程序的重要参照系。因此，本文拟以审前程序具体的程序设置、法律文化等方面作为切入点对典型国家的审前程序进行比较分析，以求在信息充分的基础上，对构建适合我国国情的民事审前程序的路径和方向进行精准合理的探讨。

3. 规范分析法

对法律规范进行文本分析是法学研究的基本方法，对法律的研究离不开规范分析。本书充分运用规范分析的方法，对国外和国内的审前程序法律规范的内容变化和立法理由进行研究，以求为制定适合我国国情的民事审前程序的法律规范并对其不断完善奠定基础。

4. 实证分析法

法律的生命，更在于逻辑。程序问题具有复杂性，其研究不仅

---

① ［德］弗里德里希·卡尔·冯·萨维尼著，许章润译：《论立法与法学的当代使命》，中国法制出版社 2001 年版，第 87 页。

仅是法律文本所能囊括的，还必须考虑其社会影响和实际司法效果。因此对民事审前程序的完善离不开对我国司法实际运行状况的深入考察，必须在借鉴他国先进经验基础上立足于本国司法需求和司法基础，实现本土化构造。我国各级法院在司法实践中积累了丰富的审前程序改革的实证经验教训，本书将对其进行充分归纳、梳理、分析，以期为审前程序的改进提供强有力的实证支撑。

四、民事审前程序的研究现状

（一）国内研究现状概览

自 20 世纪 80 年代以来，随着我国市场经济改革的逐步深化，民事审判方式已逐步推进。民事审前准备程序的改革作为民事审判方式改革的重要内容之一，备受国内诉讼法学者和实务部门关注，特别是近年来涌现出了大批有分量的研究成果。这些研究成果主要集中在以下几个方面：

1. 民事审前程序称谓及内涵界定

关于民事审前程序的称谓及涵义，有不同的表述和界定，如

"民事诉讼准备程序"①、"民事诉讼审前程序"②、"审前阶段"③、
"民事审前准备程序"④、"审前程序"⑤、"审前准备程序"⑥、

---

① 王亚新著:《社会变革中的民事诉讼》,中国法制出版社2001年版,第70—135
页;谭秋佳、林瑞成:《法、美、德、日四国民事诉讼准备程序比较》,载《求索》
2000年第2期。

② 王跃彬:《论民事诉讼审前程序》,载江伟主编《中国民事审判改革研究》,中
国政法大学出版社2003年版,第111—136页;王振星、韩振君:《我国民事诉讼审前
程序的构建思路与模式选择》,载《立案工作指导与参考》(2003年第4卷),第266—
277页;奚玮、张燕:"我国民事诉讼审前程序检讨与完善",载《四川大学法律评论》
2003年卷;王琦主编《民事诉讼审前程序研究》,法律出版社2008年版;孙青平、齐聚
峰:《论民事诉讼审前程序》,载《当代法学》2001年第9期;乔李平:《我国民事诉讼审
前程序的构建》,载《山西省政法管理干部学院学报》2007年第2期等,不一一列举。

③ [美] 杰弗里·C. 哈泽德、米歇尔·塔鲁伊著,张茂译:《美国民事诉讼法导
论》(司法文丛),中国政法大学出版社1998年版,第108—131页。

④ 白绿铉:《比较研究民事审前准备程序的概念及相关的几个理论问题》,载
《立案工作指导与参考》(2003年第4卷),第186—200页;熊跃敏著:《民事审前准备
程序研究》,人民出版社2007年版;范跃如:《从比较法角度看我国民事审前准备程序
的构建》,载江伟主编《中国民事审判改革研究》,中国政法大学出版社2003年版,第
101—110页;李浩:《民事审前准备程序——目标、功能与模式》,载《政法论坛》
2004年第4期。

⑤ 杨荣新、陶志荣:《再论审前准备程序》,载江伟主编《中国民事审判改革研
究》,中国政法大学出版社2003年版,第39—51页;宋朝武:《我国审前程序改革再思
考》,载《立案工作与指导》(2003年第4卷),第220—225页;蔡虹:《审前程序的构
建与法院审判管理模式的更新》,载江伟主编《中国民事审判改革研究》,中国政法大
学出版社2003年版,第61—70页;张永泉:《审前程序的独立价值及其功能探析》,载
江伟主编《中国民事审判改革研究》,中国政法大学出版社2003年版,第71—79页;
汤维建:《论构建我国民事诉讼中的自足性审前程序——审前程序和庭审程序并立的改
革观》,载《政法论坛》2004年第4期;毕玉谦、谭秋桂、杨路著《民事诉讼研究及立
法论证》,人民法院出版社2006年版,第501—630页;陈福民、胡永庆:《审前程序与
多元化调解机制》,载《中国审判》2007年第9期。

⑥ 陈桂明、张锋:《审前准备程序比较研究》,载陈光中、江伟主编:《诉讼法论
丛》(第1卷),法律出版社1998年版,第449—465页;陈桂明:《审前准备程序设计
中的几对关系问题》,载《政法论坛》2004年第4期;赵晋山:《论审前准备程序》,载
陈光中、江伟主编:《诉讼法论丛》(第6卷),法律出版社2001年版;蔡虹:《审前准

　　"准备程序"②、"民事审前准备"③、"庭前程序"④、"庭前准备程序"⑤、"民事审前程序"⑥、"民事诉讼审前准备程序"⑦ 等诸种。

（接上页注6）

备程序的功能、目标及其实现》，载《法商研究》2003 年第 3 期；孙邦清：《浅议审前准备程序的构建》，载江伟主编《中国民事审判改革研究》，中国政法大学出版社 2003 年版，第 92—100 页；汪厚泉、方龙华：《民事诉讼主体与审前准备程序的重构模式及其运作》，载《立案工作指导与参考》（2003 年第 4 卷），第 232—247 页；孙邦清：《审前准备程序若干问题研究》，载《立案工作指导与参考》（2003 年第 4 卷），第 248—265 页；张硕：《我国审前准备程序的现状及改革构想》，载《政法论丛》2009 年第 2 期。

②　常怡主编：《比较民事诉讼法》，中国政法大学出版社 2002 年版，第 504—545 页；甘力：《论我国审前准备程序之重建》，载陈光中、江伟主编：《诉讼法论丛》（第 4 卷），法律出版社 2000 年版，第 387 页；王福华、陈秀英：《论准备程序》，载《山东法学》1998 年第 4 期。

③　姜启波、张力著：《民事审前准备》（人民法院立案工作理论与实践丛书），人民法院出版社 2008 年版。

④　李祖军、周世民：《论庭前程序的完善》，载田平安主编：《民事诉讼程序改革热点问题研究》，中国检察出版社 2001 年版，第 147—160 页。

⑤　张晋红、余明永：《民事诉讼庭前准备程序研究》，载《广东社会科学》2001 年第 2 期；刘亚宁、李欣红、徐伟东：《设立庭前准备程序相关问题探讨》，载《法律适用》2002 年第 9 期；晏景：《我国民事庭前准备程序之完善——丛法国的相应制度谈起》，载《法学》2007 年第 11 期。

⑥　齐树洁：《构建我国民事审前程序的思考》，载《厦门大学学报（哲学社会科学版）》，2003 年第 1 期；齐树洁主编：《民事审前程序》，厦门大学出版社 2009 年版；黄国新：《我国民事审前程序存在问题及对策研究》，载《法制与社会发展》2000 年第 4 期；黄国新：《民事审前准备程序研究》，载《法制与社会发展》2003 年第 1 期；张晋红：《民事审前程序模式改革的几个基本关系的定位》，载江伟主编《中国民事审判改革研究》，中国政法大学出版社 2003 年版，第 51—60 页；李桂生、王毅、冯卫：《中国民事审判庭前准备程序设置诌议》，载《中南财经政法大学研究生学报》2006 年第 6 期。

⑦　刘敏：《论民事诉讼审前准备程序的重构》，载《南京师范大学学报（社会科学版）》2001 年第 5 期；熊跃敏、刘芙：《民事诉讼审前准备程序的两种模式探析》，载《沈阳师范学院学报（社会科学版）》2000 年第 5 期；占善刚：《完善民事诉讼审前程序之构想》，载《现代法学》2000 年第 1 期；徐继军：《论民事诉讼审前准备程序中的对话原则》，载江伟主编《中国民事审判改革研究》，中国政法大学出版社 2003 年版，第 80—91 页。

如前所述，虽然学界就这一问题众说纷纭，尚无定论，但也基本达成如下几个方面的共识：其一，民事审前程序具有时间上的限定性。具体而言，民事审前程序只能发生在法院受理民事案件以后，正式开庭以前。即正式开庭是审前程序与庭审程序的分界线，正式开庭以前的程序属于审前程序；其二，民事审前程序具有功能上的确定性。虽然各种学术观点表述的侧重点有所不同，但都一致认为审前程序具有整理争议焦点、固定证据及促进和解等功能；其三，民事审前程序具有程序上的独立性。民事审前程序不仅不是庭审程序的前奏或投影，更不是庭审程序虚幻的附庸，故不能将审前程序与庭审程序混合在一起，应赋予其独立的地位。尽管大陆法系有些国家审前程序和庭审程序没有清晰的界线，但两者并没有合二为一，因为审前程序毕竟有着独特的功能，典型的如促进和解功能，有些纠纷能够在审前程序中得到化解，不再进入庭审程序。但同时也应注意，"审前准备程序的独立性是相对的，这源于审前准备程序并非每个案件的必经阶段，而且，在一定条件下，审前准备程序有再次开启的可能"[1]；其四，我国尚无真正意义上的审前程序。我国当前的民事审前程序仍被界定为旨在完成"审前准备工作"，对庭审具有极强的依附性，因而不是实质性的审前程序[2]。"对审前准备程序涵义的界定决定着我国审前准备程序的构建。"[3] 因此，对民事审前程序的称谓与内涵进行科学、合理界定至关重要，笔者认为，既要体现民事诉讼与其他纠纷处理方式的区别，又要体现其独立的程序价

---

[1] 熊跃敏著：《民事审前准备程序研究》，人民出版社2007年版，第11页。

[2] 因为目前的审理前的活动远远不能发挥审前程序应当具备的实质性的功能。韩波著：《民事证据开示制度研究》，中国人民大学出版社2005年版第320页。

[3] 熊跃敏著：《民事审前准备程序研究》，人民出版社2007年版，第7页。

值以及审前准备功能和替代纠纷解决功能。尤其是要在当前积极构建多元化纠纷解决机制背景下，充分体现民事审前程序功能的多元性，强化其化解纠纷的功能。

2. 民事审前程序的实证分析

从 20 世纪 80 年代中期开始，在最高人民法院的指导下，各级人民法院在民事审判（含经济审判）方式上进行了有计划、有组织、有步骤的、由"点"到"面"的改革尝试。① 特别是基于对开庭审理的普遍重视，引发了全国性民事审前程序实践性探索的高潮。按照最高人民法院关于"及时做好开庭审理之前的准备工作，包括熟悉案情和法律，指导当事人举证；强化当事人举证责任"的指导思想，各级法院对民事审前程序的完善做了各种有益探索。② 其中，上海市高级人民法院、四川省高级人民法院、四川省成都市中级人民法院、天津市第一中级人民法院、山东省寿光市人民法院、北京市房山区人民法院等地方法院所进行的改革实践较为典型，为民事审前程序的理论探讨和制度完善提供了丰富的素材和代表性样本。

通过对各级人民法院在民事审前程序方面长期来进行的有益探索历程的归纳和分析，可以按照时间线索，将我国民事审前程序改革主要划分为四个阶段。第一阶段自 20 世纪 80 年代末期至 90 年代中期，该阶段各法院普遍尝试"一步到庭"或称"直接开庭"，试图体现程序的公正与公开，避免法官通过在庭外单方接触当事人等

---

① 武树臣：《关于中国民事审判方式改革（上）》，http：//blog. sina. com. cn/s/blog_ 5350caaf0100a4l0. html，最后访问日期：2010 年 8 月 16 日。

② 参见王怀安：《审判方式改革是我国民主和法制建设再审判领域的重大发展》，载最高人民法院研究室编：《走向法庭》，法律出版社 1997 年版，第 23—28 页。

方式进行"暗箱操作"①；第二个阶段自 20 世纪 90 年代中期至 90 年代末期。在吸取前一阶段经验教训，并借鉴国外民事审前程序改革先进经验的基础上，我国这一阶段的改革主要是推行"分步到庭"措施并通过了《关于民事经济审判方式改革问题的若干规定》。② 第三个阶段自 20 世纪初 90 年代末期至 21 世纪初期。此阶段各级法院主要是在《人民法院五年改革纲要》的指导下，大力推行以"大立案"和"审判流程管理"为核心的改革，呈现出繁荣的局面。③ 第四

① 参见四川省高级人民法院：《改革民事审判方式、不断提高司法水平》，载最高人民法院研究室编：《走向法庭》，法律出版社 1997 年版，第 69—88 页；吴明童：《"直接开庭"与"审理前的准备"之我见》，载《法学评论》1999 年第 2 期；程宗璋：《改革我国审前准备程序的探索》，载《中国青年政治学院学报》2000 年第 6 期；周永萍：《谈审理前准备程序的改革——兼评一步到庭》，载《中央政法管理干部学院学报》1998 年第 5 期；潘剑锋：《中国民事审判的现状与未来》，载《中外法学》1998 年第 4 期；王怀安：《谈民事审判方式的改革》，载《法学》1996 年第 5 期；柯焕锐：《经济审判方式改革的主要内容及法律思考——丛参与广东法院经济审判方式改革实践谈起》，载《政法学刊》1998 年第 1 期；彭志强：《直接开庭中的证人出庭》，载《法学》1996 年第 2 期；胡能成、邹国华：《民事审判方式改革中的若干误区》，载《法学》1997 年第 5 期；孔海飞、陈惠珍：《改革审判方式　强化庭审功能》，载《人民司法》1994 年第 8 期；赵璐：《民事审判方式改革带来的新思考》，载《法律适用》1995 年第 11 期；戴建志：《来自民事审判工作座谈会上的思考》，载《人民司法》1994 年第 9 期；王国新、姚文：《"一步到庭"民事诉讼程序的简化初探》，载《法治论丛》1994 年第 3 期。

② 参见祝铭山：《在全国审判方式改革工作会议上的讲话》，载最高人民法院研究室编：《走向法庭》，法律出版社 1997 年版，第 18 页；广东省高级人民法院：《民事、经济审判方式改革的有关情况和体会》，载最高人民法院研究室编：《走向法庭》，法律出版社 1997 年版，第 78—106 页。

③ 参见上海市第一中级人民法院：《审判流程管理的现实做法与发展方向》，载毕玉谦主编：《司法审判动态与研究》（第 1 卷第 1 辑），法律出版社 2001 年版，第 77—81 页；上海市第一中级人民法院：《案件流程管理的基本做法》，载毕玉谦主编：《司法审判动态与研究》（第 1 卷第 1 辑），法律出版社 2001 年版，第 82—87 页；北京市房山区人民法院：《三二一审判模式的具体做法与成效》，载毕玉谦主编：《司法审判动态与研究》（第 1 卷第 1 辑），法律出版社 2001 年版，第 88—94 页；山东省寿光市人民法院：《"大立案"机制的运行模式与成效》，载毕玉谦主编：《司法审判动态与研究》

个阶段是 21 世纪初至今。从 2001 年起，最高人民法院陆续颁布了《最高人民法院关于民事诉讼证据的若干规定》、《人民法院第二个五年改革纲要》、《人民法院第三个五年改革纲要》、《关于建立健全诉讼与非诉讼相衔接的矛盾纠纷解决机制的若干意见》、《关于进一步贯彻"调判优先、调判结合"工作原则的若干意见》等一系列规范性文件。全国人民代表大会常务委员会也于 2010 年 8 月 28 日审议通过了《人民调解法》。在这些法律、司法解释等规范性文件精神的指导下，各级法院拉开了新一轮以完善"诉调对接"为核心内容的民事审前程序改革，并着力充实和强化民事审前程序的定纷止争功能，进而促进多元化纠纷决机制的构建。②为更加完美地推行这一改革，各级法院还分别从自身实际出发制定了"诉调对接"的具体操作规范。例如，北京市朝阳区法院制定并推行了《庭前和解三项制度》；常州市中级法院、司法局制定了《关于加强人民调解委员会在人民法院设立人民调解窗口工作若干问题的意见》；北京市房山区法院积极践行"立案诉讼服务模式"，力争在审前化解纠纷。但是，毕竟各

（接上页注 3）

（第 1 卷第 1 辑），法律出版社 2001 年版，第 95—102 页；纪敏主编：《法院立案工作及改革探索》，中国政法大学出版社 2000 年版，第 261—302 页。

　　② 参见傅郁林：《"诉前调解"与法院的角色》，载《法律适用》2009 年第 4 期；李浩：《法院协助调解机制研究》，载《法律科学》2009 年第 4 期；李浩：《民事证据的若干问题——兼评最高人民法院〈关于民事诉讼证据的司法解释〉》，载《法学研究》2002 年第 3 期；李浩：《委托调解若干问题研究——对四个基层人民法院委托调解的初步考察》，载《法商研究》2008 年第 1 期；刘敏：《论民事诉讼诉前调解制度的构建》，载《中南大学学报（社会科学版）》2007 年第 5 期；范愉：《以多元化纠纷解决机制 保证社会的可持续发展》，载《法律适用》2005 年第 2 期；范愉：《诉前调解与法院的社会责任，从司法社会化到司法能动主义》，载《法律适用》2007 年第 11 期；范愉：《诉前调解：审判经验与法学原理》，载《中国法学》2009 年第 6 期；刘树桥：《大调解格局下的诉调对接》，载《贵州警官职业学院学报》2010 年第 1 期。

地法院的做法均还处于探索阶段，很多法院从自身角度出发制定规则，大有八仙过海之势。可见，就民事审前程序的模式而言，目前司法实践中还未形成具有较强统一性和可操作性的模式，对于审前程序改革的实践探索仍需努力。

3. 民事审前程序改革的各种观点

随着对民事审前程序的逐渐重视，学界和实务界在对民事审前程序的发展历程进行充分梳理归纳，特别是认真总结、汲取改革审前程序的一些教训，并参照国外审前程序的运行环境、程序设置经验的基础上，就我国现行审前程序提出了诸多完善建议。这些观点和见解主要涉及我国审前程序的设置目标、审前程序的应有功能、完善审前程序的原则、完善审前程序的模式、审前程序与审理程序的关系等诸多方面。[①] 具体来说，典型的观点有：其一，有学者指出："在我国，准备程序的重构还意味着法官与当事人及其代理律师在诉讼中角色与作用的重新分担或分配"[②]；其二，有学者建议："（1）建立互动性的诉答程序。（2）完善实效性的证据交换。（3）构建协同性的审前主体。（4）建构化解纠纷的多重机制"[③]；其三，有学者则从民事诉讼失权制度、诉答程序、初步审理、多元化的纠纷解决机制、法官释明权、法官制度改革等方面论证了我国民事审

---

① 参见廖中洪主编：《民事诉讼改革热点问题研究综述（1991—2005）》，中国检察出版社 2006 年版，第 677—690 页。

② 王亚新著：《社会变革中的民事诉讼》，中国法制出版社 2001 年版，第 134 页。

③ 汤维建：《论构建我国民事诉讼中的自足性审前程序——审前程序与庭审程序并立的改革观》，载《政法论坛（中国政法大学学报)》，2004 年第 4 期。

前程序的制度性建构①；另外，也有学者在审前程序的框架内，对诉答程序、证据开示程序和审前会议各自的运作机制和相互关系进行了系统研究。② 这些完善思路对于民事审前程序的深入研究和进一步改进具有极大的启示意义。

（二）国外研究现状综述

随着世界各国"接近正义"浪潮的兴起，无论大陆法系国家基于对提升诉讼效率的考量，还是英美法系国家基于对集中审理的适应，均对审前程序的改革极为重视，并有着悠久的民事审前程序改革史和较为完善的制度，对我国民事审前程序的改革均具有重要启发意义。本文主要对英国、美国、德国、法国和日本等较为典型的国家的民事审前程序进行了比较研究。具体阐述如下：

1. 英国的民事审前程序

英国是英美法系的起源地，近年来学者们对民事审前程序的域外考察离不开对英国民事审前程序的研究。英国民事审前程序可以分为三部分内容：审前准备、审前处理和审前救济。③ 1994 年 3 月，英国司法大臣兼上议院议长曼克（Mackay）勋爵委任时任英国上议

---

① 参见齐树洁、李辉东：《中国、美国、德国民事审前程序比较研究》，载江伟主编：《比较民事诉讼法国际研讨会论文集》，中国政法大学出版社 2004 年版，第 303—308 页。

② Marilyn J. Berger, et al, Pretrial Advocacy: Planning, Analysis, and Strategy Boston: Little Brown, 1998; Thomas A. Mauet, Pretrial , Boston: Little Brown, 1995; R. Lawrence Dessem, Pretrial Litigation: Law, Policy, and Practice, 2nd ed. St. Paul, Minn. ; West Pub. Co. , 1996.

③ 参见徐昕著：《英国民事诉讼与民事司法改革》，中国政法大学出版社 2002 年版，第 129 页；王琦主编：《民事诉讼审前程序研究》，法律出版社 2008 年版，第 10 页。

院普通上诉法官的沃尔夫（Woolf）勋爵对英格兰和威尔士民事法院的司法规则和程序进行全面审查，并向上议院提交了著名的题为《通向正义》调查报告。该报告总结了英国传统的对抗制诉讼存在的诉讼过于迟延、诉讼费用过于昂贵、诉讼机制过于复杂和严重阻碍司法正义实现等种种弊端。为降低诉讼成本，加快诉讼进程，增加诉讼的确定性，强化公正审判，便于公众接近司法，沃尔夫勋爵在调查报告中将民事审前程序的改革作为其重要组成部分。就此革除了改革前审前程序存在的诸多弊端，包括"案件审理过分拖延；诉讼成本过高；不适当的复杂性；诉讼中对可能花费的时间与金钱的不确定性；不公正性，即财力强的当事人可以利用诉讼制度的所有短处击败对手。"①

"《英国民事诉讼规则》（以下简称《规则》）是英国民事司法改革的重要成果。"②《规则》中有关审前程序的规定确保了当事人处于平等地位，节省了诉讼费用，确保案件高效、公正审理，并促进了民事纠纷的迅速、简易解决，对民事诉讼程序的科学、合理运行起到了至关重要的保障作用，并切实有效地提升了程序经济和诉讼效率。③ 另外，英国关于审前程序的改革还集中在审前程序的内容限制，即证据开示手段限于特定的对象，以及确立了审前会议阶段。④

---

① ［英］欧文勋爵：《向民事司法制度中的弊端开战》（1997 年 12 月 3 日在普通法和商法律师协会的演讲），蒋惠玲译，载《人民司法》1999 年第 1 期。

② 《英国民事诉讼规则》于 1999 年 4 月 26 日生效、2000 年 8 月 23 日修订。相关内容参见徐昕译：《英国民事诉讼规则》，中国法制出版社 2001 年版，第 15—24 页。

③ 参见徐昕：《英国民事诉讼中的审前程序》，载陈刚主编《比较民事诉讼法》（2001 年—2002 年卷），中国人民大学出版社 2002 年版，第 80—81 页。

④ 参见江伟、刘荣军：《英国民事诉讼改革的新动向》，载陈光中、江伟主编《诉讼法论丛》（第 1 卷），法律出版社 1998 年版，第 379—380 页。

就具体内容而言，英国的审前程序具有对抗性的特征，诉讼当事人的诉讼权利义务具有对等性、相对性。① 法官在审前阶段仅起指导、监督作用，一般不干预。改革后的民事审前程序强化了促进和解功能，即其排除了大量不需要审理就能解决的纠纷，为审理排除了障碍，使审理能顺利集中地进行。一般的案件需要经过完整的审前程序才正式登记，等待开庭，但实际上很多案件在审前程序得到解决，真正进入庭审的很少。

2. 美国的民事审前程序

(1) 美国民事审前程序的制度背景

作为以对抗制、陪审制审判为主要特征的普通法国家代表的美国，其审前程序也是构建在双方当事人对立基础之上的，通过双方当事人对抗的过程中发现或者促进事实认定更为接近真实。从美国的司法实践看，这种审前程序的正常有效运转，必须有一个庞大的律师队伍支持。另外，需要注意的是，美国是一个联邦国家，联邦和各州均有一定的司法权，且各州有权在自身权限范围内根据实际情况确立本州民事司法制度。美国联邦系统通过有关审前程序的一系列法案和修正案后，虽然立法并未强行要求各州遵照执行，但从司法实践现状，越来越多的州已经参照联邦民事审前程序确立了相应的程序。

(2) 美国民事审前程序的性质变化

就美国民事审前程序的性质而言，其历经了一个逐渐独立的过程。从英文词源本身发展变化看，审前程序最初的词源为 pre-trial

---

① 参见范跃如：《从比较法角度看我国民事审前准备程序的构建》，载江伟主编《中国民事审判改革研究》，中国政法大学出版社 2003 年版，第 102 页；刘金华：《外国审前准备程序比较研究》，载《山西省政法管理干部学院学报》2002 年第 4 期。

procedure，是有连字符的一个组合，意为给陪审团审判设定的为讨论审判计划而进行的会面。如今的连字符已经被去掉，pretrial 成为一个独立的词语。同样从审前程序制度本身看，该程序也逐渐具备了较为独立性的规则和功能，突出表现在促进和解方面。司法实践中的系列数据可以较为清晰地展现审前程序在促进和解方面的发展历程。如 1994 年，美国超过 95% 的案件在审判之前就已经解决。[①] 1997 年，联邦法院系统中起诉的案件中只有 3% 进入审判程序。[②] 而到了 1999 年，这个比例降低到 2.3%。[③] 这些实证数据表明，绝大多数案件已经通过审前程序得到解决。因此，不难看出，美国审前程序已经具有较强的独立性，对我国民事审前程序的改造具有重要的启发意义。

（3）美国民事审前程序的立法沿革

美国审前程序自从 1938 年正式诞生以来，经历了多次修改，主要有 1983 年修正案、1990 年《民事司法改革法》、1993 年修正案、2000 年修正案、2006 年修正案。这种立法沿革与案件管理密切相关。特别是近年来，司法控制（Judicial control）、司法行政管理（Judicial administration）、案件管理（Case management）日益成为美国民事诉讼程序司法改革的重要任务。美国公众和学界也逐渐认同作为司法职能内在要求的案件管理功能很大程度上决定了获得正义（Access to justice）的几率。加之，根据美国相关民事诉讼规则，审

---

① Galanter & Cahill, Most Case Settle: judicial Promotion and Regulation of Settlements, 46 Stan. L. Rev. 1339, 1387 (1994).

② Judical Business of the United States Court: 1997 Report to the Director (Washing DC: Administrative Office of the U. S. Courts, 1997), 152. Table C – 4.

③ Judical Business of the United States Court: 1999 Report to the Director (Washing DC: Administrative Office of the U. S. Courts, 1998), 160. Table C – 4.

判在起诉之后 18 个月内进行。①尽管不同地区法院会对要求的 18 个月有不同的态度，例如弗吉尼亚的东部地区要求在起诉之后 8 个月内决定审判日期，② 同时强调《民事司法改革法》只是一个值得赞美的目标，并非一个强制性规定。长期的司法实践表明，这种过于宽松的审前时限，极易导致诉讼的迟延，加强案件管理显得十分必要，也就成了民事审前程序立法多次修改的主线，其中审前会议和发现计划作为案件管理中最为有效的技术手段，③ 也就成为了历次改革的主要内容。具体来说：

《联邦民事诉讼规则》第 16 条明确地表示了促进积极的，有创造力的关于案件管理的司法介入的态度④。1983 年对于民事诉讼规则作出修订的时候，Advisory committee 注意到：当一个审判法官在早期积极介入来对案件进行司法控制并且安排具体日期来完成审前程序步骤，那么该案件通过和解或者审判来解决的速度与让案件当事人自行解决相比，花费和拖延都有所下降。⑤

《联邦证据开示规则》也被塑造成为案件管理工具。1980 年修正案的第 26（f）创立了新的发现会议（discovery conferences）。⑥ 新规则通过规定"开始行动之后的任何时间，法官可以要求律师出现

---

① 28 U. S. C. 473（a）（2）（B）（1994）.

② Rocket Dockets: Reducing Delay in Federal Civil Litigation, Carrie E. Johnson, California Law Review, Vol. 85 No. 1，1997，01. p. 236.

③ A Process Model and Agenda for Civil Justice Reform in the States, by Edward F. Sherman, Stanford Law Review, Vol 46 No. 6，July 1994, p. 1564.

④ Charles R. Richey, Rule 16 Revisited: Reflection for the Benefits of Bench and Bar, 139 F. R. D. 525，526，1991.

⑤ Fed. R. CIV. P. 16 Advisory Committee's note to 1983 amendments.

⑥ Amendment to the Federal Rules of Civil Procedure, 85 F. R. D. 521，526 – 527，1980.

来进行发现会议，并且一定按照律师合适的动议进行发现会议。"[1]
1990年《民事司法改革法》与1938年《联邦民事诉讼规则》采取
了两种策略，前者通过一种自下而上的方法来要求基层法院进行具
体评估和对具体情况作出判断，并且通过要求每个区法院实施民事
司法花销计划和减少拖延计划进行民事司法改革。[2]另外，《民事司法
改革法》"更多依赖执业律师的作用"[3]。《民事司法改革法》更以程
序为导向，更多关注过对审前程序和审判程序中过度花销、延迟的
问题。[4]

《民事司法改革法》为司法时间管理提供了明确的立法权威。该
法案明确了具体案件中司法的裁量权，以便确保执行延迟、花费削
减计划。实际上，《民事司法改革法》的很多规定复制了第16条的
规定。[5]需要提及以及关注的是，94个不同的区正在独立进行着各自
的进程，并没有形成一个全国性的统一规划。立法并没有强迫区法
院采纳制定的原则和技术，只是使用开放性的词语，也允许宽泛的
变通。[6]

2000年12月，对于发现程序规则的补充修订开始生效。首先，

①　Fed. R. CIV. 26（f），1980.

②　Stephen B. Burbank and Linda J. Silberman Civil Procedure Reform in Comparative
Context：The United States of America, p. 680；American Journal of Comparative Law, Vol
45, No. 4 Symposium：Civil Procedure Reform in Comparative Context , Autumn 1997.

③　A Process Model and Agenda for Civil Justice Reforms in the States, Edward F. Sher-
man, p. 1555；Stanford Law Reiview, Vol. 46, No, 6 , July 1994.

④　28 U. S. C. 472（c），Supp. IV 1992.

⑤　Lauren Robel, Fractured Procedure：the Civil Justice Reform Act of 1990, 46 Stan.
L. Rev. 1447, 1456-60 ；Charles R. Richey, Rule 16 Revisited：Reflection for the Benefits of
Bench and Bar, 139 F. R. D. 525, 526 , 1991, p. 534.

⑥　Charles R. Richey, Rule 16 Revisited：Reflection for the Benefits of Bench and Bar,
139 F. R. D. 525, 526 , 1991, p. 680.

对于规则 26（a）（1）的修改涉及初始披露，要求披露当事人会用于支持其主张或抗辩的任何信息，而非强制性初始披露与待决诉讼所涉及的主题事项相关的任何材料。其次，规则 26（b）（1）被修改为限制发现的范围。从对发现范围的定义中删除了"与待决诉讼所涉及的主题事项相关"的表述，新增的表述将发现程序的范围限定在当事人所提出的请求或抗辩中。最后，修改了规则 30，将笔录限定为一天七小时。①

《联邦民事诉讼规则》的电子发现修改于 2005 年 6 月 15 日、16 日由法律实践、程序规则常务委员会通过，并且于 2005 年 9 月 20 日由司法会议通过。2006 年 12 月 1 日，该修订案正式开始实施。这次修订顺应了信息社会的发展，从此之后，忽略就不再是借口，律师要在电子世界中生存。对第 16 条的修改和第 26 条的修改对于当事人和法院在早期关注电子信息的开示和发现建立了一个框架。② 该修正案的一个根本性的变革在于"将电子信息从'文件'（document）项下脱离出来，单独成为一个概念，称为电子储存信息（Electronically stored information，简称为 ESI）。"关于第 26 条和第 16 条的修改完成了联邦审前会议作为广泛的法院管理工具的革命。③

3. 英美两国民事审前程序的比较分析

英国法与美国法是母法与子法的关系，因此二者有着很多的相似之处。具体到民事诉讼中的审前程序而言，美国的审前程序在结

---

① ［美］史蒂文·苏本（Stephen N. Subrin）、玛格瑞特·伍（Margaret Y. K. Woo）著，蔡彦敏、徐卉译：《美国民事诉讼的真谛——丛历史、文化、实务的角度》，法律出版社 2002 年版，第 143 页。

② http：//www. davidconcannon. com/images/Concannon_ E-Discovery_ Material. pdf.

③ A Process Model and Agenda for Civil Justice Reforms in the States, Edward F. Sherman, p. 1564. Stanford Law Reiview, Vol. 46, No, 6 , July 1994.

构和功能上与英国的审前程序就十分相似，但其立场的坚定性与彻底性（尤其是在证据交换即"发现程序"）无疑还要在美国之上，[①]美国民事诉讼审前程序的四次改革是其主要因素。第一次改革是1848年《菲尔德法典》对普通法诉答的简化；第二次改革是1938年《联邦民事诉讼规则》对通知诉答程序和证据交换程序的确立；第三次是1980年、1983年法官对审前程序监督职能的加强；第四次是1993年主动披露义务的设立。[②]美国的审前程序包括诉答程序、发现程序（Discovery）[③]和审前会议。美国96%以上的民事案件是在审前通过和解方式或不经审理的判决得到解决，只有不到4%的极少案件才进入庭审阶段。[④]美国审前程序的主要作用是避免诉讼迟延、提高诉讼效率、促进和解，与英国具有极大的相似性。

以英美为主的英美法系的民事审前程序，有学者将其称为"当事人主义审前模式"[⑤]。虽然各国审前程序的具体内容和称谓有不同，但学者们认为英美法系国家的审前程序具有一些共同的特点：一是审前程序与庭审程序是两个并重且独立的阶段。"当代民事诉讼的发

---

① 参见谭兵主编：《外国民事诉讼制度研究》，法律出版社2003年版，第221页。

② 参见常怡主编：《比较民事诉讼法》，中国政法大学出版社2002年版，第512页；汤维建著：《美国民事司法制度与民事诉讼程序》，中国法制出版社2005年版，第275—302页。

③ 也可译为："证据开示程序"，如刘荣军：《美国民事诉讼的证据开示制度及其对中国的影响》，载《民商法论丛》（第5卷），法律出版社1999年版，第426页。

④ ［日］浜野恒等：《美国民事诉讼法的运作》，日本法曹会1999年版，第105页，转引自范跃如：《从比较法角度看我国民事审前准备程序的构建》，载江伟主编：《中国民事审判改革研究》，中国政法大学出版社2003年版，第103页。

⑤ 参见范跃如：《从比较法角度看我国民事审前准备程序的构建》，载江伟主编：《中国民事审判改革研究》，中国政法大学出版社2003年版，第102页；熊跃敏著《民事审前准备程序研究》，人民出版社2007年版，第89页；谭秋佳、林瑞成：《法、美、德、日四国民事诉讼准备程序比较》，载《求索》2000年第2期。

展趋势已由偏重开庭审理转变为开庭审理审前程序并重，审前程序在各国民事诉讼中发挥着越来越大的作用。"① "随着美国法影响的增大及德日等国调整其审理结构的动向，区分明确的准备阶段与开庭确实正在成为一种较普遍的趋势。"② 二是为保持法官消极、中立的地位，负责审前程序的主体和负责庭审程序的主体是分开的。三是预审法官只负责组织和监管，无权调查、收集证据，更不能对案件进行实体性审查。四是审前程序的主要诉讼活动权利义务由当事人承担，即当事人是审前程序主要的诉讼主体。五是当事人一旦进入庭审阶段不能举示新证据，因此必须在审前程序中做全面而充分的准备。③

英美两个国家的审前程序对我国民事审前程序的改革均有重要的启示。即我们必须意识到审前程序对于提升法院处理民事案件能力，以及有效缓解诉讼爆炸压力具有重要作用。因而，我国十分必要充分借鉴英美国家先进的制度，积极构建有效的审前程序，强化其促进和解功能和案件管理功能，才可避免不必要的诉讼迟延，降低当事人的诉讼费用，进而实现司法资源的高效利用。然而主要注意的是，"审前管理的原则是正确的，但是每个国家必须使用符合其

---

① 齐树洁主编：《民事审前程序》，厦门大学出版社 2009 年版，第 334 页。

② 王亚新：《民事审判方式改革的现实及客体——对 3 个中级法院民事一审程序运作状况的调查与思考》，载江伟主编：《比较民事诉讼法国际研讨会论文》，中国政法大学出版社 2004 年版，第 18 页。

③ 参见范跃如：《从比较法角度看我国民事审前准备程序的构建》，载江伟主编：《中国民事审判改革研究》，中国政法大学出版社 2003 年版，第 102—110 页；熊跃敏著《民事审前准备程序研究》，人民出版社 2007 年版，第 77—94 页；齐树洁主编：《民事审前程序》，厦门大学出版社 2009 年版，第 334—377 页；姜启波、张力著：《民事审前准备》（人民法院立案工作理论与实践丛书），人民法院出版社 2008 年版第 15—35 页。

需求和法律文化的原则"①。也就是说,并不存在放之四海而皆准的审前程序模式,要合理地理解、解析、建构我国的审前程序,必须将审前程序作为整个民事诉讼程序的一部分,因为审前程序作为一国民事诉讼的必经阶段,注定了其必须服务于整个民事诉讼程序发展的命运。另外,移植国外先进制度必须充分考量本土因素,切忌机械照搬别国问题,否则,创设的制度便成为无源之水、无本之木,缺乏可操作的生命力。

4. 法、德、日等大陆法系国家的审前程序

在法国民事诉讼中,大审法院审前准备程序经历了一系列的演变发展过程。② 目前的审前程序是与判决程序分开的,并非所有的案件必须经由审前程序,是否经由审前程序须根据法官依职权或与双方当事人及其律师协商确定的案件进行分流情况而定。审前准备的措施也由专门的审前法官执行或监督执行;德国现行民事诉讼法规定的审前程序主要有两种:言词辩论的先期首次期日程序和书面的准备程序,由法官依职权选择适用,以保证一次开庭集中审理终结案件。当事人应遵守审前相关规定,否则会承担相应法律责任。是否进入准备程序也由法院根据不同情况区别对待。案情复杂的由法院直接决定进入准备程序,无法确定的,进行最初口头辩论,辩论不能终结的视为案情复杂,进入准备程序;日本的情况与德国有很大的相似性,其审前程序有四种形式:准备书状程序、准备性口头

---

① J Clifford Wallace. Civil pretrial procedures in Asia and the Pacific：A comparative a-nalysis，The George Washington International Law Review. Washington：2002. Vol. 34，Iss. 1，.

② 参见［法］让·文森、塞尔日·金沙尔著:《法国民事诉讼法要义》,罗结诊译,中国法制出版社 2005 年版,第 774—784 页。

辩论程序、辩论准备程序和书面准备程序。①

可见，法国、德国和日本等大陆法系国家的民事审前程序，可称为"法院职权主义的审前模式"②。这种法系下各国的民事审前程序改革，大多因开始缺失审前程序经常导致多次重复开庭，而逐步强化审前程序，并使其程序独立性的程序，在较大程度上防止了诉讼拖延，避免了诉讼资源的浪费。可以看出，大陆法系国家在坚持法官主导的前提下积极借鉴了英美法系国家加强审前准备的做法，逐渐向当事人主义模式的审前程序靠拢。③ 这些改革的经验和教训可以为我国协同型的民事诉讼模式提供借鉴的元素。

---

① 参见熊跃敏著：《民事审前准备程序研究》，人民出版社 2007 年版，第 108—110 页。

② 范跃如：《从比较法角度看我国民事审前准备程序的构建》，载江伟主编：《中国民事审判改革研究》，中国政法大学出版社 2003 年版，第 103 页；谭秋佳、林瑞成：《法、美、德、日四国民事诉讼准备程序比较》，载《求索》2000 年第 2 期。

③ 参见范跃如：《从比较法角度看我国民事审前准备程序的构建》，载江伟主编：《中国民事审判改革研究》，中国政法大学出版社 2003 年版，第 104 页；熊跃敏著《民事审前准备程序研究》，人民出版社 2007 年版，第 120—148 页；王琦主编《民事诉讼审前程序研究》，法律出版社 2008 年版，第 33 页；姜启波、张力著：《民事审前准备》（人民法院立案工作理论与实践丛书），人民法院出版社 2008 年版，第 47—49 页；刘万洪：《中英民事审前准备程序改革的比较分析》，载田平安主编：《比较民事诉讼法论丛》，法律出版社 2009 年版，第 269—278 页。

第 二 章

我国民事审前程序的现状

一、我国民事审前程序的法制渊源

近些年，由于受新的司法理念①的影响，世界各国民事诉讼制度的发展呈现出新的发展动向，其中较为突出的就是日益重视审前程序的改革与完善。随着审判方式改革的不断深入，"准备程序本身的意义，在民事、经济审判方式改革的进程中随着对公开审判的强调也逐渐得到认识"②，特别是，"要使开庭审理真正成为法院解决民事争议的主要场所，建构新的审前程序的任务自然也被提上了议事日程，受到诉讼理论界和实务部门的高度关注"。③ 这就促进了我国

①　大体而言，两大法系国家民事司法理念晚近比较显著的变化主要表现在：从实质正义到分配正义、从当事人控制诉讼到法官控制诉讼、从解决争议方式的单一化到多元化、从法院工具轮到法院独立论的变化。参见齐树洁主编：《民事司法改革研究》，厦门大学出版社 2006 年版，第 47—67 页。

②　王亚新著：《社会变革中的民事诉讼》，中国法制出版社 2001 年版，第 70 页。

③　李浩：《民事审前准备程序：目标、功能与模式》，载《政法论坛（中国政法大学学报）》2004 年第 4 期。

民事诉讼程序的改革，逐渐顺应了世界民事诉讼制度发展的潮流，即由以庭审方式改革为重点的改革模式逐渐转向了审前程序与庭审方式并重的改革模式。为确保改革在正确的指导思想下进行，与民事审前程序相关的法律、司法解释、指导意见等一系列规范性司法文件应运而生。这些规范性文件随着改革的深入而不断被修正和完善，反映了民事审前程序的改进历程。具体来说，民事审前程序的法制渊源主要有以下几种：

（一）法律

1.《民事诉讼法》

我国民事审前程序的改革是随着《民事诉讼法》的修改与完善不断向前推进的。1982 年制定的《民事诉讼法（试行）》规定了超职权主义的诉讼模式，并受"马锡五审判方式"的影响，以着重调解和巡回就地审理为基本原则。在证据制度方面，该法第 56 条规定，当事人对自己提出的主张，有责任提供证据。同时，也规定人民法院应当按照法定程序，全面地、客观地调查证据。第 86 条、87 条、90 条和 91 条规定的"审理前的准备"也与这种超职权主义诉讼模式相适应：（1）向被告送达起诉状；（2）依职权调查证据；（3）依职权更换当事人；（4）依职权通知必须共同进行诉讼的当事人参加诉讼。可见，由于 1982 年《民事诉讼法（试行）》带有极强的超职权主义色彩，其审前程序的规定也就主要是与法院有关的文书送达、调查取证和追加当事人，在较大程度上忽略了当事人之间的信息交流。

现行民事诉讼法于 1991 年 4 月 9 日由第七届全国人民代表大会审议通过，对 1982 年《民事诉讼法（试行）》进行了较大程度的补充完善，主要是弱化了《民事诉讼法（试行）》的超职权主义色彩，强化了当事人的主体地位。具体来说，本次立法中涉及审前准备工作的主要有如下条款：（1）第64条：该条款主要是证据制度方面的规定，一方面，强化了当事人的举证责任，在一定程度上体现了当事人主义的要求，即"当事人对自己提出的主张，有责任提供证据"。另一方面，仍规定当事人及其诉讼代理人因客观原因不能收集的证据，或人民法院认为审理案件需要的证据，法院应当收集。也就是说，该法条仍然要求，法院应按法定程序，全面客观地审查核实证据，且人民法院认为审理案件需要的证据，仍应当调查收集。这种规定使得法院和法官调查收集证据可以不受当事人举证范围的限制，显然仍带有较强的职权探知色彩。（2）第113条：该条规定了，人民法院在审前准备阶段，不仅要送达起诉状，同时也要送达答辩状。（3）第114.115条：此两条主要规定了人民法院应当依法提前告知当事人有关诉讼权利义务和合议庭组成人员。（4）第116、117、118条：这些条款主要强调，审判人员必须认真审核诉讼材料，调查收集必要的证据。审判人员在调查证据时既可以自行调查，也可以委托调查。（5）第119条：该条要求，必须共同进行诉讼的当事人没有参加诉讼的，法院应当通知其参加。通过对这些条款的归纳分析，不难看出，这些条款在诉讼模式转变方面仍有较大的局限性，无法充分发挥审前程序的功能。表现在："这种审前准备工作具有以下特征：主体是法院；具有较强的职权干预主义色彩；不具备审前程序的功能。因此这种审前准备工作并不是严格意义上的审前程序。"① "民事诉讼法规定的这些准备工作，全部是'人民法院'

---

① 王跃彬：《论民事诉讼审前程序》，载江伟主编：《中国民事审判改革研究》，中国政法大学出版社2003年版，第117页。

这一主体的任务，对什么问题进行准备也是法官分内的事，仍带有较强的职权主义色彩，完全忽视了当事人作为诉讼主体的职能作用及诉讼积极性，当事人的参与性不强，所能做的主要是向法院提出诉状、答辩状以及一些证明材料。"①

2007 年 10 月 28 日第十届全国人民代表大会常务委员会通过了《关于修改〈中华人民共和国民事诉讼法〉的决定》修正案，主要对再审和执行程序进行了修改完善，没有涉及民事审前程序的相关内容。但本次民事诉讼法修改所进行的各种实践反思和理论探讨，为各级人民法院正在进行的各种的审判方式改革探索提供充实的理论指引，并为后续的民事审前程序立法完善奠定了坚实的基础。

2012 年 8 月 31 日第十一届全国人民代表大会常务委员会第二十八次会议审议通过了《关于修改〈中华人民共和国民事诉讼法〉的决定》，并于 2013 年 1 月 1 日施行。本次民事诉讼法修正案对民事审前程序进行了大幅度修改。突出表现在如下几个方面：其一，实现了民事审前程序的功能再造。主要体现在 2012 年民事诉讼法第 122 条增加了先行调解制度，第 133 条增设了程序分流机制，并特别强调开庭前可以调解的，人民法院应当采取调解方式及时解决纠纷。即本次民事诉讼法修改以立法的形式强化了民事审前程序的化解纠纷功能，为人民法院化解纠纷创设了新的"突破口"；其二，充实了民事审前程序的准备功能。本次立法修改不仅通过程序分流机制（133 条）确保人民法院及时、合理确定适当的诉讼程序，包括督促程序、简易程序和普通程序、小额程序，以及这些程序之间的相互转换，使得案件审理程序相称，有效节约了司法资源，提升了诉讼

---

① 杨荣新、陶志蓉：《再论审前准备程序》，载江伟主编：《中国民事审判改革研究》，中国政法大学出版社 2003 年版，第 40 页。

效率。而且明确强调需要开庭的案件必须通过要求当事人交换证据整理整理争议焦点，为庭审的顺利进行提供了强有力的保障；其三，进一步完善了民事证据制度。突出表现在：1. 本次民事诉讼法修正案增设了行为保全制度，"为当事人提供了及时有力的诉讼保障手段，完善了我国民事保全制度体系，具有重大意义"①。2. 本次民事诉讼法修正案强化了法院的举证释明功能，并根据情形区别设置了逾期举证的法律后果；其四，强化了对当事人诉讼权利的保障，根据2012年民事诉讼法第123条规定，对于符合民事诉讼法起诉条件的，人民法院必须受理，且要求对因不符合受理条件而不予受理的应在7日内作出裁定，为纠正司法实践中法院不立案也不书面答复导致当事人无法救济现象提供了强有力的法律支撑。

2.《人民调解法》

人民调解是指依法设立的人民调解委员会通过说服、疏导等方法，促使纠纷当事人在平等协商基础上自愿达成调解协议，解决民间纠纷的一种群众自治活动，是一项具有中国特色的化解矛盾、消除纷争的非诉讼纠纷解决方式，被国际社会誉为化解社会矛盾的东方经验。为了全面提升人民调解的法律地位，完善中国特色社会主义法律体系的需要，深入推进社会矛盾化解，更好地维护社会和谐稳定的需要，第十一届全国人大常委会于2010年8月28日审议通过了《中华人民共和国人民调解法》，并将于2011年1月1日起施行。这部法律的亮点，主要是完整地规范了人民调解的性质和工作原则、人民调解委员会、人民调解员、调解程序、调解协议等内容，明确了司法行政机关对人民调解工作的指导职责，加强了对人民调解工

---

① 溪晓明主编：《〈中华人民共和国民事诉讼法〉修改条文理解与适用》，人民法院出版社2012年版，第221页。

作的经费保障，规定了人民调解与其他几种纠纷解决方式之间的关系，明确了人民调解协议的效力等等。这部法律的突出特点是进一步巩固和坚持了人民调解的群众性、自治性、民间性。明确了人民调解工作的三项原则，即在当事人自愿、平等的基础上进行调解；不违背法律、法规和国家政策；尊重当事人的权利，不得因调解而阻止当事人依法通过仲裁、行政、司法等途径维护自己的权利。确立了人民调解不收费制度，具有鲜明特色。

《人民调解法》对民事审前程序的完善主要体现在强化了诉调对接机制，该法第 33 条规定，"经人民调解委员会调解达成调解协议后，双方当事人认为有必要的，可以自调解协议生效之日起三十日内共同向人民法院申请司法确认，人民法院应当及时对调解协议进行审查，依法确认调解协议的效力。人民法院依法确认调解协议有效，一方当事人拒绝履行或者未全部履行的，对方当事人可以向人民法院申请强制执行。人民法院依法确认调解协议无效的，当事人可以通过人民调解方式变更原调解协议或者达成新的调解协议，也可以向人民法院提起诉讼"。"该法的实施意味着司法确认制度正式入法，被确定为国家司法制度之一，标志着诉讼与非诉讼相衔接的矛盾纠纷解决机制改革进入了一个新的发展阶段"①。《人民调解法》这一突破有效解决了审前程序中诉前调解和委托调解调解协议的效力瓶颈问题，确保了民事诉讼先行调解制度的贯彻落实，为我国民事审前程序程序的功能再造，特别是化解纠纷功能的充实，提供了强有力的保障。毕竟，人民法院对调解协议进行审查，确认有效的具有强制执行力，有效避免了当事人的无原则反悔，否则，当事人

---

① 溪晓明主编：《〈中华人民共和国民事诉讼法〉修改条文理解与适用》，人民法院出版社 2012 年版，第 390 页。

反悔后，调解协议缺乏足够的约束力，便成为一纸空文，导致原本已经解决的纠纷再度涌向法院，既浪费了人力、物力和财力，又增加了法院的案件压力。

（二）司法解释

1.《第一审经济纠纷案件适用普通程序开庭审理的若干规定》

为加快改革开放和现代化经济建设服务，最高人民法院于1993年1月6日至10日，在上海召开了全国经济审判工作座谈会。座谈会要求简化诉讼程序，真正体现"两便"原则，避免重复劳动，以最少的诉讼消耗，取得最佳的审判效果。会议首次提出庭前证据交换制度，即合议庭成员在开庭前可以召集双方当事人交换、核对证据，也可以让双方当事人及其委托代理人交换、核对证据，对双方当事人无异议的事实和证据，开庭时经当事人确认后可不再核对、质证。对庭前调解不成，双方当事人对案件事实无争议，只是在责任承担上达不成协议的，开庭审理时，经当事人对事实确认后可直接进入辩论阶段。凡是能够调解，当事人也愿意调解的，开庭前可以调解。① 1993年11月16日，最高人民法院颁布了《第一审经济纠纷案件适用普通程序开庭审理的若干规定》，对本次座谈会的主要会议精神予以了确认。前述座谈会及司法解释对全国经济审判工作产生了重要的指导作用，特别是，使我国民事审前程序改革提上了日程。

2.《关于民事经济审判方式改革问题的若干规定》

为了正确适用《民事诉讼法》，建立与社会主义市场经济体制相适应的民事经济审判机制，保证依法、正确、及时地审理案件，在

---

① 参见《1993年全国经济审判工作座谈会纪要》，最高人民法院1993年5月6日印发（法发〔1993〕8号）。

总结各地实践经验的基础上，最高人民法院审判委员会于 1998 年 6 月 19 日通过了《关于民事经济审判方式改革问题的若干规定》（以下简称《审改规定》），其中对民事审前程序进行一定程度的改进，主要体现在两个方面：一方面是对法院收集证据的范围作了限制，仅限于四种情形，其一，当事人及其诉讼代理人因客观原因不能自行收集的证据；其二，法院认为需要勘验或委托鉴定的；其三，当事人提供的证据有矛盾、无法确认的；其四，法院认为应当由自己收集的其他证据。另一方面是对庭前准备做了一些补充规定，即案情比较复杂、证据材料较多的案件，可以组织当事人交换证据。这是此次司法解释的重大突破，首次将庭前准备的庭前证据交换予以制度化与规范化。通过证据交换，可以使双方当事人在审前相互了解各自的证据材料，有利于提高审判效率。此规定公布之后，各地高级法院在制定本辖区民事经济办案规则过程中，根据自身实际情况相继制定了庭前证据交换的具体操作办法，[1] 极大程度上推进了民事审前程序的完善。

---

① 上海市高级人民法院早在 1997 年 6 月 28 日就推出了《经济纠纷诉讼证据规则（试行）》。该规则已经具有了证据交换的雏形，要求当事人应当在开庭审理前交换证据。当事人如果没有交换证据，虽然亦可在开庭审理时提供该未经交换的证据，但要负担因此而推迟开庭或再次开庭的费用。所以承担费用成为该制度的惟一保障机制。在《审改规定》通过以后，1998 年 6 月 25 日，云南省昆明市中级人民法院颁布了《民事诉讼证据规则》，实行申请型的证据交换，把证据交换的决定权交给任何一方当事人行使。王跃彬：《论民事诉讼审前程序》，载江伟主编：《中国民事审判改革研究》，中国政法大学出版社 2003 年版，第 119—120 页。1999 年 7 月 20 日，广东省高级人民法院在全国率先颁布了一个专门性的证据交换规则《广东省法院民事、经济纠纷案件庭前交换证据暂行规则》，要求合议庭在举证期限届满后及时组织当事人进行证据交换。交换证据后，当事人需要进一步举证的，法院视情况可以组织第二轮的证据交换。对适用简易程序的案件，由于事实清楚、案情简单，不进行证据交换。黄松有：《证据开示制度比较研究——兼评我国民事审判实践中的证据开示》，载《政法论坛》2000 年第 5 期。

3.《关于民事诉讼证据的若干规定》

为保证人民法院正确认定案件事实，公正、及时审理民事案件，保障和便利当事人依法行使诉讼权利，结合《民事诉讼法》和审判经验的实际情况，最高人民法院审判委员会于 2001 年 12 月 6 日通过了《关于民事诉讼证据的若干规定》（以下简称《证据规定》），并于同年 12 月 21 日公布，自 2002 年 4 月 1 日起施行。《证据规定》极大完善了民事审前程序中的证据制度，为其充分发挥准备功能提供了强有力的法律依据。首先，在当事人举证方面，《证据规定》明确规定了特定案件中当事人的举证责任以及被告的答辩义务，即应当在答辩期届满前提出书面答辩；其次，在人民法院调查取证方面，《证据规定》明确了法院依职权调取证据的范围和当事人申请调查取证的范围，并规定法院调查取证多依当事人的申请进行，使审前程序在协同主义诉讼模式方面迈出了一大步；再次，在举证时限方面，《证据规定》确立了举证时限制度和逾期举证的法律后果，要求当事人应当在自行约定或法院指定的举证期限内向法院提供，逾期举证原则上会受到证据失权的制裁，改变了长期以来在举证方面的"证据随时提出主义"，同时也确立了证据交换制度。从此证据交换从地方走向全国[1]，成为民事诉讼的一项常规制度。[2] 最后，《证据规定》还规定了争议焦点整理制度，通过证据交换，确定当事人争议的主要问题，为庭审的顺利开展作了充分的准备。

---

[1] 因为在《证据规定》制定以前，很多地方法院就已经制定了关于证据交换的规则。例如：前述广东省高级法院指定的《广东省法院民事、经济纠纷案件庭前交换证据暂行规则》。

[2] 李浩著：《民事证据立法前言问题研究》，法律出版社 2007 年版，第 20 页。

（三）司法政策

1.《人民法院五年改革纲要》（1999—2003）

最高人民法院于 1999 年 10 月 20 日发布了《人民法院五年改革纲要》（以下简称《一五纲要》）。其中关于审前程序改革提出的要求有：（1）1999 年底前各级法院全面实行立审分立、审执分立、审监分立；（2）建立科学的案件审理流程管理制度；（3）进一步完善举证制度，包括质证和认证制度、建立举证时限制度，重大、复杂、疑难案件庭前交换证据制度，完善人民法院收集证据制度，进一步规范当事人举证、质证活动；（4）加强法院办公现代化建设，进一步提高司法效率和法院管理水平。在《一五纲要》思想的指导下，各地方法院为了尽量避免或减少法官与当事人的庭外接触，预防"先清后审"或者"先定后审"，以及滋生司法腐败，对审前程序的探索从开庭前当事人之间的证据交换转向了扩大立案庭的职能。即由立案庭来专司负责立案登记和对案件实行按顺序排期开庭，同时负责对本院审理的各类案件进行审限流程管理。① 尤其是一些改革步伐较快的法院根据有关精神，开始推行以"大立案"② 为表现形式，以"审判流程管理"为主要内容的审判管理改革措施，将审前准备

① 各地法院探索的案件审理流程管理内容之一是审限跟踪，即立案机构从立案开始即对该案的审理期限实施监督。这里所说的审理期限一般是指法律规定的期限，但有些法院还规定了更严格的期限，如上海第一中级人民法院规定，民事、经济、知识产权一审案件，诉状副本送达被告后 15 日至 45 日为开庭时间，开庭后 30 日内应结案。这样做，一个民事案件，如果不开第二庭，应该在三个月内可以审结，大大低于法律规定的期限。沈德咏著：《司法改革精要》，人民法院出版社 2003 年版，第 124—125 页。

② "大立案"工作格局是以统一立案、排期开庭、流程管理为主要标志的。沈德咏著：《司法改革精要》，人民法院出版社 2003 年版，前言第 1 页。

工作纳入立案庭，使立案庭基本成为审判程序的调度中心，统管案件程序方面的事宜。① 随着《一五纲要》基本完成各项改革任务，我国民事诉讼初步建立了适合我国国情的民事审前程序。

2. 《人民法院第二个五年改革纲要》（2004—2008）

最高人民法院于 2005 年 10 月 26 日发布了《人民法院第二个五年改革纲要》（以下简称《二五纲要》）。《二五纲要》继续推进了对民事审前程序的改革，主要体现在：（1）改革和完善庭前程序。明确庭前程序与庭审程序具有不同的功能；（2）规范包括程序事项裁决、庭前调解、审前会议、证据交换、证据认定等一系列民事诉讼活动；（3）明确办理庭前程序事务的职能机构和人员分工；（4）"指出要完善人民陪审员制度作为改革的一项重要任务，对于审前准备阶段组成合议庭这项准备工作而言，无疑将会有很大的促进作用"②；（5）要求加强和完善诉讼调解制度，重视对人民调解的指导工作，依法支持和监督仲裁活动。并与其他部门和组织共同探索新的纠纷解决方法，促进建立健全多元化纠纷解决机制。

3. 《人民法院第三个五年改革纲要》（2009—2013）

为落实十七大中央关于深化司法体制和工作机制改革的总体要求，维护社会公平正义，满足人民群众对司法工作的新要求、新期待，实现人民法院科学发展，最高人民法院于 2009 年 3 月 17 日发布了《人民法院第三个五年改革纲要》（以下简称《三五纲要》），掀起了全国范围内新一轮的民事司法改革。就民事审前程序的继续完善而言，《三五纲要》不仅明确提出要进一步完善民事证据规则，而

---

① 熊跃敏著：《民事审前准备程序研究》，人民出版社 2007 年版，第 151 页。

② 姜启波、张力著：《民事审前准备（人民法院立案工作理论与实践丛书）》，人民法院出版社 2008 年版，第 62 页。

且还着重强调要建立健全多元纠纷解决机制。需要注意是，后者成为《三五纲要》推进民事审前程序改革的重心。《三五纲要》要求要按照"党委领导、政府支持、多方参与、司法推动"的多元纠纷解决机制的要求，配合有关部门大力发展替代性纠纷解决机制，扩大调解主体范围，完善调解机制，为人民群众提供更多可供选择的纠纷解决方式。同时要加强诉前调解与诉讼调解之间的有效衔接，完善多元纠纷解决方式之间的协调机制，健全诉讼与非诉讼相衔接的矛盾纠纷调处机制。

4. 《关于建立健全诉讼与非诉讼相衔接的矛盾纠纷解决机制的若干意见》

随着经济体制深刻变革、社会结构深刻变动、利益格局深刻调整和思想观念深刻变化，社会处于转型期，社会矛盾进入了易发、多发期。尤其是过去没有的新矛盾和新问题逐步形成、逐步暴露，纠纷类型的增加，处理难度加大，个别地方甚至引发群体性上访事件和暴力冲突事件。为了建立科学、合理、有效的矛盾纠纷解决机制，使矛盾化解在萌芽状态，以最合适的方式解决纠纷，实现和谐，最高人民法院于 2009 年 7 月 24 日发布了《关于建立健全诉讼与非诉讼相衔接的矛盾纠纷解决机制的若干意见》（以下简称《诉调对接意见》）。该《意见》鼓励行政机关、社会组织、企事业单位以及其他各方面的力量积极参与纠纷解决，完善诉讼活动中多方参与的调解机制。对于如何在审前阶段化解纠纷，规定了正式立案前的诉前调解、立案后的立案调解和邀请调解。完善诉讼与仲裁、行政调处、人民调解、商事调解、行业调解以及其他非诉讼纠纷解决方式之间的衔接机制，鼓励社会力量积极参与纠纷解决，丰富了人民群众参与社会管理和公共服务的途径。

5. 《关于进一步贯彻"调解优先、调判结合"工作原则的若干意见》

2010 年 6 月 7 日，最高人民法院发布了《关于进一步贯彻"调解优先、调判结合"工作原则的若干意见》（以下简称《调判结合意见》）的通知，主要确立了"调解优先、调判结合"的政策，"是对近年来法院调解政策的归纳和深化"①。这一意见无疑是完善民事审前程序的纠纷化解功能重要的"催化剂"。具体来说：

（1）基本构建了"诉前调解"制度

该意见第 8 条指出要进一步做好诉前调解工作。在收到当事人起诉状或者口头起诉之后、正式立案之前，对于未经人民调解、行政调解、行业调解等非诉讼纠纷解决方式调处的案件，要积极引导当事人先行就近、就地选择非诉讼调解组织解决纠，力争将矛盾纠纷化解在诉前。当事人选择非诉讼调解的，应当暂缓立案；当事人不同意选择非诉讼调解的，或者经非诉讼调解未达成协议，坚持起诉的，经审查符合相关诉讼法规定的受理条件的，应当及时立案。要进一步加强与人民调解组织、行政调解组织以及其他调解组织的协调与配合，有条件的基层法院特别是人民法庭应当设立诉前调解工作室或者"人民调解窗口"，充分发挥诉前调解的案件分流作用。

（2）进一步强化立案调解工作

该意见第 9 条规定：在案件立案之后、移送审判业务庭之前，要充分利用立案窗口"第一时间接触当事人、第一时间了解案情"的优势，积极引导当事人选择调解方式解决纠纷。对事实清楚、权利义务关系明确、争议不大的简单民事案件，在立案后应当及时调

---

① 张嘉军著：《民事诉讼调解政策研究》，郑州大学出版社 2011 年版，第 190 页。

解；对可能影响社会和谐稳定的群体性案件、集团诉讼案件，敏感性强、社会广泛关注的案件，在立案后也要尽可能调解。对当事人拒绝调解的，无法及时与当事人及其委托代理人取得联系的，或者案情复杂、争议较大的案件，以及法律规定不得调解的案件，应当在立案后及时移送审理。对在调解过程中发现案件涉及国家利益、社会公共利益和第三人利益的，案件需要审计、评估、鉴定的，或者需要人民法院调查取证的，应当终结调解程序，及时移送审理。立案阶段的调解应当坚持以效率、快捷为原则，避免案件在立案阶段积压。适用简易程序的一审民事案件，立案阶段调解期限原则上不超过立案后 10 日；适用普通程序的一审民事案件，立案阶段调解期限原则上不超过 20 日，经双方当事人同意，可以再延长 10 日，延调解期间不计入审限。

（3）积极探索和加强庭前调解工作

该意见第 10 条规定：在案件移送审判业务庭、开庭审理之前，当事人同意调解的，要及时进行调解。要进一步加强庭前调解组织建设，有条件的人民法院可以探索建立专门的庭前调解组织。要进一步优化审判资源配置，有条件的人民法院可以探索试行法官助理等审判辅助人员开展庭前调解工作，提高调解工作效率，减轻审判人员的工作负担。

二、我国民事审前程序的实践状况

自 20 世纪 80 年代后期开始，我国的民事审判方式开展了以宪法和诉讼法等法律为依据，以保障公正裁决为目的，以公开审判为重心，以"三个强化"① 为主要内容的持久改革。在这场漫长的民

---

① 即强化当事人举证责任，强化庭审功能，强化合议庭和独任审判员职责。

事司法改革浪潮中，我国民事审前程序的重要性日益凸显，受到了学术界和司法实务界的高度重视，随着诉讼模式的"否定之否定"变化，历经了从被视为庭审附庸到逐渐独立的过程。全国各地法院均根据不同时期的特点和要求，进行了形形色色的探讨，可谓百花齐放。但总的来说，按照改革历程的时间顺序，可以将审前程序归纳为以下几种模式：

（一）"先定后审"模式

建国以后，我国长期没有制定民事诉讼法。直到"文革"以后，基于对"文革"时期国家职能、社会秩序与人身安全等基本问题的反思，直接催生了广大人民群众对建设社会主义法制社会的渴求。在此大背景之下，我国民事诉讼法制开始复苏。由于这一时期我国还不具备立即制定民事诉讼法典的条件，仅根据 1978 年 12 月最高人民法院召开的第二次全国民事审判工作会议，制定了《人民法院审判民事案件程序制度的规定（试行）》，直到 1982 年才施行了第一部成文的社会主义民事诉讼法典，即中华人民共和国民事诉讼法（试行）（1982 年 3 月 8 日第五届全国人民代表大会常务委员会第二十二次会议通过，1982 年 10 月 1 日起施行），仍存在很多不完善之处。①

1982 年民事诉讼法受到了建国前解放区民事诉讼立法和前苏联民事诉讼立法的影响。建国前解放区民事诉讼立法主要体现为著名

---

① 尽管有不完善的地方，但它是从我国社会主义现代化建设事业的实际情况和需要出发，总结了民事审判工作的历史经验，继承了人民司法工作的优良传统，制定的适合我国国情和司法工作情况的条款。在当时为人民法院办理民事案件，提供了法律依据；为诉讼参与人进行诉讼活动，提供了活动准则。柴发邦、赵惠芬著：《中华人民共和国民事诉讼法（试行）简释》，法律出版社 1982 年版，前言。

的"马锡五审判方式"，其特点是审判员直接深入纠纷现场，通过说服、调解等办法化解纠纷。这种审判方式较为突出地表现为两点，一是证据的收集和提出可以由裁判者完成，即在事实的探知上是职权探知方式，无所谓当事人的举证责任；二是在纠纷的解决方式上更倾向于调解结案。在这种模式下，"审判员在民事纠纷过程中，需要亲自到现场去收集证据，说服当事人对纠纷达成和解，因此当事人双方在诉讼过程中的辩论过程以及庭审就显得无足轻重。"① 在庭审过程都无足轻重的情况下，审前程序更加缺乏存在的空间；前苏联民事诉讼立法的显著特点则是浓厚的职权主义色彩。在原苏联民事诉讼中，"无论收集证据，或者在审查双方当事人关于放弃诉讼请求，承认请求及和解等的声明方面，法院都要进行广泛的干预，目的是要帮助当事人实现他们的权利和合法权益"。② 受其影响，我国当时的民事诉讼立法就形成了以法院为主导的诉讼模式，即超职权主义民事诉讼模式，在这种模式中几乎没有审前程序，甚至可以说对于审前程序是极其排斥的。

加之当时民众的法制观念较为薄弱，法律制度也很不健全，各级人民法院基本形成了"谈话——调查——调解——开庭"的办案模式。法官接到当事人的起诉状和答辩状后，通常不及时开庭，而是按照既定步骤进行：第一步，先找当事人询问、了解案情，当事人也千方百计找法官来陈述，争取法官对其主张的理解和支持；第二步，包揽调查，四方奔波收集证据；第三步，千方百计调解，背

---

① 张卫平：《民事诉讼基本模式：转移与选择之根据》，载《现代法学》1996年第6期。

② 张卫平：《绝对职权主义的理性探知——原苏联民事诉讼基本模式评析》，载《现代法学》1996年第4期。

靠背地两头劝、两头压；第四步，如果调解达不成协议，则向领导汇报请示，拟定出判决方案；第五步才是开庭审理和宣判。在法院内部有时被简洁而形象地表述为"一送达、二询问、三调查、四调解、不下判决不开庭。"① 可见，这种模式基本上先查清案件事实、分清是非责任，经大量调解工作达不成协议，最后才确定判决方案来开庭。也即，开庭审理成为走过场，完全流于形式。② 因此，这种模式被称为"先定后审"或"先清后审"，其突出的表现是诉讼的最终结果在很大程度上取决于法官的主动依职权调查的证据，与当事人的举证完全无关，当事人的举证似乎只是法院认定案件事实的辅助手段。需要注意的是，因这种模式在当时的历史条件下有效处理了大量案件，较长一段时期内居于我国审判实践的主导地位。

"先定后审"模式下，法官的主要工作是在法庭之外询问当事人、调查取证和进行调解工作，因而法官基本成了诉讼的主导者，而当事人的诉讼活动主要是接受法官的调查和询问，无须发挥主观能动性。因此，也就使得庭审功能虚化、开庭审理程序显得无足轻重。自然而然，主要旨在为开庭作准备的审前程序也就失去了存在的意义。在这样的审判模式下，尽管依然存在有关的诉讼活动，但作为开庭准备的民事审前程序以及'开庭前准备'的概念已经被消解掉了。"一段较长的时期以来无论在学术界还是实务界，对研究准备程序问题以及对准备程序概念的认识都相当淡漠的现实就植根于这种状况之中。"③ 这种审判模式有着诸多弊端：一是，承办法官通

---

① 王亚新著：《社会变革中的民事诉讼》，中国法制出版社2001年版，第8页。

② 参见王怀安：《审判方式改革是我国民主和法制建设在审判领域的重大发展》，载最高人民法院研究室编：《走向法庭——民事经济审判方式改革示范》，法律出版社1997年版，第24页。

③ 王亚新著：《社会变革中的民事诉讼》，中国法制出版社2001年版，第71页。

常在庭审前和当事人接触，这就为司法腐败提供了温床；二是，使得司法被动性遭到了破坏，言辞原则和直接原则根本不能实现，当事人的诉讼权利也不能得到尊重和维护，严重损害了诉讼的公正性；其三，这种模式极易导致先入为主和庭审形式化。这些弊端逐渐为实务界和理论界所认知，并成为广泛批判的标靶和司法改革的重心。

（二）"一步到庭"模式

1. "一步到庭"的产生背景

1982 年民事诉讼法（试行）施行期间，我国的国情发生了很大的变化，主要是在改革开放的助推下，商品经济有了很大发展，使得我国民事诉讼生态也产生了巨大变化。据统计，1979 年到 1982 年底，全国法院受理的一审经济案件只有 4.9 万件，而 1982 年以后的全国法院每年受理的一审经济纠纷案件就大约有 60 多万件。民事诉讼生态的这一巨变为司法改革提出了一系列要求，在制定大批民事实体法律的同时，必须完善相应的民事诉讼程序。加之，民事审判工作在试行民事诉讼法施行的九年时间里也积累了进一步的经验，最高法院针对试行民事诉讼法做出了不少的司法解释，这些都需要新的法律予以确认。① 在这些背景下，1991 年 4 月 9 日第七届全国人民代表大会通过了现行民事诉讼法。1991 年民事诉讼法是从实际出发，适应改革开放、社会主义有计划地发展商品经济的需要，在总结经验的基础上，对试行民事诉讼法进行的补充和修改。尽管 1991 年民事诉讼法对原有的民事诉讼制度进行了调整和修正，但在诉讼体制上，两部诉讼法典本质上是一脉相承的。"也就是说它们在体制

---

① 参见马原主编：《民事诉讼法的修改与适用》，人民法院出版社 1991 年版，第 1 页。

上的调整并不大，只是在具体制度的调整方面有比较大的变化。"①
在传统诉讼体制影响下，法院仍然是审前准备工作的主导力量，具
有较强的干预色彩。

　　1991 年民事诉讼法施行后，"先定后审"模式引发了广泛理论
讨论。针对其诸多弊端，各地法院根据 1993 年 1 月召开的全国经济
审判工作座谈会及随后颁布的《若干规定》，纷纷开始了包括审前程
序在内的庭审方式改革探索。其中，"一步到庭"是代表模式。"一
步到庭"又称"直接开庭"，是指在受理案件后，做好必要的庭前准
备，径直开庭审理的审判方式，是相对于前一阶段实行的先调查先
调解而后开庭而言的。也即是针对先调查后开庭的"所谓一送达、
二询问、三调查、四调解，不下判决不开庭"的传统审判模式而言
的。② 这种模式将开庭前的调查核证工作置于开庭审理之中，在较大
程度上避免了重复劳动，加大了庭审力度，改变了庭审走过场的现
象，使审判人员真正成为坐堂问案的法官。

　　2. "一步到庭"的实践百态

　　因何为"必要的庭前准备"，各地法院有不同的理解和做法，③

---

　　① 张卫平：《我国民事诉讼法的发展与体制性制约的分析》，载《法律科学》
2001 年第 5 期。

　　② 吴明童：《"直接开庭"与"审理前的准备"之我见》，载《法学评论》1999
年第 2 期。

　　③ 有的法院在得到原告起诉状和被告的答辩状后即可决定开庭。河北省高级人民
法院：《深化改革，努力探索有中国特色的民事审判方式》，载最高人民法院研究室编：
《走向法庭——民事经济审判方式改革示范》，法律出版社 1997 年版，第 66 页；有的法
院认为案件有繁、简之别，简单的案件可直接开庭，复杂一些的案件在开庭前要完成法
定的准备工作。江苏省南京市玄武区人民法院：《审理民事案件实行直接开庭的做法及
其保障措施》，载最高人民法院民事审判庭编：《改进民事审判方式实务与研究》，人民
法院出版社 1995 年版，第 73 页。

使得各地法院对"一步到庭"的认识也存在较大区别。以下是各地法院探索"一步到庭"过程中一些比较有代表性的做法。

安徽省各级法院在 1991 年现行民事诉讼法实施后，特别是 1993 年 6 月全国民事审判工作座谈会召开后，就开始试行直接开庭的做法。具体的做法主要有：（1）做好庭前必要的准备。一般包括：口头或书面向当事人告知有关的诉讼权利、义务；告知当事人的举证内容、范围；认真审核诉讼材料；如认为有必要，可主动收集必要的证据。（2）为了采用简便、灵活的方式通过庭审直接查清案件事实，庭审程序不受民事诉讼法第 124、126 条的限制。（3）接开庭后有些事实仍查不清的可再次开庭。（4）直接开庭审理的案件一般为事实清楚、权利义务关系明确、争议不大的简单民事案件。[①]

黑龙江省哈尔滨市太平区人民法院的做法有：（1）实现"四个转变"，即变庭审前的个别调查为庭审调查，变庭审前的当事人个别举证为庭审中当事人举证，变无庭审质证为有庭审质证，变庭审中形式化的辩论为规范化、实质化的庭审辩论，进而规范庭审活动。（2）搞好"两个结合"，即庭前调解和庭审调解相结合、法官调解与协同有关方面共同进行调解相结合，规范调解活动。（3）坚持开庭审理，搞好庭审观摩。[②] 这些做法中虽然没有用"直接开庭"的称谓，但其中的内涵和"直接开庭"是一致的，本质上就是将庭审前的工作全部转移到开庭审理过程中来完成，旨在改变以往开庭"走

---

① 参见安徽省高级人民法院：《总结贯彻执行民事诉讼法经验，开创民事审判工作新局面》，载最高人民法院民事审判庭编：《改进民事审判方式实务与研究》，人民法院出版社 1995 年版，第 24—25 页。

② 参见黑龙江省哈尔滨市太平区人民法院：《规范民事审判工作，努力提高执法水平》，载最高人民法院民事审判庭编：《改进民事审判方式实务与研究》，人民法院出版社 1995 年版，第 29—35 页。

过场"的做法。

重庆市各基层法院则要求变习惯庭审方式①为直接开庭审理。具体做法有：（1）要求案件主审人要在庭审前做好必要准备。这些准备包括阅卷后拟定庭审提纲、审查证据材料、研究案件适用的法律情况以及落实合议庭人员、书记员，同时要排除不宜直接开庭的案件。（2）规范直接开庭审理程序。②紧紧围绕举证、质证、认证三个环节，搞好案件庭审。（3）切实做好直接开庭判决后的回访工作。把案后回访纳入直接开庭审理的一项内容，要求审判人员克服一判了之的做法，认真做好判后的延伸服务。③

3. "一步到庭"的效果评析

"一步到庭"是力图改变传统审判方式和习惯庭审模式的一种尝试，其初衷在于革除"先定后审"的各种弊端。原最高人民法院院长任建新在第十六次全国法院工作会议报告中指出，要改革和完善民事案件的庭审方式。推行"一步到庭"就是深化贯彻这一精神的实际行动。其主导思想是充分发挥当事人在庭审中的作用，加强当事人当庭举证的责任，以实现民事诉讼法第 2 条规定的"保护当事人行使诉讼权利"，同时避免法官在庭外接触单方当事人进行"暗箱操作"等弊端。

各地法院对"一步到庭"的实践探索表明，这种模式取得了一定成效，主要体现在，它是在当时民事案件大幅上升，审判任务日

---

① 是指在试行民事诉讼法期间形成的"案件受理后，对当事人进行询问——调查取证——调解——开庭审理"的习惯做法。

② 重庆市中级人民法院为此编写了《第一审民事案件开庭审理规程》。

③ 参见四川省重庆市中级人民法院：《关于民事案件直接开庭审理的几个问题》，载最高人民法院民事审判庭编：《改进民事审判方式实务与研究》，人民法院出版社1995 年版，第 55—64 页。

趋繁重与干警力量严重不足的矛盾十分突出的情况下推行的，曾在某些法院缓解过案多人少的矛盾。① 但总体来看，"一步到庭"的做法收效甚微，且其固有的缺陷也日益暴露。因为它只能适用于事实清楚、法律关系明确的简单民事案件。对于案情复杂的案件，法官在开庭前对双方缺乏必要的了解，仅凭开庭时的起诉状和可能有的答辩状，难以确定争议焦点，有时显得束手无策。而且，没有审前对证据的交换和整理，法庭上出现的证据过多或突然出现的证据，都会令法官和对方当事人无所适从，庭审活动就难以有条不紊的进行，有时只好休庭继续做准备或者反复开庭，大大降低了诉讼效率；另外，没有充足的准备，"当庭认证"难以做到，往往还要在庭后花大量时间去审阅诉讼材料，庭审又被迫流于形式。基于这些现象，"一步到庭"的各种价值逐渐被否定。有学者指出，"尽管我们可以说'一步到庭'强化了公开审判，杜绝了暗箱操作，但基于一些问题的存在，在实际操作中，'一步到庭'的初衷——实现审判公正、提高诉讼效率等都没有得到实现。"② 也有学者指出，"一步到庭"的程序设计限制了当事人平等充分地进行举证，不仅有失公正，而且使一些本可以庭前和解的或不必要进入法庭审理的案件进入法庭，变成了无休止的争讼，增加了当事人和法官的负担。③

---

① 例如重庆市江津市法院在民事审判干部无增加的情况下，1993年比1991年多结案905件。四川省重庆市中级人民法院：《关于民事案件直接开庭审理的几个问题》，载最高人民法院民事审判庭编：《改进民事审判方式实务与研究》，人民法院出版社1995年版，第61页。

② 范跃如：《从比较法角度看我国民事审前准备程序的构建》，载江伟主编《中国民事审判改革研究》，中国政法大学出版社2003年版，第107页。

③ 陈桂明、张锋：《审前准备程序比较研究》，载陈光中、江伟主编：《诉讼法论丛》（第1卷），第464页。

4. "一步到庭"催生的民事审前程序反思

"一步到庭"或"直接开庭"或"一步到位"的基本涵义均是做好庭前必要准备，确保及时开庭。这种模式实质是力图改变"先定后审"模式下在开庭前做大量调查收集证据的工作，待案情基本查清后再开庭的做法。要确保"一步到庭"模式的有效运行，必须防止两种倾向：一是忽视庭前必要的准备工作。二是用庭前准备工作来代替开庭审理，以致使开庭流于形式。[①] 多年的司法实践表明，多数法院和法官对"一步到庭"内涵的认识不够深刻、清醒，甚至存在严重的偏差。比如有些法官将"一步到位，直接开庭"错误地理解为当事人"对簿公堂"，法官"坐堂问案"，是古代的衙门作风。[②] 一些审判干部曾经一度模糊认为："一步到庭"就是"不做准备"直接上庭，所有的工作都应拿到庭上进行。结果出现了因为缺乏必要的准备，致使有的庭审杂乱无序，甚至出现失控现象，庭审效果不好。[③] 同时，"一步到庭"在司法实践中也遇到了两难境地，即如果不做事前的准备，开庭审理常常会因不得要领难以控制掌握，达不到所期望的效果。但如果还是靠首先进行庭外的询问、调查等方式来了解纠纷情况，等有了把握再来开庭的话，是否会回到开庭

---

① 马原：《改进民事审判方式，正确执行民事诉讼法——在全国民事审判工作座谈会上的讲话》，载最高人民法院民事审判庭编：《改进民事审判方式实务与研究》，人民法院出版社 1995 年版，第 8 页。

② 山西省大同市中级人民法院：《我们是如何直接开庭一步到位的》，载最高人民法院民事审判庭编：《改进民事审判方式实务与研究》，人民法院出版社 1995 年版，第 69 页。

③ 吉林省吉林市中级人民法院：《积极探索、大胆实践，努力推进民事二审庭审方式改革》，载最高人民法院研究室编：《走向法庭——民事经济审判方式改革示范》，法律出版社 1997 年版，第 209 页。

审理走过场或"先定后审"的老一套上去则又成为问题。①

各级法院对"一步到庭"的各种认识误区及其在司法实践中的两难境地，使得这种模式下民事审前准备明显被弱化甚至取消庭前准备的倾向。具体来说，将几乎所有诉讼活动全部纳入开庭审理之中，在庭前阶段"当事人一般情况下还处于被动地等待庭审的状态或准备对付或说服法官的办法，缺乏诉讼本身所具有的发动双方当事人积极参加诉讼，寻找解决纠纷的内在动力"。② 这种方式不仅省略了法官审前应该有的审理行为，也省略了审前必要的准备活动，导致多次开庭等更不经济的现象以及诉讼突袭等时有发生。③ 看来，没有开庭前充分的准备工作，难以展开内容真正充实而有序的庭审；而庭前的准备如果不能做得恰如其分的话，却可能"喧宾夺主"，以至架空开庭审理本身。④ 从根本上说，"一步到庭"是没有认识到审前程序在整个诉讼程序中的独立价值，没有理清它在整个诉讼程序中的地位，没有从整个诉讼机制的宏观高度出发来设计审前程序，因而不可避免地造成了理论上的混乱和实践上的短命。于是，如何构建审前程序，成为了亟待理论界和实务界共同研究的问题。

（三）"分步到庭"模式

1996 年 7 月，最高人民法院召开了全国审判方式改革工作会议，会议要求强化庭审功能、强化当事人的举证责任、强化合议庭职责，

---

① 王亚新著：《社会变革中的民事诉讼》，中国法制出版社 2001 年版，第 72 页。
② 宋艳华：《论庭审前准备程序的设立》，载《法律适用》2000 年第 6 期。
③ 参见江伟、杨荣新主编：《民事诉讼机制的变革》，人民法院出版社 1998 年版，第 421 页。
④ 参见王亚新著：《社会变革中的民事诉讼》，中国法制出版社 2001 年版，第 72 页。

使得审前程序再度成为庭审方式改革的重心。在此背景下，切实做好开庭前的准备工作显得至关重要，包括掌握当事人争议焦点，熟悉与案件有关的法律法规，合理指导当事人举证，以防止和纠正不做好充分准备工作就仓促开庭的不正确做法。① 按照这一要求，各地法院在经历了"先定后审"和"一步到庭"矫枉过正的极端后，又以完善民事审前证据交换为核心内容积极开展了新的探索，明确提出案情复杂的民事和经济案件要在庭前进行证据交换。在这种背景下，有些法院，根据形势需要，在充分借鉴 20 世纪 90 年代中后期两大法系主要国家审前程序改革的基础上，推出了"分步到庭"的模式，即在立案以后，双方当事人要进行证据交换，并完成争议焦点的整理后才能进入开庭审理阶段。比较有代表性的做法有：

1. 上海法院系统的探索

上海市三级法院在探索审判方式改革时，均将庭前证据交换视为民事审前程序的核心。这种模式下证据交换由承办法官主持，具体来说，审判人员在完成《民事诉讼法》规定的审理前的准备工作后，对一些证据多而复杂的案件，由合议庭主持，召集双方当事人及其诉讼代理人到场交换各自收集到的或占有的与诉讼有关联的证据，对双方认识一致，没有异议的证据记录在案；有异议的，明确双方争执焦点，指导双方进一步举证，同时将交换过的证据归类编号，以便庭审时出示时。另外，审判人员或合议庭可立即进行调解，调解不成的及时开庭审理作出裁判。就对经过庭前交换双方当事人没有异议的证据是否还要在庭审中质证而言存在较大争议，一种意见认为，已经双方交换而无异议的证据，不需要在庭审中再出双方

---

① 参见祝铭山：《在全国审判方式改革工作会议上的讲话》，载最高人民法院研究室编：《走向法庭》，法律出版社 1997 年版，第 18 页。

当事人按照庭审程序重复举证、质证，这样做不符合提高庭审效率的原则。但基于民事诉讼法明确规定，证据必须经过法庭质证才能作为认定事实的根据，即使双方没有异议的证据，也必须进行质证。实践中，各级法院认为庭前证据交换不能代替法庭调查，大多在开庭时对证据交换时均无异议的证据仍然进行了质证，但为了提升效率，进行了变通，即实际操作时，审判法官法在庭调查阶段，将庭前交换证据时双方认识一致，没有异议的证据进行归纳，对双方当事人没有新意见的，记录在庭审笔录中，如此一来，占用的时间也就较短。①

2. 海南省洋浦经济开发区法院的实践

海南省洋浦经济开发区两级法院是将证据交换的工作放在由书记员主持召开的庭前会议中来进行的。主要内容有：（1）组织双方交换证据和证人名单，对双方均无异议的证据，制作目录提交法官，由法官在庭审时直接予以确认。（2）组织双方确定案件争议焦点，庭审活动基本按确定的争执点进行。（3）交代诉讼中双方应当注意的事项。这种方式使双方当事人和法官在开庭审理前均做到了心中有数，使庭审活动突出，层次分明，庭审质量极大提高，同时也有效节省了庭审的时间，大大提高了庭审效率。②

总的来说，"分步到庭"模式，在一定程度上完善了民事审前程序，使开庭审理重点突出，针对性强，为庭审质证打下了良好基础，

---

① 参见上海市高级人民法院：《民事经济审判方式改革的探索及若干做法》，载最高人民法院研究室编：《走向法庭——民事经济审判方式改革示范》，法律出版社1997年版，第53—54页。

② 参见海南省洋浦经济开发区两极法院：《建立新的审判模式，确保司法公正高效》，载最高人民法院研究室编：《走向法庭——民事经济审判方式改革示范》，法律出版社1997年版，第143—144页。

大大缩短了庭审时间，极大提高了诉讼效率，节约了司法资源，具有事半功倍的效果，为后来最高人民法院制定《审改规定》和《证据规定》提供了丰富的实践材料。但需要注意的是，由于缺乏与证据交换配套的证据失权等制度，也就限制了庭前证据交换功能的充分发挥。

（四）"大立案"模式

随着司法改革的深入推进，逐步建立符合审判规律、适应工作发展的审判运行管理机制开始受到广泛关注。审判流程管理要求案件立案后，立案机构跟踪整个审理的流程，直到审理终结，对开庭时间、结案日期作出严格规定。这种做法旨在，借助科技手段现代先进的管理方法对审判实施流程管理，将案件流程控制权与实体审判权分立，起到分权制衡的作用，实现对审判工作由行政型管理向审判型管理的转化。其能够有效避免超审限、久拖不审、久审不决的现象，解决承办法官审理案件，先易后难，先简后繁，疑难案件往往不能按时结案，存案积案多的问题。因此，强化审判管理是司法改革的必然要求，是审判工作公正、高效、有序运行的根本保障。在这种背景下，各地法院开始了以立案机构①职能扩大化为主要目标的审前程序改革的探索，在历史上称为"大立案"模式。对这种模式较为典型的做法有：

1. 寿光法院"大立案"模式

"大立案"模式首先在山东省寿光市人民法院实行并逐步向全国

---

① 关于立案机构的名称，过去有的叫"立案处"、"立案科"、"立案室"，直到1999年8月，最高人民法院召开的全国法院立案工作座谈会上，沈德咏副院长在会议上的讲话和会议纪要均明确，全国各级法院的立案机构统称"立案庭"。参见纪敏主编：《法院立案工作及改革探索》，中国政法大学出版社2000年版，第65—90页。

推广。① 其具体做法②是：（1）依法界定立案庭的职责。首先，立案庭拥有立案、排期、送达、作出并执行财产保全和证据保全裁定四项法定职能。其次，立案庭还拥有负责一切从属于案件审判的司法辅助工作，包括根据开庭时间提前准备审判法庭，负责一审结案后的案卷装订工作，上诉案件的案件卷上呈、接收工作，生效案件的查送、归档工作，有关审判信息的综合工作等。最后，立案庭还拥有监督职能，包括对案件管理流程的具体运行及相关环节进行监督管理，对程序执法实行监督管理，以及对审限进行监督。立案庭对审限的监督主要通过对届满一定期限的案件分别发出"督办通知书"和提请院长签发"督办令"等形式，及时加强对案件审限的监督管理，以杜绝无法定事由超审限问题的发生；（2）根据立案庭担负的职责，在立案庭内部设置了相应的机构配置，包括立案组、内勤组和外勤组；（3）建立了与"大立案"相配套的审判工作管理机制，即"大立案——精审判——强执行——重监督"的工作管理机制。

寿光法院立案模式在具体运行中，还施行"决策与决策实施相分离，决策者与利害关系人相分离"的原则。具体来说，首先是把案件审判和执行的全部过程合理分段，分工负责，实现职责上的分离。就审判程序而言，全程依次分为立案、庭前准备、开庭审理和裁决等四个基本阶段，立案、庭前准备及辅助于审判的程序性事务均由立案庭负责。在四个阶段的相互衔接方面，寿光市人民法院要求：凡当庭宣判的案件，由裁判法官通知当事人在 5 日内到立案庭

---

① 一年中，全国各地先后有 20 多个省、市、自治区的 400 余家法院到寿光进行考察和交流。毕玉谦主编：《司法改革动态与研究》（第 1 卷第 1 辑），法律出版社 2001 年版，第 95 页。

② 参见山东省寿光市人民法院：《"大立案"机制运行模式与成效》，载毕玉谦主编：《司法改革动态与研究》（第 1 卷第 1 辑），法律出版社 2001 年版，第 95～102 页。

领取裁判文书，逾期不领者，由外勤组负责送达；需要再行开庭审理的案件，由裁判法官当庭确定时间并发出开庭传票，不能当庭确定的，应在休庭后 3 日内将再次开庭的理由和时间告知立案庭，由立案组再行排期；案件一审生效后，承办法官负责审核所有案卷材料，确认无误后交负责该案记录的内勤组书记员整理装订，然后送查或上呈、归档。

"大立案"机制的确立为寿光法院带来了整个审判运行管理体制的变革，从根本上革除了传统运行机制的弊端，将原来统揽包办、"暗箱操作"式的审判模式一举转变为权力分配合理、制衡监督有序的运作方式，审判活动的公正与公开得到了有效保障。从长期的司法实践看，寿光法院 1998 年共审结各类案件 7571 件，同比增长 11.06%，1999 年审结各类案件 10890 件，同比增长 27.83%，2000 年审结各类案件 12755 件，案件平均审限缩短为 26.8 天。总的来说，寿光法院"大立案"改革效果较为明显，案件办理质量不断提高，连续多年该院刑事、民事、经济案件的二审发回、改判率一直低于 10%。

2. 上海一中院"大立案"模式

上海市第一中级人民法院的"大立案"模式也较为典型，该院自 1998 年提出实行流程管理的改革设想以来，经过 3 年的实践探索，初步构建起了一套覆盖各类案件的流程管理运作体系。其具体做法有①：（1）确立集中管理模式。具体体现在设立专门机构、配置专职人员，对案件采取集中、统一管理，将原来分散在各业务庭的案件管理职能集中交由立案庭负责实施，由立案庭对案件的立案、

---

① 参见上海市第一中级人民法院：《案件流程管理的基本做法》，载毕玉谦主编：《司法改革动态与研究》（第 1 卷第 1 辑），法律出版社 2001 年版，第 82—87 页。

送达、排期、庭前准备、庭审、结案、归档等流程节点进行全程控制，从而促进审判管理由封闭向公开、由无序向有序转变；（2）对案件进行排期。排定开庭时间、审判法庭、合议庭成员及结案时间，是上海一中院进行流程管理据以控制办案节奏、调节审判资源的中心环节。1998 年 9 月，上海一中院专门设立了立案排期组，对全院一、二审案件进行统一排期，并确立了以案件先后、难易程度、案件类型和合议庭工作量进行排期的原则。同时，专职排期人员利用电脑网络，按时在网上查看排期后案件的分布情况、审理进度，并发布开庭公告。（3）跟踪反馈节点信息。上海一中院要求立案庭及时跟踪开庭信息，做好预报提示工作，建立信息反馈制度，对节点监控中发现的问题，应及时进行调研。（4）设立庭前准备合议庭。1999 年 5 月该院在立案庭成立了专门的庭前准备合议庭，对一审民商事案件试行庭前准备程序，即根据案情指导当事人举证，负责当事人双方交换证据，整理案件争议焦点，并对有可能在庭前达成和解的案件做好息讼工作。

这种探索取得了良好的效果。该院 2000 年共有 671 件一审案件进入庭前准备，其中 591 件如期完成庭前准备，按期完成率为 88%。在此阶段，还另以调解、撤诉形式结案 71 件，审结不予受理、驳回起诉、管辖异议等上诉案件 158 件。另外，通过运用案件流程管理系统，1999 年和 2000 年该院连续两年实现案件办理效果的良性循环，年度结案率分别达到 99.45% 和 106.16%，至 2000 年年底，存案已降至历史最低，并基本办结了超审限案件。①

3. 北京房山区法院"三二一审判模式"

北京市房山区人民法院根据自身情况②，借鉴其他各地法院的改革经验，探索出一种新的"大立案"审判模式，被称之为"三二一审判模式"③。该模式首先于2000年2月20日在该院经济庭试行，9月份以后逐步在全院推广。具体阐述如下：

（1）"三二一审判模式"的组织架构及职责划分

"三二一审判模式"是在选任审判长、独任审判员的基础上，由3名法官、2名法官助理和1名书记员组成审判组，并在审判活动中具有职责明确、分工负责、监督有力特点的审判工作机制。其中的"三"是指负责案件审判的3名法官，他们的职责就是主持庭审、居中裁判，全权负责案件的审与判，并对案件的审判质量负全部责任。这与《一五纲要》提出的"强化合议庭和法官职责"的要求相吻

---

① 类似的改革成效还有：上海市第二中级人民法院实行审判工作流程管理后，超审限的案件由1998年的14%下降到1999年的4%；山东省潍坊市奎文区法院1999年共受理各类案件3026件，审结3069件，结案率为101%，是建院以来最高的一年，无一起超审限案件。以该院经济庭为例，1998年全庭干部14名。结案1008件，人均结案72件，人均月结案6件；1999年实行"大立案"流程管理后，全庭干部6名，结案1161件，人均结案195件，人均月结案16件。前去参观的所有法院领导都为这一改革所取得的效果感到振奋。参见《纪敏庭长在河南省立案工作会议上的讲话》，载纪敏主编：《法院立案工作及改革探索》，中国政法大学出版社2000年版，第29—42页。

② 自身情况而言，该院地处北京西南郊，是个基层法院，辖区内自然、经济条件比较复杂，分设5个人民法庭，年结案上万件，审判人员的任务日益繁重，但由于过去缺乏激励和约束机制，审判人员提高自身素质的积极性不高，维护司法公正的主动性不强，抗外界干扰能力较差，导致案件改判率和发回重审率偏高，超审限案件多。因此，必须走改革之路。

③ 参见北京市房山区人民法院：《"三二一审判模式"的具体做法与成效》，载毕玉谦主编：《司法改革动态与研究》（第1卷第1辑），法律出版社2001年版，第88—94页。

合；其中的"二"是指负责案件庭前程序工作的2名法官助理，他们对整个"三二一"审判组负责，而不是对其中的单个法官负责，其职责就是完成调查、取证、送达、接待、采取保全措施、组织预备庭、安排开庭日期等事务性工作。这就在较大程度上避免了过去审判环节由案件承办人大包大揽、缺少过程监控的缺陷，符合《一五纲要》第40条关于"建立有效的内部制约机制"的要求，并具体实现了第33条提出的试点进行"为法官配备助理"改革的设想；其中的"一"是指负责庭审记录工作的1名书记员，该名书记员仅负责3名法官的庭审记录，其他如收案、报结、归档等工作由内勤完成，这为实现书记员单独序列管理创造了条件。

（2）"三二一审判模式"的实践效果

从以下数据中可以看到"三二一审判模式"的具体司法效果。1999年3月至7月，就该院审结的300件经济案件而言，当事人到法院的次数为1407次，法官外出次数为691次，上诉率为8%；2000年3月至7月，同比审结的300件经济案件，当事人到法院的次数为679次，法官外出的次数为96次，上诉率为3%。以上数据显示，审结同样数量的案件，2000年与1999年相比，当事人到法院的次数和法官外出送达、调查取证次数明显减少，上诉率大幅降低，这表明当事人和人民法院在保证公正裁判的同时减少了交通费、误工损失等支出，大大降低了当事人诉讼成本，节约国家司法资源。另外，截至1999年12月20日，该院最早采用"三二一审判模式"审理案件的经济庭共审结经济案件762件，平均审限只有28天，没有一件案子超审限，80.5%的案件及时得到解决；在所判决的案件中，只有26件被当事人提起上诉，比前1年的平均上诉率下降了91%。

该模式受到了房山区党委、人大和政府的肯定，区领导在考察该院改革情况后，一致认为"三二一审判模式"符合改革的潮流和方向，不仅提高了审判效率和案件质量，而且有效遏制了腐败现象发生，促进了司法公正；新闻界称这一改革是"公正与效率的呼唤"；当事人称赞该院改革后"办案快了，过程明白了，裁判更公正了"，纷纷表示"这下打官司心里有底了"；律师们说："以前是我们催法院，现在是法院催我们，房山法院办案效率比较高，我们可以利用节省下来的时间办更多案件。"社会各界的肯定，反映了"三二一审判模式"具有良好的成效。

(3)"三二一审判模式"的制度评析

"三二一审判模式"强调公开、平衡和内部监督，并实行严格的"案件流程管理"，其显示出的放权、分权和监督等特点，符合了现代司法文明的要求，有利于解决法官数量多与总体素质低、法官权利广泛与职责不明、司法公正的需求与司法腐败等矛盾。但需要注意的是"三二一审判模式"的审判组织是一种基础的审判资源配置模式，但不是固定的、一成不变的。它应当根据审判业务的需要或者各庭的实际情况，合理调整人员的配置比例。特别是，在以后真正实现法官英才化以后，还应当增加法官助理的人数，以分担法官的部分初级性工作，逐步形成法院人力资源配置的"金字塔结构"。

4. "大立案"模式的反思

"大立案"模式在较大程度上，完善了民事审前程序，实现了民事审判方式的积极变革，仍存在诸多不足之处，必须反思。首先，审前程序中是否应当容纳诸如审判流程电脑管理、电脑监控审限等不属于审判业务方面的管理工作。其次，虽然这种模式可以在较大程度上革除审判法官过早过多地陷入审前各项准备工作的弊端，但庭审法官在审前程序的完全引退有时导致了庭审举证、质证更加杂乱无章，不得不多次重复开庭，审前程序的功能和价值无从体现。最后，"立案庭集审前准备、管理工作、监督工作于一身，难以保证很好完成审前准备工作，也与《一五纲要》要求建立专门机构履行审判流程管理和审限跟踪监督工作的精神不相符合。"①

（五）"诉调对接"模式

1. 构建"诉调对接"模式的意义

从现代民事审前程序的功能看，一般包括证据固定、争点整理和促进和解三个方面。从我国多年来的民事审前程序改革看，主要是强调证据固定、争点整理方面的完善，即对于民事审前证据交换和证据实效制度作出了进一步的规范化和制度化。通过设立举证时限制度和证据交换制度来对我国民事诉讼法的格局进行重大的调整，使我国民事诉讼中的证据随时提出主义向证据适时提出主义转变迈出了一大步。但这些改革均是以完善证据制度和争点整理为目标的②，忽略了民事审前程序的纠纷化解功能。但近年来，为了应对社会矛盾凸显的严峻现实，在 ADR 运动广泛掀起的世界性接近正义浪潮下，积极探索符合我国国情的矛盾解决方式和法治模式显得尤为

---

①　蔡虹：《审前程序的构建与法院审判管理模式的更新》，载江伟主编：《中民事审判改革研究》，中国政法大学出版社2003年版，第67页。

②　对于证据制度，有的学者认为该《证据规定》也有设计不科学之处。例如：《证据规定》第34条确立的举证时限制度力图在诉讼的某一阶段实行"证据关门"，而这种失权效力在具体运用证据交换程序中却受到了极大的削弱。就两大法系各国而言，凡是通过庭前采用证据交换制度的，不可能在证据交换之前就实行"证据关门"。因此，在最后一次证据交换结束之前实行"证据关门"似应更为妥当。毕玉谦：《证据准备与程序控制——〈最高人民法院关于民事诉讼证据的若干规定主要问题透视之四〉》，载《法律适用》2002年第7期。

重要。在这种背景下，积极探索多元化纠纷解决机制成为重大课题，而法院从一开始就积极参与该机制的建构，并逐步成为推进这种建构的主导力量。从《二五纲要》提出"庭前调解"，到《三五纲要》提出"建立健全多元纠纷解决机制"，再到 2009 年 7 月 24 日《诉调对接意见》的发布，各地法院开展了轰轰烈烈的构建多元化纠纷解决机制的探索。但随着民事审前程序的深入推进，如何实现诉讼与非诉机制的有效衔接逐渐成了实现审前程序纠纷化解功能的瓶颈，且"随着诉讼调解的复兴，法院内部关于'诉讼调解适度社会化'的理念和实现迅速得以张扬"①，使得积极构建"诉调对接"模式十分必要。

我们在研究审前程序中提出"诉调对接"模式，其意义是显而易见的，毕竟适合中国国情的审前程序要求在功能上要更加注重纠纷的提早解决，尽量为法院消化案件。对法院而言，通过审前程序已经能明确双方当事人之间的争议焦点，也能对案件的繁简情况作出判断，这时可以利用这种判断将一些简单的纠纷在开庭前予以解决，以减少进入审判的诉讼，实现司法资源的合理配置，节约诉讼成本，提高诉讼效率；对当事人而言，在充分的审前程序中，他已经对双方所掌握的证据态势优劣、案情有了清楚的认识，并可以在一定程度上预测诉讼结果，从而可以衡量利益得失，作出是否继续诉讼的选择。"从世界各国民事诉讼的运作情况可以看出，通过审前准备程序促成纠纷解决的多元化，使相当一部分纠纷在开庭审理之前得到解决，缓解有限的司法资源与不断膨胀的诉讼之间的矛盾，

---

① 范愉著：《纠纷解决的理论与实践》，清华大学出版社 2007 年版，第 460 页。

已是势所必然。"①

2. "诉调对接"模式的典范

各地法院在民事审前程序中积极探索"诉调对接"的代表性做法很多，这里主要以重庆市渝中区人民调解工作室为研究样本。2008 年，重庆市渝中区法院与渝中区司法局协作制定了《渝中区司法局关于建立诉调对接机制的工作方案（试行）》，成立了全市首个设于法院内部的"渝中区人民调解工作室"。该人民调解工作室自成立至 2010 年 6 月，共受理案件 1771 件，调解、撤诉 804 件，调撤率为 45.3%。②

（1）渝中区人民调解工作室基本架构

其一，管理体制上，渝中区人民调解工作室在业务上接受区人民法院和区司法局的指导，行政管理以区司法局为主。

其二，人员组成上，渝中区人民调解工作室由法院退休法官 1 名作为常设人员，由调委会赋予该法官人民调解员资格，另由各街道司法所、社区居民调委会派轮流调解员 1 名组成。

其三，工作职责上，人民调解工作室负责处理诉前调解、诉中调解，以及协助执行和解。诉前调解是指当事人在立案前经区人民法院立案庭引导，自愿选择由人民调解工作室进行调解；诉中调解是指区人民法院在审理各类民事案件过程中，根据审理案件的需要，可委托"工作室"协助人民法院进行诉讼中调解；协助执行和解是指根据执行工作需要，对进入执行程序的，存在执行和解可能的民事执行案件，区人民法院可委托"工作室"协助做好执行案件的和

---

① 杨路：《庭前证据交换制度的实证研究》，载毕玉谦：《中国司法审判论坛》（第 2 卷），法律出版社 2002 年版，第 245 页。

② 相关数据来自该法院研究室。

解工作。

其四，诉调对接方面，诉前调解达成协议的，由调解员制作规范的调解协议书，双方签字后，加盖当事人所在街道或社区调解委员会印章，具有民事合同效力。具有可执行内容的调解协议，若当事人均申请赋予调解内容强制执行效力的，由调解员引导当事人到区人民法院起诉立案，立案庭应于受理当日将案件移交所属审判庭，审判庭应立即启动"即立即调"程序进行处理。调解协议经审查符合法律规定的，审判庭应于立案之日起 3 日内制作和送达法院民事调解书，该民事调解书具有强制执行效力，且该案件诉讼费用依法减办收取；诉中调解达成协议的，由调解员制作规范的调解协议书，双方签字后，移交区人民法院案件审判人员，调解协议书经审查符合法律规定的，由区人民法院按照调解协议书的内容及时制作法院民事调解书送达各方当事人；执行中调解达成协议的，由调解员制作规范的和解协议书，双方签字后，移交区人民法院执行人员，由区人民法院按照执行相关规定督促当事人履行。

其五，经费保障方面，为保障人民调解工作室的正常开展，由渝中区人民法院提供办公场地和必要的办公设备，专项经费由渝中区人民法院与渝中区司法局共同向渝中区政府申请拨付；工作室调解员在调解纠纷时产生的交通费、误餐费以及案件补贴，由渝中区司法局在专项拨款经费中解决；工作室支出的日常办公费用，由渝中区人民法院和司法局共同商量解决。

（2）渝中区人民调解工作室探索成效

首先，从处理纠纷的数量上看，人民调解室收案多，调撤成绩明显。2008 年，人民调解工作室共收案 264 件，调撤案件 115 件；2009 年收案 868 件，调撤案件 378 件，收案同比上升 22.8%，调撤案件数同比上升 22.86%；2010 年 1 月至 6 月收案就已达 639 件，调撤案件 341 件。

其次，从运行机制上看，"诉调对接"运行良好，在一定程度上缓解了法院"案多人少"的压力。2008 年渝中区法院收案 9316 件，其中人民调解工作室收案占 2.8%；2009 年渝中区法院收案 12128 件，人民调解工作室收案占 7.15%；2010 年上半年渝中区法院收案 5869 件，人民调解工作室收案占 10.9%。人民调解工作室的运行，在一定程度上减缓了法院诉讼压力。

再次，从案件处理效果上看，人民调解的法律效果和社会效果均优于诉讼。以 2009 年为例，渝中区法院民事案件结案周期约为 82 天，而诉前人民调解结案周期平均为 5 天，诉中人民调解结案周期平均为 10 天。就纠纷解决来看，人民调解有利于化解对立，做到案结事了。如浙江客商杨某索要欠款纠纷一案，朝天门批发市场商家唐某因资金周转困难，拖欠供货商杨某货款 6 万余元长达一年之久。杨某因索要欠款曾多次与唐某发生抓扯，并报警两次。杨某在向人民法院起诉后，经渝中区法院立案庭法官询问是否同意调解后，引导其到人民调解工作室后，人民调解员根据杨某请求调解的要求，通知唐某到调解室，通过耐心细致的工作，打消了双方之间存在的怨气，唐某当面付清了货款，并将剩余货物退还了杨某，双方还共同约定继续维持业务合作关系，最终实现了案结事了的良好效果。

最后，从案件履行效果来看，诉讼调解的案件自动履行率仅为 34.40%，而人民调解结案的案件自动履行率高达 95%。同时，人民调解还具有无申诉、上诉、信访等优势，对及时化解群众矛盾和纠纷起到了积极作用。

三、我国民事审前程序改革的成效与弊端

（一）民事审前程序改革成效总结

虽然做法各异，但是全国各地法院的审前程序改革普遍得到了社会公众较高评价。法学界也普遍认同这种立足基层和法院工作实际进行改革的指导思想和努力方向极具肯定和推广价值。总的来说，各地法院审前程序改革在实践与理论方面均取得了较好的效果，积累了一定的理论和实践经验，为审前程序在全国的推广及最终实现法定化奠定了一定基础，其成效主要体现在以下几个方面：

1. 保障当事人充分行使诉权，体现了司法为民

首先，在审前阶段，通过必要的诉讼指导与举证指导，使当事人在审前清楚案件程序运行、证据如何收集，以及相应的诉讼权利义务，避免了当事人"糊里糊涂"进行诉讼；其次，通过举证时限和证据交换制度的实施，实现了证据、诉讼请求、争点在庭前基本固定下来，一定程度上解决了庭审证据突袭现象；最后在审前程序运行中，法官有效控制着审前准备进程，在较大程度上有效限制了当事人滥用诉权和恶意诉讼，防止了案件因当事人的原因而导致的"久拖不决"。

2. 提升了诉讼效率，降低了诉讼成本

民事审前程序实现了司法人员专业化分工和审判资源的优化配置，特别是强化了法律文书送达、调查取证、证据交换，确保审前准备充分，为庭审的顺利进行提供了保障。加之，近年来的民事审前程序改革逐渐凸显了纠纷化解功能，包括逐步完善了庭前诉讼和

非诉讼纠纷解决方式的衔接机制，2012 年民事诉讼法修改通过增设先行调解制度、程序分流机制等强调了调解功能最大限度地发挥，使得大量对抗性不强的案件在庭前得到消化，也使得案件的上诉率、强制执行率、再审申请率大大降低，从而有效节约了司法资源，提升了诉讼效率。以山东省高密法院的试点为例，近几年该院每年收案以 10% 的速度递增，但是六成以上的民事案件和 98% 的刑事附带民事案件在审前阶段通过调（和）解、撤诉等方式结案。2007 年，该院审结民事案件 6792 件，调解率达 81%，调撤率达 7%，其中立案调解（撤诉）结案 4890 件，占全部结案数的 72%。多数案件做到了即收即调即结，平均审限期仅 13 天，大大提高了审判效率，减少了诉讼支出。①

3. 提高了案件质量，促进了司法公正

近些年的审前程序调解改革，一方面，逐渐强调了"调解优先"，促使了法官调解技巧的提高，且着力庭前调解基本上实现了"调审分离"，在较大程度上解决了"调判合一"模式存在的以判压调、强行调解等诸多弊端，提高了调解质量；另一方面，审前程序屏蔽了人情关系对庭审法官的干扰，保证了庭审法官的公正性。同时，大量的简单民事纠纷由法官在庭前成功化解，使庭审法官避免陷于"案海"的被动应付状态，能够腾出精力来审理重大疑难案件，促进了审判法官庭审能力、认证能力、适用法律和制作裁判文书能力的提高。

4. 体现了程序价值，推动了法院工作的专业化管理

随着法官在庭前程序中的职责逐渐明晰，证据交换制度逐渐完

---

① 相关数据来源于最高人民法院立案庭：《关于审前程序立法修改的调研报告及相关立法建议》。

善，审前程序纠纷化解功能被立法认可，民事审前程序的程序价值逐渐凸显。主要体现在，明确了审前程序的操作主体，实现了庭前准备的专业化和集约化，有效保障了案件流程管理的规范化、高效化运作；择优选拔出的庭审法官，使审判权更加集中，实现了案件"精审判"，为实现法官职业化、专业化、精英化做了有益的探索。

5. 规范了司法行为，提高了司法水平

审前程序的完善，使法官的职能分工更加科学，权责更加明晰，提高了审前准备的精细化程度和法官进行庭前调解的积极性，使得司法能力不断增强。同时，审前程序像一道"防火墙"，切断了享有裁判权的法官与当事人之间的联系，保障了庭审裁判的公开、公平、公正，减少了人情关系干扰裁判结果的可能，使庭审法官超然于当事人之外，实现了裁判的公正。审前程序澄清了当事人对审判活动的模糊认识，提高了其对法院和法官的信任度，实现了法院与当事人双赢，避免了一些社会矛盾的激化，减少了信访案件的发生。

（二）弊端分析

由于我国经济发展不平衡，东西部差距很大的现实国情，使得民事审前程序改革也呈现了不平衡的态势，给民事审前程序的普遍推行带来较大阻力。事实上，民事诉讼法有关"审理前的准备"的立法规定在接触审判实际之后不久就遇到了历史性的挑战，各地许多法院改革的浪潮和最高人民法院有关司法解释的相继出台，实际上已经使立法至少在某些内容上显得徒具形式。[①] 因此，我们对审前程序改革的成效要充分予以肯定，但也要清楚地看到现存的诸多弊端：

---

① 参见毕玉谦、谭秋佳、杨路著：《民事诉讼研究及立法论证》，人民法院出版社2006年版，第502页。

1. 纠纷化解功能不被足够重视

审前程序是化解纠纷的重要阶段，许多国家都将审前程序通过立法确认为一种审前和解程序和替代诉讼解决纠纷程序，使得大多数案件进行了有效分流，极大缓解了法院的审判压力。比如："在美国近年大约有98%的民事案件在审前程序中以双方当事人和解的方式得到解决；在英国同样有98%案件没有进入审判阶段；在加拿大，大约有95%—97%的案件在审前程序中通过调解和解等方式得到解决，无需法院作出判决；德国在20世纪70年代以斯图加特模式对其民事诉讼制度进行了改革，该模式将诉讼分为书面准备程序和言词辩论两个阶段，采用该模式的法院，民事案件和解率较高。这表明，恰当地运用审前准备程序，可以使大量的纠纷解决在审前阶段。这既极大地提高了诉讼效率，又提升审前程序自身的重要性和价值。"①

就普遍意义上审前程序所具备的证据交换、固定争点和促进和解三大功能而言，"我国目前的审前准备程序存在着严重的功能缺陷，即不能起到证据整理、争议焦点固定和促进和解的功能。"② 特别是，我国的民事审前程序较大程度上被视为庭审的附庸，旨在为庭审做准备。我国审前程序的纠纷化解功能几乎没有得到足够重视，甚至缺乏审前和解和替代诉讼解决纠纷类似的功能，如有学者认为，"审前准备仅仅是为开庭审理而准备，且无争议焦点形成程序，其功

---

① 李浩：《民事审前准备程序：目标、功能与模式》，载《政法论坛》2004年第4期。

② 刘敏著：《当代中国的民事司法改革》，中国法制出版社2001年版，第252页。

能性目的明显偏狭。"①，虽然 2012 年民事诉讼法第一百二十二条增设了"当事人起诉到人民法院的民事纠纷，适宜调解的，先行调解"，第一百三十三条第二项规定"开庭前可以调解的，采取调解方式及时解决纠纷"，即实际上通过立法的形式确立了审前程序的纠纷化解功能，符合了审前程序多元化价值设计观念的要求，具有重要意义。但由于对这项功能缺乏足够的重视，配套制度尚未健全，使得审前程序无法通过调解进行有效分流，致使案件大多数开庭审理阶段，造成了有限司法资源的浪费。突出表现在，我国审前程序不会对法官和当事人产生程序上的约束，也并不具备固定证据、整理争议焦点的制度机能，会影响诉讼效率并导致诉讼突袭。另外，由于缺乏证据开示，双方当事人相互没有交换意见的机会，彼此之间缺乏必要的了解，都会持有过错在对方的心态，这种情况下即便法官在审前进行调解，双方当事人恐怕也难以和解息讼，更加愿意让法官作出裁决。

2. 职权主义色彩过重

审前程序是庭审程序的基础，充分的审前准备是开庭审理迅速做出正确裁判的关键。但是我国民事诉讼的审前程序被蒙上了强烈的行政色彩，影响了审前程序功能的有效发挥。表现为由于长期以来职权主义模式的影响，案件立案后，将马上被移交审判庭②。法官通常在开庭前花费大量的时间和精力积极进行调查取证、审核诉讼材料等准备工作，使精力无法真正集中到法庭上。更为严重的是，

---

①　江厚全、方龙华（江西省上饶市中级人民法院）：《民事诉讼主体与审前准备程序之重构模式及其运作》，系作者向最高人民法院 2003 年 10 月在珠海召开的"审前准备程序研讨会"上所提交的论文。转引自：毕玉谦、谭秋佳、杨路著：《民事诉讼研究及立法论证》，人民法院出版社 2006 年版，第 503 页。

②　尤其是"一步到庭"模式时代。

法官习惯性地把在审前阶段通过调查证据并审核诉讼材料就案件事实所得出的预决结论带入到庭审阶段，使得庭审形式化，这种审前程序实行的结果是使裁判失去了公开性和中立性，影响实体裁判公正的实现。

究其根源，是职权主义行为模式严重冲击了因私权纠纷而本应形成的互动机制。民事诉讼活动的参加者有法官和双方当事人，双方当事人包括民事纠纷的主体或者其他特定主体。① 当事人和法官在民事诉讼中应当呈现等腰三角形之态（图一）：

（图一）

法官作为裁判者居于等腰三角形的顶点，当事人双方分居等腰三角形底边和两腰的两个交点上；法官和双方当事人保持着相等的司法距离，双方当事人则处于平等的对抗状态。这就是最基本、最典型和最理想的民事诉讼构造。② 因此诉讼活动的进行以及纠纷的解

---

① 其他特定的主体是指民事纠纷主体以外的对争议的财产享有处分权或管理权的人或者组织，如破产管理人，遗产管理人，宣告失踪人的财产管理人等，他们依法可以作为诉讼当事人参加诉讼。此外，国外的法律规定，检察机关、垄断国家机关、消费者保护组织、行业协会等也有权为他人利益作为当事人提起诉讼。

② 参见江伟主编：《民事诉讼法学原理》，中国人民大学出版社1999年版，第14—15页。

决应当是三方主体共同参与的、互动的过程与结果。从当事人的角度而言，是在双方无法通过私力救济自行解决纠纷的前提下才将纠纷提交到法官面前，希望通过国家公权力解决纠纷，因此法官需要适度的介入；同时因为纠纷是在双方当事人之间发生的，他们引发纠纷的事实最为清楚，因而有权利对某些事项进行处分。因此，诉讼活动不能离开三方的积极参与，否则纠纷无法顺利解决，有时甚至不能解决纠纷。但是，在三方共同参与的诉讼活动中如果过分向某一方倾斜，不管是向法官倾斜还是向其中一方当事人倾斜，都会使正常的等腰三角形异变为钝角三角形或锐角三角形（图二、图三），也就会违背事物发展的规律，出现诸多的难以解决的问题。所以，"作为解决纠纷的程序制度，应当围绕着如何促使三方互动去设计，而对现有制度的评价亦应离不开对其在互动机制形成的效用上的考量。"[①] 审前程序的一项内容是证据的收集与争议焦点的整理，而审理阶段只完成对证据的审查和事实的判断工作。证据材料和争议焦点的形成主要依赖于当事人的行为，当事人提供证据材料证明自己的主张，法院根据当事人提供的证据材料来形成争议焦点。"民事诉讼程序本质上就是当事者通过交换他们的不同意见来自主地形成审理对象及诉讼结果的过程。"[②]

---

① 韩象乾、葛玲：《从审前准备程序的比较研究看纠纷解决互动机制的完善》，载杨荣新主编：《民事诉讼法修改的若干基本问题》，中国法制出版社 2005 年版，第 268 页。

② ［日］谷口安平著，王亚新、刘荣军译：《程序的正义与诉讼》，中国政法大学出版社 1996 年版，第 24 页。

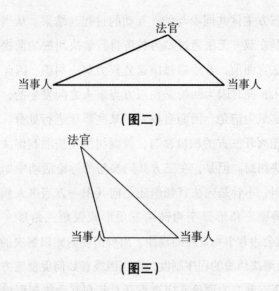

（图二）

（图三）

检视我国的审前程序，显而易见，长期以来审前程序的推进均是以法院和法官为主导，忽略了当事人在民事审前程序中的应有作用。其一，当事人取证作用未充分发挥。我国民事庭审方式改革早期，法官积极介入庭前证据调查活动，直至当事人争议的案件事实基本被查清才可以开庭予以判决。近些年来，随着在审判方式的改革，各地法院积极落实当事人的举证责任制度，法官原则上也不再自行调查取证，且《证据规定》对法院在证据调查方面的职权有所弱化，即对法院依职权调查收集证据的范围予以限制等等，但立法仍然没有为当事人的调查取证权提供相应的保障，致使实践中当事人自行调查取证权很难实现；其二，我国民事审前程序的主体实际只有单一的法官，当事人只是听候法院的安排。"此阶段当事人一般情况下还是处于被动地等待庭审状态或准备对付或说服法官的办法，缺少诉讼程序本身所具有的发动双方当事人积极参加诉讼寻求解决纠纷的内在动力"①；其三，法官主导下的审前程序，难免存在法官以其职权确定审前程序的工作，取代真正意义上的、必需的准备工作。其结果妨碍了真正争议焦点的形成，影响后续的庭审工作，也会导致权力滥用的风险。

审前程序过于强烈的职权主义色彩自然无从生成必不可少的法官与双方当事人之间的互动关系。因此有学者认为，"我国审前准备的弊端，其根源并非在于准备过多，而恰恰在于缺乏当事人实质性的准备，从而无法使当事人与法官的地位达到平衡，也无法实现相互之间的制衡。"② 还有的学者认为，"我国《民事诉讼法》允许法官干预甚至代替当事人的诉讼行为，如依职权追加当事人而不以诉讼当事人的意志为转移、在必要时依职权调查收集证据等。以法官主动收集证据来说，从内容上看，这个过程不仅是法官代行当事人之事的过程，也是法官审查证据的过程。但法官对证据的审查显然应当发生在开庭审理过程中，而不应该产生于审前准备阶段。"③ 我国的审前准备采取的是一种"超职权主义"，审前活动的主体是法官，而并不是当事人，其内容也不是由当事人确定争议焦点，交换和收集证据，而是法官审查案件，调查自己认为对案件有利的证据，审查诉讼材料，自己明确双方争议的焦点，明确自己的审理对象，当事人的活动从属于法官的活动。这样，"法官的地位就很难超脱，

---

①　宋艳华：《试论庭审前程序的设立》，载《法律适用》2000 年第 6 期。

②　韩象乾、葛玲：《从审前准备程序的比较研究看纠纷解决互动机制的完善》，载杨荣新主编：《民事诉讼法修改的若干基本问题》，中国法制出版社 2005 年版，第 271 页。

③　杨路：《庭前证据交换的实证研究》，载毕玉谦：《中国司法审判论坛》（第 2卷），法律出版社 2002 年版，第 250 页。

中立性受到影响。"①

3. 忽视了程序正当性

公正是现代民事诉讼的基本价值，而程序正当则不仅是一项司法原则，也是一项诉讼规则。现代社会生产力的不断提高和社会的极大进步使得人们更加理性地去考虑应当设计一种什么样的诉讼程序来更有效地实现司法的公平与正义。采用正当的程序是实现社会正义必不可少的，如果采用非正当程序赢得的诉讼不仅与司法程序设置的宗旨不符，而且实体正义也会因此而蒙上阴影。尽管人们进行民事诉讼的原始动机常常是为了实现实体正义，但是如果没有正当的程序，实体正义是很难或根本不能实现的。况且有学者认为，"审判的正当性指的是审判的过程和结果在整体上为当事者以及社会上一般人所接受、认同和信任的性质。这一概念并不限于审判所实现的纠纷解决在实体内容上的正确性。"② 程序正当性的意义在于，它是"正确选择和适用法律，从而也是体现法律正义的根本保障。首先，公正的程序可以排除选择和适用法律过程中的不当偏向。其次，公正程序本身就意味着它具有一套能够保障法律准确适用的措施和手段，并且由此能够形成保障法律准确适用的常规机制。"③ "诉讼公正是民事诉讼所追求的最高价值目标，审前准备程序的设置是基于案件在当事人之间非经充分准备不进入法庭审理的构想，其首要的制度功能在于保障程序公正的实现。"④

---

① 金友成主编：《民事诉讼制度改革研究》，中国法制出版社2001年版，第209页。

② 王亚新著：《社会变革中的民事诉讼》，中国法制出版社2001年版，第6页。

③ 顾培东著：《社会冲突与诉讼机制》，四川人民出版社1991年版，第67页。

④ 杨荣新、陶志蓉：《再论审前准备程序》，载江伟主编：《中国民事审判改革研究》，中国政法大学出版社2003年版，第41页。

　　因此在诉讼活动中，法官形成司法判断的必须过程和途径应当是正式庭审活动。然而，当事人之间是因为利益冲突而存在诉讼上的对抗状态，当事人及其代理人客观上又存在利己主义，这就很容易导致当事人及其代理人竭尽全力利用程序立法上的漏洞和法官运用职权上的疏漏为自己获得审判上的利益。"因此，当事人在一切可能的情况下滥用诉讼权利以牟取私利与法官动用一切必要的程序手段和司法措施来维护程序正义，成为各国不断改善对审前准备程序设计的主要动因。"①

　　我国现行民事诉讼法规定的审前程序在正当性的设计上存在重大缺陷，难以保障当事人通过程序正义进而获得实体正义。由于在历史上我国曾经实行过"先定后审"这种违反程序正当性基本要求的诉讼模式，如法官单方接触当事人可能滋生司法腐败、枉法裁判；由于法官集调查收集证据与审查核实证据的权力于一身，往往形成先入为主的预断等等都是审前程序设计上的重大缺陷。受这种根深蒂固的影响，我国当前审前准备程序并不具有明确争议焦点、固定证据的机能，并且这种准备并不对法院及当事人产生程序上的约束力，当事人可以在诉讼的任何阶段主张新的事实、提出新的证据，从而导致诉讼的突袭以及诉讼效率低下，形成了在程序规则上存在准备程序之名，但无准备之实的现象。② 有学者认为，"双方当事人及其诉讼代理人对相对方掌握了多少证据以及在开庭审理前将提出

---

① 毕玉谦、谭秋佳、杨路著：《民事诉讼研究及立法论证》，人民法院出版社2006年版，第507页。

② 参见唐力：《论民事诉讼审前准备程序》，载田平安主编：《民事诉讼程序改革热点问题研究》，中国检察出版社2001年版，第446—447页。

什么样的证据，均处于不甚了然的'黑箱'状态，甚至法院也是如此。"[①] "审前准备工作不充分，不能有效防止庭审对方当事人的突然袭击，违反了诉讼正当与效益原则的要求。"[②]

4. 司法权属性错位

司法权的特征之一是被动性，其活动的惯常机制是"不告不理"。"司法权在某种意义上就是判断权，是对有关一方提交事项作出的回应，法官就是决断人。"[③] 作为司法的裁判者的法官的地位以及价值取向都应当是中立的，唯有此，司法裁判才能保证其公正性。如果把民事诉讼比作挑战与卫冕的拳击比赛，那么裁判者是评断胜败强弱的裁判员。拳击裁判绝对至上的清规是完全保持中立，站在超然立场，不参与任何一方的搏斗；同样作为诉讼裁判者的法官的一项永恒不变的戒律则是保持完全的中立，不偏袒任何一方当事人。"裁判者保持中立，无论其是否会改进程序结果的质量，它本身即因为对平等价值的保障而成为程序拥有的一项独立价值。"[④]

诉讼从本质上讲，是发生纠纷的双方当事人将争议事项提交给纠纷之外的第三方进行评断的过程，纠纷各方在进行诉讼行为时内心都期待着作为裁判者的第三方应该保持中立性，作出公正的裁判。当事人之所以愿意选择诉讼作为解决纠纷的途径，是因为他对中立的裁判者的极度信赖和对程序公正的极度期盼。所以，有学者指出，"法官中立常常与程序公正乃至诉讼公正画上等号，其原因在于法官

---

① 汤维建、卢正敏：《民事诉讼法修改与完善若干问题探讨》，载毕玉谦主编：《中国司法审判论坛》（第2卷），法律出版社2002年版，第224页。

② 黄国新：《民事审前准备程序研究》，载《法制与社会发展》2003年第1期。

③ 章武生、张卫平、汤维建、刘荣军、李浩、肖建国、吴泽勇著：《司法现代化与民事诉讼制度的建构》，法律出版社2003年版，第2—3页。

④ 李祖军著：《民事诉讼目的论》，法律出版社2000年版，第71—72页。

是诉讼的主宰者，法官中立是程序公正乃至诉讼公正实现过程中最基本的也是最重要的因素。"①

诉讼进程中，法官为了保持中立的地位，应当避免和任何一方当事人"亲密接触"。给予双方当事人行使诉讼权利的机会应当是一样的，要求双方当事人履行的诉讼义务也应当是一样的。这就意味着，不能给予一方当事人特殊的诉讼权利或行使诉讼权利的机会，也不能课以一方当事人额外的诉讼义务。这同时也对法官的人格品性和工作能力提出了要求：正如戈尔丁所说，"中立有三项规则：第一，任何人不能作为有关自己案件的法官；第二，冲突的结果中不含有解决者个人的利益；第三，冲突的解决者不应有对当事人一方的好恶偏见。"② 也即是说法官与纠纷过程以及纠纷解决的结果不能有任何利害关系，在审判过程中也不能受自己情绪的影响，应该平等对待双方当事人。

从世界范围来看，"在民事诉讼制度中设置审前准备程序是大多数国家的共同选择，无论是英美法系国家还是大陆法系国家，民事诉讼法中均有关于审前准备程序的规定。"③ 虽然因其诉讼模式的不同而各具特色，但是法官在审前程序中一定是要保持中立的地位，不能调查收集证据，也无权对案件进行实体性审查，预防先入为主，保持双方当事人始终处于平等对抗的诉讼地位。"法官对案件信息及

① 陈桂明著：《诉讼公正与程序保障——民事诉讼程序之优化》，中国法制出版社1996年版，第13页。

② ［美］马丁·R.戈尔丁：《法律哲学》，三联书店1987年版，中译本第240页。转引自陈桂明著：《诉讼公正与程序保障——民事诉讼程序之优化》，中国法制出版社1996年版，第13页。

③ 李浩：《民事审前准备程序：目标、功能与模式》，载《政法论坛（中国政法大学学报）》2004年第4期。

资料的获取，以及在此基础上作出对案件的最终判断都应当通过公开、正式的开庭审理阶段完成，这一程序理念得到了充分的认识。"①而我国的制度设计由于历史和现实等多种因素影响，对这一程序理念的认识和贯彻还相距甚远。

我国法官在审前程序有时主动调查收集证据，如果把握不好尺度就会使调查取证权无法起到积极的作用。同时，还对诉讼材料进行审查核实，与当事人接触等等都违背了法官中立的裁判地位。这些规定也难以防止法官形成先入为主的心证，对案件事实作出预断；庭审活动中当事人的举证、质证、辩论等一系列的诉讼活动都成为"走过场"而流于形式，也就难以调动当事人的积极性，最终影响了程序的公正性。有学者认为，"法官在庭前活动中积极地调查证据，不管收集到的证据有利于何方当事人都与法官的角色地位不相符合，有悖于司法中立原则，虽然这也许在一定程度上有助于绝对真实的实现。"②"现行民事诉讼法规定的主要目的是便于法院依法行使审判职能，依靠各种职能手段寻找案件的争议焦点，查明案件事实真相。这种做法看似实体公正，但由于出现了程序上的不公正状态，结果使其需求案件实体真实、裁判实体公正的意图落空。"③

5. 可操作性较差

现行民事诉讼法规定的审前程序没有形成一套有效的、可供诉讼主体遵循的规则，使得程序本身在实务上缺乏应有的完整性与操

①　唐力：《论民事诉讼审前准备程序》，载田平安主编：《民事诉讼程序改革热点问题研究》，中国检察出版社2001年版，第448页。

②　李祖军、周世民：《论庭前程序的完善》，载田平安主编：《民事诉讼程序改革热点问题研究》，中国检察出版社2001年版，第153页。

③　范跃如：《从比较法角度看我国民事审前准备程序的构建》，载江伟主编：《中国民事审判改革研究》，中国政法大学出版社2003年版，第105—106页。

作性，从而对当事人缺乏法律约束力，法官也难以居于超脱的地位进而影响其中立性。其主要原因是因为在设计的目的和实施的形式上存在严重缺陷。例如，现行民事诉讼法规定，"被告不提出答辩状的，不影响人民法院的审理。"被告是否提交答辩状，法律没有作出强制性的规定。对于这种原告和被告诉讼义务不对等的规定，法律和司法解释没有作出相应的制裁后果，使得开庭审理前难以确定争议焦点，被告开庭时可以提出新的事实和理由，突然发生的诉讼突袭明显对原告不利，而且令法院难以对庭审程序进行自如的控制。《证据规定》缺少对当事人调查取证的权利法律保障的规定；证据交换的启动前提和制度衔接上缺乏完整性与操作性等。同时规定了当事人在起诉时按照对方人数提供出证据材料副本，法院往往在送达起诉状、答辩状的同时就将证据材料一并送达，而没有等到证据交换期日进行证据交换，这就成就了一种简易的证据交换方式；也没有规定证据交换的场所，实践中往往是随法官的主观意愿。实际上，出于双方当事人对抗的心理状态，这种证据交换只是在当事人和法官之间进行，是一种垂直方向上的交换，而双方当事人相互之间平行的证据交换却没有进行，导致了这种证据交换会带有法官职权倾向，在启动前提和制度衔接上是存在缺陷的，因而是缺乏完整性与操作性的；对证据交换的条件规定为当事人申请或法院认为证据较多或复杂的案件，审前程序中如何判断证据较多或复杂，是根据证据数量多少，还是根据当事人之间对证据的争点的多少，还是适用法律的难易程度，这些问题在实际操作过程中都没有判断的标准。《证据规定》第 34 条规定了举证时限制度的一般失权效力，其初衷是为了改变以前的证据随时提出主义，这一点上看来是有所进步的。但与其他相关规定结合在一起，就能看出矛盾所在。对于"新证据"

涵义的界定可以看出，"新证据"是不受举证时限的约束的，而是在法庭辩论阶段产生相应的证据效力。这就更让人困惑，这种制度上的缺陷，是很难使该制度具有可操作性的。

有学者认为，"法院对双方当事人发生的纠纷的真正争议焦点在并不总是明了的情况下匆匆开庭，各诉讼主体不得不花较多时间明确争议焦点，增加开庭的时间与次数。"[①] "我国现行民事诉讼法仅仅规定了审前的几项准备活动，它没有维系其自身正常运作的机制。这种没有义务约束，对违反义务的行为不设定法律后果的制度，是不具有可操作性的。"[②] "就我国目前的司法解释和实际的程序运作来看，固定证据的工作已经受到充分重视，但作为其前提的争议焦点整理工作却未得到起码的重视。《审改规定》第 5 条第 7 项和《证据规定》第 32 条至 46 条对于审前证据交换和举证实效问题做了规定。"[③]

---

① 汤维建、卢正敏：《民事诉讼法修改与完善若干问题探讨》，载毕玉谦主编：《中国司法审判论坛》（第 2 卷），法律出版社 2002 年版，第 224 页。

② 范跃如：《从比较法角度看我国民事审前准备程序的构建》，载江伟主编：《中国民事审判改革研究》，中国政法大学出版社 2003 年版，第 106 页。

③ 陈桂明：《审前准备程序中的几对关系问题》，载《政法论坛》2004 年第 4 期。

第三章

民事审前程序域外借鉴

一、英美法系的审前程序

英美法系审前程序的形成与陪审制密切相关，其不仅是英美法系国家民事诉讼的脊梁，也是催生和支撑民事审前程序的制度基础。如《美国宪法》第 7 条修正案规定，"但凡诉讼数额超过 20 美元的普通法案件，其当事人均有接受陪审裁判的权利"。由此可见，仅仅普通法案件可以适用陪审审理。诸如特定履行请求、禁令、宣告判决、离婚、宣告养子关系有效性的判决、海事法以及海商法上的案件等由于属于传统意义上的衡平法案件，并非陪审审判的对象。在民事陪审裁判案件中，侵权行为案件、合同以及请求损害赔偿的财产纠纷案件占据了绝大部分。在陪审审判的制度下，事实认定权与法律适用权分属陪审团与法官。由于陪审员并不一定拥有法律专业知识①，且召集起来耗时费力，所以英美民事审前程序创设伊始，便完全服务于陪审审判。

在这种陪审制文化的影响下，英美法系的诉讼构造变得极为独特，即将程序区分为两大阶段，即审前程序与庭审程序，前后程序为手段与目的的关系，这种诉讼构造也称为法定序列主义。属于审前阶段的诉答程序是当事人提出主张的程序，现在该程序已被简化。通常情况下，原告提出诉状载明请求及请求原因的主张，被告提出答辩状载明承认与否与抗辩的主张后，此程序即告终结。接下来，诉讼进入证据开示程序。在此程序中，当事人利用询问书、文书提出请求及证人宣誓陈述书等方式，向对方当事人收集证据资料，进而整理、形成争点，为进入庭审阶段做好充分准备。庭审程序主要是在法庭上就有关事实争点进行集中审理。具体进行如下事项：通过双方当事人出庭陈述为证明活动做好准备；进行证据调查，对证据进行交叉询问；由双方律师进行最终辩论。

从英美法系国家的诉讼构造可以看出，其审前程序较为独立，加之，英美法诉讼庭审程序具有鲜明的集中性、连续性特征，也就要求必须具有完备的审前程序。这种背景下英美法系的民事审前程序自然也就较为完善，审前程序的机能不仅仅表现在"为庭审而做好准备"上，同时也承载着筛选、鉴别诉讼资料并化解纠纷的功能。

① 《联邦民事诉讼规则》规定作为陪审员的资格要件包括：美国公民、18 岁以上、1 年以上的住所地居住、懂英语、身心无残障以及目前并非刑事被告人，过去未曾受过有罪判决。但是，陪审员资格要件因州而异。例如马萨诸塞州规定以下人员不得作为陪审员：非美国国民、70 岁以上、未满 18 岁、不懂英语、未在本郡居住 1 年以上、过去 7 年间曾犯有重罪、过去 3 年曾担任过陪审员以及身体精神方面有碍完成陪审任务者。由此可见，该标准比起联邦规则的条件更为宽松。而且，在马萨诸塞州，只要不存在不适合作为陪审员的各种事项，无论哪位市民均可作为陪审员。

促进和解功能尤为值得我国借鉴，特别是美国的审前程序，其调解，迷你审判，简易陪审审判等法院附设型 ADR 相当发达①，这些制度在敦促当事人合意解决争议方面表现十分活跃。

（一）英国审前程序

英国是普通法系民事诉讼的起源国，并以其发达的诉讼制度奠定了在诉讼法发展史上的重要地位。同时，英国对于审前程序②的设计与运行状况都是非常重视的，立法机关一致认为良好的审前程序能够对诉讼案件的结果产生良好的影响。因此，其审前程序在英国民事诉讼中居于核心地位，在纠纷解决中起着关键性的作用。

它的重要性首先体现在功能设计方面，正如徐昕教授指出："审前程序的功能归结起来有三：一是为开庭审理做准备；二是无须经开庭而径行处理案件；三是在开庭审理前做出中期或临时性救济。"③以这三项功能为出发点设计的审前程序，相应地可以分为为开庭审理做准备的"审前准备阶段"、为处理无须开庭案件的"审前处理阶

---

① Alternative Dispute Resolution Act of 1998.

② 对英国审前程序的考察，笔者主要参考了以下文献：汤维建著：《美国民事司法制度与民事诉讼程序》，中国法制出版社 2001 年版；徐昕著：《英国民事诉讼与民事司法改革》，中国政法大学出版社 2002 年版；沈达明编著：《比较民事诉讼法出论》，中国法制出版社 2002 年版；徐昕译：《英国民事诉讼规则》，中国法制出版社 2001 年版。Julius Byron Levine, Discovery: A Comparison English and American Civil Discovery Law with Reform Propsals New York: Oxford University Press, 1982; Paul Matthews and Hodge M. Malek, Discovery, London: Sweet and Maxwell, 1992; The White Book From Sweet Maxwell Section A civil Procedure Rules 1998 Part 1 Overriding objective Copyright (c) Sweet &Maxwel, Ltd. Commentary last updated April 16, 2010;

③ Sir Jack I. H. Jacob, The Fabric of English Civil Justice, London, Stevens & Sons Press, 1987, p.70. 转引自徐昕著：《英国民事诉讼与民事司法改革》，中国政法大学出版社 2002 年版，第 129 页。

段"以及开庭审理前需要做出的"审前救济阶段"。审前程序的三项功能和三个阶段使得英国大多数的民事案件可以在审前程序中得到解决，而进入开庭审理阶段的案件并不多。例如，"高等法院中案件最多的王座法庭只有 2% 的案件进入审理阶段，98% 的案件在审前准备中就得到解决。"[①]

1. 审前准备阶段

新《英国民事诉讼规则》审前准备阶段涉及的事项有：提起诉讼及管辖、当事人、送达、诉答程序[②]、证据开示、案件分配和案件管理等。这些事项的最终目的是为了固定证据、整理争点并确定案件的审理日程。为了论述的简要，本书仅对诉答程序和证据开示程序作重点介绍：

（1）诉答程序

诉答程序自普通法的早期阶段至今，在英国民事诉讼中担当着十分重要的角色。在 19 世纪司法改革以前，由于普通法和衡平法的存在，诉答程序也相应地存在两套，即普通法诉答程序和衡平法诉答程序。1873 年和 1875 年两部《司法法》[③] 诞生，将普通法与衡平法程序予以合并。"统一后的诉讼程序不是普通法诉讼程序与衡平法诉讼程序的简单相加，而是衡平法诉讼程序在绝大多数方面代替了普通法诉讼程序，成为现代诉讼程序的本体内容。"[④] 其中对诉答制度进行了大幅度改革，即诉答程序只保留高等法院的诉答程序，以

---

① 沈达明著：《比较民事诉讼法》（上册），中信出版社 1991 年版，第 26—30 页。

② 在 20 世纪末期的民事司法改革中，沃尔夫勋爵已将诉答文书演变为"案情声明（statement of case）"，此处用诉答程序是从历史起点的角度使用。

③ 这两部《司法法》在英国民事诉讼历史上的重要作用相当于 1848 年《纽约州民事诉讼法典》在美国民事诉讼历史上的重要作用。

④ 崔婕：《民事诉讼准备程序研究》，西南政法大学 2002 年博士论文，第 27 页。

"事实诉答"取代了"法律诉答"和"证据诉答"。① 而在 20 世纪末沃尔夫勋爵推行的民事司法改革运动中，又将"事实诉答"演变为"案情声明"。"案情声明"是指在审前程序（主要是诉答程序）中通过运用诉答文书而表达当事人对案情的主张，主要是事实主张，也包括法律主张，是静态范畴。其最重要的功能在于促使法院和当事人识别并固定案件争议的焦点。② 如果案情声明不能表达诉辩的充分理由，法院可以撤销当事人的案情声明③；案情声明不当的，法院赋予当事人修正的机会④；案情声明不充分的，法院可责令当事人提供进一步的信息⑤。从诉答程序到案情声明的演变，实际上是从不同的角度看待审前准备阶段而得出的不同称谓。前者是指原告与被告之间复杂的书面诉辩程序的动态过程，是动态的概念。而后者是精简化的案情静态展示程序，是诉答程序发展到现代的一种新形式。正如徐昕教授指出，"英国人一般将'案情声明'理解为'诉答程序'（文书）的继续和发展，是'诉答程序'（文书）的现代形式。"⑥

（2）证据开示

证据开示制度正式确定为一项法定程序制度源起于 1938 年美国

①　参见徐昕著：《英国民事诉讼与民事司法改革》，中国政法大学出版社 2002 年版，第 130—131 页。

②　案情声明的功能还包括：向他方当事人就其所面对案件进行公证、适当的通知；避免在审前和开庭审理时诉讼突袭；为双方当事人和法院固定诉讼范围；明确记录案件系争点，以贯彻禁反言原则。Jack. H. Jacob, "The Present Important of Pleading" in The Reform of Civil Procedure Law, Sweet & Maxwell ress, 1982, p. 243. 转引自徐昕著：《英国民事诉讼与民事司法改革》，中国政法大学出版社 2002 年版，第 133—134 页。

③　徐昕译：《英国民事诉讼规则》，中国法制出版社 2001 年版，第 16 章。

④　徐昕译：《英国民事诉讼规则》，中国法制出版社 2001 年版，第 17 章。

⑤　徐昕译：《英国民事诉讼规则》，中国法制出版社 2001 年版，第 18 章。

⑥　徐昕著：《英国民事诉讼与民事司法改革》，中国政法大学出版社 2002 年版，第 131 页。

《联邦民事诉讼规则》（以下简称《联邦规则》）。但当时的英国的证据开示仍然只在法院规则中稍有涉及，直到 1981 年《最高法院规则》和 1984 年《郡法院规则》相继施行后，英国证据开示制度才相对完善。随后，"1995 年《民事证据法》全面规定了英国民事证据规则，其中包括详尽的证据开示制度。1999 年 4 月 26 日，《英国民事诉讼规则》（以下简称《规则》）正式施行，取代《最高法院规则》和《郡法院规则》，构成了一套详尽的证据开示规则。"① 在证据开示的范围方面，英国证据开示的范围与美国相比显得比较狭窄，它必须限制在诉答文书中所涉及问题的范围内，即 "诉答文书划定了证据披露的范围"。② 可以进行证据开示的证据种类包括书证和鉴定结论，而物证、勘验报告不属于允许开示的证据。而标准开示的范围包括：（a）当事人所依赖的书证；（b）下列书证：从反面影响到当事人案件的书证、从反面影响到他方当事人案件的书证、支持他方当事人案件的书证；（c）有关的诉讼指引要求开示的书证。开示范围内的书证必须与案件的争议焦点具备关联性。当然，如果开示书证将损害公共利益的，可以申请法院允许其禁止对某一书证的开示，且有关申请无需向他方当事人送达通知。当事人也可基于享有保密特权③而拒绝查阅书证。在证据开示的持续性和阶段性方面，开示书证义务至诉讼终结时止，在诉讼程序的任何阶段，一方当事

　　①　徐昕著：《英国民事诉讼与民事司法改革》，中国政法大学出版社 2002 年版，第 283 页。

　　②　这主要与英国采用的诉答程序有关，事实诉答决定了当事人和法院都受诉答文书中载明事实的约束。崔婕：《英美两国民事证据开示制度比较及其对我国的启示》，载《学术研究》2002 年第 2 期。

　　③　保密特权通常指：律师和委托人、医生与患者、圣职人员与忏悔者、会计师与委托人以及夫妻之间的保密特权。

人收到开示书证义务通知书后，应立即通知其他各方当事人。如果准备并送达书证清单后，开示人注意到存在与开示命令有关的进一步的书证，则该当事人须准备并送达书证补充清单。当事人可以采用书面形式协议，或者法院亦可指定，在不同诉讼阶段开示或者查阅书证。同时，也规定了未经法院许可，当事人不得依赖于其开示的或者不允许他人查阅的任何书证。

2. 审前处理阶段

英国司法改革尤其是沃尔夫勋爵改革特别推崇纠纷的合意解决，力图以和解文化取代当事人之间过分对抗的诉讼文化。在这种诉讼文化引导下，英国多次司法改革的目标之一就是要促进纠纷的迅速并简易地解决，于是设置了无须经过开庭审理而径行处理纠纷的广泛的审前处理机制，如《规则》第 26.4 条规定的诉讼和解、第 30 章规定的和解要约和第 36 章付款、缺席判决、简易程序、撤诉、基于自认的判决等。这些机制对民事诉讼的有效运行至关重要，并切实可行地提高了诉讼效率和促进了诉讼经济。

《规则》从多个方面规定了保障审前程序促进和解功能实现的措施，典型地体现第 36 章所规定的和解要约与承诺。当事人可在任何诉讼阶段（包括在上诉程序中），对全部或部分诉讼请求或诉讼中的任何事项，依《规则》第 36 章提出书面和解要约。通过向法院付款方式提出的，为"第 36 章付款"，其他情形为"第 36 章要约"。在给付金钱之诉中，被告提出的和解要约以第 36 章付款为要件，其他和解要约不产生第 36 章中规定的法律后果。第 36 章的和解是一类特定的和解，是法律明确规定了要件、程序及法律后果的和解。除诉讼费用外，第 36 章要约视为"不受损害"。除非已对所有需裁判的法律责任、系争事项及款项金额做出裁决，否则当事人不得向审理法官开示已提出第 36 章付款的事实。当然当事人还可以通过其他方式和解。

3. 审前救济阶段

审前救济，包括临时性禁令、冻结令、搜查令、中期付款、诉讼费用担保等方式，旨在为当事人提供快速有效的保护。主要在《规则》第 25 章临时性救济和诉讼指引第 25A 章临时性禁令、第 25B 章中期付款以及第 25C 章账户和查询中予以规定。

英国丰富的审前救济突出地体现了英国民事诉讼制度贴近民众生活需要，富有灵活性。法院可以在当事人提起诉讼前和做出判决后的任何时间做出临时性救济命令，但在开庭审理前做出临时性救济命令的居多。诉前法院签发临时性救济命令的，必须符合情况紧急或者为了司法利益的条件。但被告在提交送达认收书或答辩状前，不得申请法院做出临时性救济命令，除非法院另有指令。当事人向法院申请临时性救济的必须有证据支持，法院另有规定的除外。通常申请搜查令和冻结令的，须提供宣誓证据。申请其他临时性禁令的，须提供证人证言、经事实声明确认的案情声明或申请等支持性证据，法院亦可要求提供宣誓证据。

审前程序需要法官、当事人和律师的共同参与。审前准备、证据开示程序主要由当事人进行，而法院在审前处理阶段和审前救济阶段则居于主导地位。当事人通过申请法院命令寻求审前处理或审前救济，申请可以是多方当事人的行为，也可以是单方当事人的行为；法院对各种独立的申请进行处理是法院在审前程序中发挥其功能的突出表现，法官在审前程序中的活动一般不公开进行，很多时候在法官的办公室完成，除少数情形外，一般由聆案法官和司法常务官审理。"对目的千差万别、形式各种各样的申请进行处理，使得审前程序与开庭审理相比具有非连续性，这可谓英国民事诉讼审前程序最突出的特征。"①

英国民事审前程序是沃尔夫勋爵领导的民事司法改革②的重要内容之一。"总体上，英国实务界对民事审前程序的评价良好。"③"根据《2008 年民事诉讼白皮书》提供的数据，《规则》施行后，高等法院的受案量下降了 80%，地方法院的受案量下降了 25%。但是，也有学者认为审前程序事实上只是转移了审判程序的负担，就当事人每年为案件所付出的时间和金钱而言，当事人并未从中得到利益。"④"还有学者批评审前程序造成了法院财政紧张，诉讼律师生计艰难"。⑤

（二）美国审前程序

美国的民事诉讼虽然发端于英国，但是独立战争后的两百多年时间里，却走上了独立于英国的发展道路。在这种背景下，美国审

---

① Jack. H. Jacob, "The Inherent Jurisdiction of The Court" in The Reform of Civil Procedure Law, Sweet & Maxwell Press, 1982, p. 349. 转引自徐昕著：《英国民事诉讼与民事司法改革》，中国政法大学出版社 2002 年版，第 151—152 页。

② 这场改革是以沃尔夫勋爵 1995 年 6 月《接近正义》的中期报告、1996 年 7 月的最终报告为开端，并以《英国民事诉讼规则》为最终成果。

③ See Vorrasi, Kenneth M., Englands Reform to Alleviate the Problem of Civil Process: A Comparison of JudicialCase Managemnt in England and the United States, in 30 J. Legis. 361 (2003—2004), p. 374. 转引自齐树洁主编：《民事审前程序》，厦门大学出版社 2009 年版，第 334 页。

④ See Dingwall, Robert, Cloatre&Emilie, Vanishing Trials: An English Perspective, 2006 J. Disp. Resol. 51, pp. 51 –70. 转引自齐树洁主编：《民事审前程序》，厦门大学出版社 2009 年版，第 334 页。

⑤ See Rubinstein & John, Building up a Litigation Practice in England and Wales, Intl Legal Prac, 174, No. 29, 2004, p. 175. 转引自齐树洁主编：《民事审前程序》，厦门大学出版社 2009 年版，第 334 页。

前程序①随着制度不断完善，在整个诉讼制度中的地位越来越重要。具体而言，美国审前程序最初是借鉴各州法院的实务而设置的，即仅指陪审团为了讨论审判计划而进行的会面（pre-trial）。但是，"目前审前程序在美国民事诉讼中所扮演的重要角色与其当初在 1938 年起草联邦民事诉讼规则时的最初目的完全相反。"② 也就是说审前程序经过 70 多年的发展，在民事诉讼中的位置越来越重要，法官们也更加重视这方面的工作。因为，"审判只占据了诉讼生命周期的一部分。事实上，如果审前程序进行的成功，那么争议焦点就会被澄清，而无须审判，纠纷就会得到解决。"③ 据统计，2004 年在联邦法院系统中起诉的案件只有 1.6% 进入审判程序；④ 2006 年该比率下降到了 1.3%。另外有约 20% 的案件没有进入审前程序就终结了，其余 70% 以上的案件都在审前阶段，通常是在证据开示之后通过和解或者审

---

① 对美国审前程序的考察，笔者主要参考了以下文献：汤维建著：《美国民事司法制度与民事诉讼程序》，中国法制出版社 2005 年版；沈达明编著：《比较民事诉讼法出论》，中国法制出版社 2002 年版；[美] 史蒂文·苏本、玛格瑞特·伍著，蔡彦敏、徐卉译：《美国民事诉讼的真谛——丛历史、文化、实务的角度》，法律出版社 2002 年版；汤维建主编：《美国民事诉讼规则》，中国检察出版社 2003 年版。Carl Tobias, A Civil Discovery Dilemma for the Arizona Supreme Court, Arizona State Law Journal, Summer, 2002, http：//www. westlaw. com; Martin H. Redish Electronic Discovery and the Litigation Matrix, Duke Law Journal, November, 2001, http：//www. westlaw. com; Civil Procedure（Amendment）Rules 2009（SI 2009/2092），August 31, 2009 and Octbor 1, 2009; Civil Procedure（Amendment）Rules 2010（SI 2010/621），April 1 and 30, 2010.

② [美] 史蒂文·苏本、玛格瑞特·伍著，蔡彦敏、徐卉译：《美国民事诉讼的真谛——丛历史、文化、实务的角度》，法律出版社 2002 年版，第 123 页。

③ [美] 史蒂文·苏本、玛格瑞特·伍著，蔡彦敏、徐卉译：《美国民事诉讼的真谛——丛历史、文化、实务的角度》，法律出版社 2002 年版，第 123 页。

④ Administrative Office of the U. S. Courts, Judicial Business of the United States Courts：1997 Report of the Director, 152, table C‐4; 2004 Report of the Director, 156, table C‐4. 转引自齐树洁主编：《民事审前程序》，厦门大学出版社 2009 年版，第 358 页。

前处置，得以解决。①由此说明美国的审前程序对于纠纷的解决起着重要的重用，但仅限于成功的审前程序。历史上也不乏因为审前程序导致的诉讼迟延、成本过高的事例。

根据《联邦规则》的规定，美国民事诉讼中的审前程序由三个基本阶段构成：即诉答程序、证据开示程序和审前会议。②

1. 诉答程序

狭义的诉答程序是指在民事审前程序中，当事人之间通过一系列的诉讼文书进行诉辩对答的运动过程。1938 年《联邦规则》制定以前，美国诉讼过程主要由诉答程序和开庭审理构成，诉答程序是审前程序的全部内容。在 1938 年《联邦规则》制定后，民事审前程序的内容逐渐演变为包括诉答程序③、证据开示和审前会议的多方面内容。且随着法律的不断发展，诉答程序才不断简化，与证据开示和审前会议共同发挥着为审判做准备的机能。就诉答模式而言，美国民事诉讼始于诉答程序，经历了普通法诉答、法典诉答，最后发展为《联邦规则》中的"通知式"诉答。

1938 年后，联邦法院所遵循的"通知式"诉答无论在实质条件还是形式要件方面均较为宽松。根据 1938 年《联邦规则》第 8 条对

---

① Rex R. Perschbacher&Debra Lyn Bassett, The Revolution of 1938 and Its Discontents, in Oklahoma Law eview, Vol. 62, 2008, p. 279. 转引自齐树洁主编：《民事审前程序》，厦门大学出版社 2009 年版，第 359 页。

② 汤维建教授认为，美国的诉答程序不属于审理前程序，而是与审理前程序、庭审程序共同构成了美国现行民事诉讼。参见汤维建著：《美国民事司法制度与民事诉讼程序》，中国法制出版社 2005 年版，第 303 页。

③ 有的称作"诉辩程序"。参见蔡彦敏、洪浩著：《正当程序法律分析——当代美国民事诉讼制度研究》，中国政法大学出版社 2000 年版；[美] 史蒂文·苏本、玛格瑞特·伍著，蔡彦敏、徐卉译：《美国民事诉讼的真谛——丛历史、文化、实务的角度》，法律出版社 2002 年版。

诉答程序的集中规定，除了法院管辖权、判决之外，诉状中仅要求记载"简明地陈述表明诉辩人有权获得救济以及所寻求救济判决的请求"。可见，对于起诉状有关事实细节的要求并不高，并不要求过于明确具体，这是一种极为自由的"通知式"诉答模式。① 它仅要求起诉状表明足够的信息，以便被告能够理解他为何被诉并能够做出答辩。也就是说，"原告也可以提出选择性的和不相一致的诉答，甚至在同一争议焦点项的范围内，原告还可以作出如此诉答。"② 同样的，尽管原告必须提出包括一项救济的请求，法院在争议的案件中，也不受该请求的限制，而可以判给任何适当的救济。只有在不应诉的情况下，可指责的条款才限定损害。也就是说，该规则不适用于因被告未提交答辩状而缺席判决的情形。《联邦规则》之所以一般情况下不强调事实的展示，并要求法院自由解释诉答状，其原因是希望取消法典制度下的某些诉答——动议程序，因为这些程序在对案件作出实体判决前需要在技术性问题上花费大量的时间和金钱。这种"通知式"的诉答模式使得几乎不可能根据诉状在早期驳回诉讼。但是这种极端自由的诉答也不是绝对的，《联邦规则》第 9 条对例外事项作出了特别规定：当事人的诉讼能力，欺诈、错误、心理状况，先决条件，公文或公务行为，判决，时间和地点，特别损失赔偿，海事和海商索赔。原告必须在起诉状中对以上特别事项作出详细的具体陈述，否则就不可能获得补偿或者某项损害的补偿。1938 年《联邦规则》诉答程序在司法实践中逐渐暴露出诸多弊端，

---

① 在美国传统民事诉讼制度下，诉答程序的目的在于明确争点，《联邦规则》制定后，证据开示程序承载了整理争点的功能，诉答程序的功能仅仅限于通知当事人进行审前和开庭审理的准备。蔡彦敏、洪浩著：《正当程序法律分析——当代美国民事诉讼制度研究》，中国政法大学出版社 2000 年版，第 124 页。

② 汤维建主编：《美国民事诉讼规则》，中国检察出版社 2003 年版，第 137 页。

并被立法不断修正。

（1）1948 年修正

1938 年《联邦规则》规定在诉答模糊不清、语焉不详以致对方当事人无从准备审理的情形下，当事人可请求对方当事人补充诉答，提出明确陈述的申请及明细请求。但这与《联邦规则》以简洁诉答为目的并通过证据开示获取审理准备必要信息的宗旨南辕北辙，在司法实践中，暴露的各种弊端也较为突出。为此，1948 年修正案第 12 条（e）废止了明细请求，并限制当事人提出明确陈述的申请，规定仅仅在诉答模糊不清以致其无从回应诉答的情形下始得为之。即便如此，实际上认可补充诉答的判例少之又少。①

另外，《联邦规则》规定，只要当事人在诉答中的主张与审理中的证据不相吻合就可以运用补正规则予以灵活处理。只要为实现正义所必需，法院可命当事人自由补正。该条还规定当事人在诉答中陈述的主张在审理前、诉答送达后 20 天内得自由修正或在征得对方当事人的同意或法院许可的情形下修正。如果审理阶段所出现的证据并非诉答中所主张的事实时，只要对方当事人明示或者默示表示同意，就可以视为主张与该证据相吻合。即便对方当事人表示异议，在维持该诉求或防御的基础上，只要没有给对方当事人造成特别损害，法院也得许可当事人修正诉答。当事人提出诉答中没有主张的新证据，只要对方当事人没有表示异议抑或提出反证或者默示同意的时候，当事人均可自由补正。同条规定，修正后的请求及抗辩溯及诉答之日。《联邦规则》第 15 条规定诉答中当事人的主张不能控制诉讼限制案件证明。之所以如此，全在于《联邦规则》的目标是

---

① Velvel, comments, Federal Rule 12 (e): Motion for More Definite Statement History, Operation and Efficacy, 61 Mich. L. Rev. 1126 (1963).

实现实体正义，并在最大限度上赋予当事人接受裁判的权利。诉答的机能也仅仅是告知请求及案件的性质。正如第 1 条所规定的那样，诉答程序就是告知法院及当事人请求或抗辩的性质并通过解释适用该规则保证公正、迅速及经济地解决诉讼。

（2）1983 年修正

1983 年《联邦规则》围绕诉答部分中的制裁机制进行了补充，共涉及第 7 条（b）与第 11 条两个条文。本次修改主要是针对没有事实或者法律根据而专门以拖延诉讼、增加费用为目的的恶意诉答及请求给予制裁。法院经过适当的调查后，应要求律师或当事人本人在自己知晓的范围内署名保证诉答和申请具有事实及法律上的理由并非旨在拖延诉讼、增加费用或其他不法目的。对于违反上述规定的情形，法院对于署名人或当事人应可以制裁。制裁的方式包括命令对方当事人支付由此所产生的适当费用，包括律师费用。《联邦规则》第 11 条乃是规定简化、程序运营弹性化与真实之间衡平的结果。

1983 年诉答程序改革旨在简化诉答、尽可能缩小其作用并取而代之以证据开示。此次修改有助于排除专门"找茬"的诉讼，因此为诸多联邦法院所接受。更有甚者，30 余州以此为蓝本采用了该规定①。随之，几近处于休眠状态的《联邦规则》第 11 条的重要性飙升，联邦最高法院也屡屡做出积极评价。但另一方面，对该条的批判也此起彼伏。例如第 11 条缺乏适用过程中的可预见性，制裁的目的也缺乏一贯性。法院基于第 11 条任意处分自己眼前的律师必然造成法院内部之间裁判的不统一。由此引发了诸多派生诉讼，使得该条旨在减少诉讼数量的目的落空。该条所具备的制裁色彩也使得在

---

① Hess，Rule 11 Practice in Federal and State Court：An Empirical，Compartive Study，75 Marq. L. Rev. 313，316（1992）.

公民权诉讼中极富创造力的律师惴惴不安，造成了律师与被代理人之间关系不断恶化。①

（3）1993 年修正

1993 年立法修改旨在消除第 11 条规定解释适用方面的弊端，一方面扩张了其适用范围，另一方面缓和了规制要件。本次立法对第 11 条的修改主要是要求当事人必须提出独立的制裁申请。对方当事人享有 21 日的犹豫期间，是否制裁则委之于法院的自由裁量，即便法官以部分文书为根据仍然可以做出制裁②。实际上，经过合理的调查后，当事人就可以申请法院制裁违反了第 11 条规定内容的文书。申请对方当事人违反该条的情形下，必须与自己的诉答文书分别单独提起，而且不得再向法院提出。但是，此次修改的立法目的与其说是赔偿损失毋宁是阻止滥诉，法院原则上应尽可能采用取消登记等非金钱性制裁③。对于此次修改，可谓好评如潮，但也并非尽善尽美。比方说，阻止找茬性诉讼的反面便是抑制当事人提起正当的诉讼。

2. 证据开示

美国证据开示通常占据了整个诉讼过程的主要部分，对诉讼的成败、诉讼成本的高低均产生着重要影响。该制度在 1848 年《菲尔德法典》初步予以规定，1938 年被《联邦规则》完整确定下来，其内涵包括三个方面：其一，证据开示是美国民事诉讼审前程序的一个重要组成部分。它是指民事案件的当事人和律师通过法律许可的方法尽量了解对方当事人所掌握的案件事实的审前程序，可见，证

---

① Lazaroff. Foreword the Third Annual Friz B. Burns Lectuer on Rule 11 Reform: Progress or Retreat on Attorney Sanction, 28 Loy. L. A. L. Rev. 12 (1994).

② 制裁的对象可以是律师事务所。

③ Developments, Lawyer's Responsibilities and Lawyer's Responses, 107 Harv. L. Rev. 1547, 1632 (1994)

据开示是审前程序顺利开展的重要保障；其二，证据开示的主体是当事人和律师。受对抗制理念的影响，在证据开示过程中，法官通常是处于被动地位，除非双方就程序进行发生争议时，法官才适当介入。但这也是审前程序的一大缺憾，即由于缺乏适当的程序管理人员，使得该制度通常需要耗费很长的时间，有的需要耗费几个月，甚至几年。加之，强大的律师制度是证据开示不可缺少的支撑，这也使得该制度需要花费大量的律师费用，耗时和高成本的弊端逐渐暴露；其三，证据开示制度的基础功能是收集和交换证据，并且是一个独立的阶段。

（1）证据开示的改革历程

证据开示曾在诉讼领域发挥过重要作用，但随之带来的诉讼迟延、高额的诉讼成本使得这一制度经历了多次改革，可大致分为初期改革和深化改革阶段。初期改革阶段集中在 1980 年、1983 年和 1993 年三次改革，是以降低证据开示成本、限制证据开示滥用为目标的。这三次改革的主要内容有：第一，确立了证据开示会议制度。最初的证据开示是由当事人自己安排开示日程和开示次序，在司法实践中造成一定的混乱无序和效率低下，针对这种情形，1980 年和 1983 年两次改革主要加强了法院对证据开示程序的监督和管理职能。特别是 1980 年修正案第 26 条（f）款确立了证据开示会议制度，要求双方当事人在证据开示程序开始时申请法官召集和主持一次证据开示会议，确定证据开示的日程，防止拖延诉讼；第二，创设了审前会议制度。1983 年修正案第 16 条确立了审前会议制度，法官可以依其自由裁量权命令双方当事人或律师出席法定目的的审前会议，进一步强化了法院通过会议形式对证据开示程序的控制；第三，对证据开示程序的使用予以控制。证据开示程序无限制的适用，则可能导致不合理的重复，造成司法资源的浪费，增加法院的负担。为避免证据开示程序被滥用，《联邦规则》第30、31条对录取证言的次数给予限制，第33条对书面质询书的次数予以限制；第四，设立了自动开示程序。1993年修正案确立了自动开示程序，一方当事人在要求对方当事人开示证据资料之前，必须主动开示自己的基本信息。深化改革阶段主要体现为2000年和2006年两次改革。其中，2000年的修正案中所有的修改都集中在证据开示程序上，进一步限制了证据开示的自由化，"揭示了从对抗制模式下的律师管理的证据开示向法院管理的证据开示和审前程序转化的持续的运动。"① 2006年修正案加入了电子信息开示的专门管理规定和对法官管理证据开示的支持，使法院介入到证据开示的计划和监督进一步得到了强化。

（2）证据开示的运作机制

在1993年以前，美国的证据开示，包括证人证言的录取、书证、物证的获取，都是由一方当事人向另一方当事人提出开示请求后进行的，是一种"发现"机制。即当事人必须依靠自己的"发现"从对方当事人或其他人手中收集对自己有利的证据。如果不能发现，就不能取得证据，这种做法势必无限制地延长了收集证据的过程，导致了诉讼的过分迟延。1993年《联邦规则》改革导入了

---

① See Morgan Cloud, The 2000 Amendments to the Federal Discovery Rules and the Future of Adversarial Pretrial Litigation, Temple Law Review, Spring, 2001, http：//www. westlaw. com. 转引自韩波著：《民事证据开示制度研究》，中国人民大学出版社2005年版，第49页。

"强制初始披露规则"机制①，即当事人无须等待正式的 Disccovery 请求就要披露案件的一些基本信息，这是一项义务。要披露的基本信息主要是指大多数案件中为审判准备或做出和解决定所必须的信息，如关于潜在证人、书面证据、损害和保险的信息。这其中也包括了关于任何专家证人身份的信息，如果该专家被预期在审判中作证，则应提供一个关于其所要提供意见的详细报告。在临近审判的时候，还要披露将提供的特定证据和被传召的证人。② 当事人必须披露完这些基本信息，才有权进行发现。否则，这些应当披露的证据以后就失去了可以利用的资格，当事人违反了这些程序还要受到相应的制裁。

（3）证据开示的范围

《联邦规则》第 26 条（b）（1）规定的证据开示范围可以概括为：凡是与所进行的案件的诉讼标的具有"关联性"③并且不属于保密特权范围内的所有事项都可以获得 Discovery。根据此规定，"关联性"是衡量开示事项的主要标准，关联可以是直接的也可以是间接的。对于第三人拥有的证据或信息，"只要看起来可能会涉及或引导出所许可的证据，都可以要求其他任何当事人提供。如果所寻求的信息合理显示出会引导 Discovery 可采纳的证据，则所寻求的信息

---

① 1993 年修正案对于《联邦规则》第 26（a）条作了一个"选择性"规定，允许地区法院或个别法官从初始披露要求中选择部分或者全部要求予以披露。这导致联邦 Discovery 规则被割裂，有三分之一的地区选择采纳初始披露要求，三分之一的地区仍沿用前 1993 年的规则，而另外三分之一的地区则采纳了地方规则。2000 年修正案通过取消"选择性"规定而结束了此种局面。

② ［美］史蒂文·苏本、玛格瑞特·伍著，蔡彦敏、徐卉译：《美国民事诉讼的真谛——丛历史、文化、实务的角度》，法律出版社 2002 年版，第 134 页。

③ 此处所谓的"关联性"范围广泛，欲 Discovery 的证据只要与案件的诉讼标的有关即可。

无须具备可采性。"① 也就是说虽然所寻求的信息不具有可采性，但它能引导出 Discovery 可采纳的证据，也要将这些信息开示。同时，无论当事人还是第三人拥有保密特权，都有权拒绝开示其所拥有的任何证据或案件信息，都可以保密或不予公开，除非放弃保密特权。从美国联邦法院与各州法院的实践状况看来，尽管各法院对于保密特权的范围不尽一致，但主要范围是一致的，即主要包括：防止自证其罪的保密特权、律师与委托人之间的保密特权、神职人员与忏悔者之间的保密特权、夫妻之间的保密特权、会计师与委托人之间的保密特权、医生与病人之间的保密特权等等。另外，律师为开庭审理而准备的诉讼资料和法律意见，是根据律师工作成果规则，享有有限的保密特权②。需要注意的是，"如果要求证据开示的一方当事人能够证明取得该材料的必要性，而且以其他方式无法得到该材料时，则不适用保密特权。但对律师及其当事人有关诉讼的法律意见等，仍不在证据开示范围之列。"③

（4）证据开示的方法

美国证据开示的方法共有五种：质询书、录取证言、要求自认、要求提供书证和物证、要求检查身体和精神状态。

方法一：质询书

这种方法只能在双方当事人之间适用，不适用于证人或其他第三人，是指一方当事人所制作的要求对方当事人以书面形式回答一

---

① 《美国联邦民事诉讼规则》第 26 条（b）（1）。

② 律师的工作成果分为两部分，一是调查收集的客观资料，二是对案件的事实问题、法律问题及解决方式问题提出的主观看法。前者享有相对的豁免权，后者享有绝对的豁免权。

③ 黄松有：《证据开示制度比较研究——兼评我国民事审判实践中的证据开示》，载《政法论坛（中国政法大学学报）》2000 年第 5 期。

系列问题的书面文件。对于这些问题，可以由当事人及其律师共同作出答复；对方当事人如果对这些问题有异议的①，要说明异议的理由，但没有异议的部分仍然应当答复，在答复的时候被要求作答的一方应当首先进行书面宣誓，并在书面答复上签字。

方法二：录取证言

录取证言是美国民事诉讼中最为重要的一种开示方法，是指一方当事人对于被认为掌握证据开示范围内的有关资料的对方当事人或者证人进行询问而取得有关的证言，可以采取口头和书面两种形式。这两种方式有相同之处，即调查的对象和寻求信息的范围相同，均适用于当事人和一般的证人。同时，两者之间也存在着一定区别，就口头方式而言，包括三种方法，一是书记员录取，通常要求双方当事人的律师都必须在场，法院派一名书记员进行主持、记录和公证，被要求录取证言的人必须在给出证词前进行宣誓，二是双方律师可交替询问被录取证言的人，三是证言可以通过语音、视听或者速记的方法加以记录；就书面方式而言，这种方式是先用书面形式将问题拟定好，然后向对方当事人的律师发出拟提出问题的单子，对方律师也可以提出用来反询问的问题，这种相互提问可以交替进行，直到双方问题通过书面形式交换完毕之后，要求录取书面证言的一方律师将问题汇集在一起交给法院书记官。书记官再传唤证人到指定地点②，经宣誓对这些问题作出答复，并签字。口头方式录取的证言最有用，因为，"书面答复书面问题的缺点是答复不是当事

---

① 根据《联邦规则》第 33 条第 3 款的规定，除非有正当理由，对质询的事项不得仅仅因为对该质询事项的答复包含有关事实或对事实适用法律的意见或主张而提出异议。但是，法院可以命令在指定的开示程序结束之前或审前会议其他时间之前不必对该质询作出回答。

② 法庭或其他指定地方。

人，而是他的律师拟定的。讯问证人时，每一个问题是根据对方的答复逐一拟定的，所以，比同时提出一系列的书面问题更能深入。"①

方法三：要求自认

这是一种向对方当事人提出的要求其承认证据开示范围内有关事项真实性的开示方法，对特定争议焦点进行整理时经常使用。被送达自认要求书的当事人应在送达后 30 天内或在法院许可的期限内或根据双方约定的期间内作出书面答复或提出有理由的异议，否则就被视为自认各事项。

方法四：要求提供书证和物证

这方方法主要是指，一方当事人可以要求对方当事人或者诉讼外有关的第三人提供与案件诉讼标的有关的文件或者物品。可以要求提供的文件包括书面文件、照片、图表、照片记录、绘图及其数据资料的汇编等等。对这些文件，要求开示的一方当事人可以进行有关的复制、拍照或作适当的记录。这种开示方法不需要法院的命令予以启动。

方法五：要求检查身体和精神状态

在当事人的身体或精神状态或者受当事人依法监管或控制下的人的身体或精神状态有争议，在法定情况下，法院可以作出命令，要求对该当事人或者该当事人依法监管控制下的人进行身体或精神上的检查。这是唯一完全出于法院控制之下的开示方法。

（5）证据开示的规制与保障

近来，为了规制当事人滥用证据开示，美国导入了证据开示会议，通过法官积极介入当事人自主交涉的证据开示过程强化法官对

_____

① 沈达明编著：《比较民事诉讼法初论》，中国法制出版社 2002 年版，第 377—378 页。

案件的管理。比如说，尽管与审理事项"相关"的任何事项都可以成为证据开示的对象，但是是否符合《联邦规则》所规定的"合理的"开示则由法官积极参与并做出裁定。此外，为了确保诉讼准备的公正性，对于律师恶意或重大过失妨害证据开示的行为（故意造成混乱或拖延时间）不仅可以处以《联邦规则》规定的制裁，还可以科以侮辱法庭罪等刑事制裁。

3. 审前会议

审前会议是审判前的准备会议，法官可通过审前会议来控制和确保案件处于规定的进程之中，其是一个与诉答程序、证据开示程序并行独立的程序。"最初的审前会议被设计为法官和律师为准备审判而召开的会议，以后审前会议被扩展为包括司法案件管理及和解讨论在内的程序。因此在任何审前会议中，都存在两个焦点——和解和准备审判。"①《联邦规则》第16条规定的审前会议是基于这样一种理念：当事人应当有明确的诉讼计划并参与诉讼管理，法官在审前介入诉讼加强管理职能可以防止案件被拖延和减少诉讼成本。这样，当事人可以清楚地了解纠纷，明确争议焦点，以促进和解和提高法官审判的效率。

审前会议采取法官和当事人共同参加会议的形式，可根据案件的复杂程度举行多次，其中首次会议和最后一次会议较为关键。首次审前会议在诉讼开始后不久举行，通过日程安排命令，确定当事人会议上达成的计划，对证据开示程序作出计划、安排，使证据开示程序有计划地进行，防止无计划性的过分的迟延。日程安排命令一旦作出一般不会更改，除非法官基于当事人所表明的理由而作出

---

① ［美］史蒂文·苏本、玛格瑞特·伍著，蔡彦敏、徐卉译：《美国民事诉讼的真谛——丛历史、文化、实务的角度》，法律出版社2002年版，第124—125页。

调整。第二次审前会议是在开庭审判前召开，通过最后一次审前会议命令，固定争议焦点和证据，使证据开示程序的成果展示出来，同时讨论和解①。最后的审前会议命令只有在防止明显不公正的情况下才能更改。因此，审前会议不仅是限制证据开示滥用的方式，也是实现证据开示促进和解功能的方式和途径。当事人及其律师如果不遵守审前会议命令，法官可以根据动议或自由裁量权对行为人作出其认为正当的制裁命令。另外，审前会议不是开庭审理的必经阶段，是否召开审前会议由承办案件的法官酌情决定。

4. 省略事实审理判决

法院可以根据当事人的申请，在重要事实没有真正争点可以仅就法律问题做出判断的情形下，不经过正式的事实审理，根据诉答、关联证据及宣誓供述书等做出"省略事实审理判决"。法官在根据当事人审前申请明确请求及抗辩缺乏事实及法律根据的基础上，研究证据开示过程中所获得的当事人诉答的内容，可以除去中间性的没有必要的请求及抗辩。法院承认当事人申请并做出判断时，该判断对以后的判决具有既判力。到了该阶段，双方当事人都已经通过证据开示获得了充分的信息。因此，在这个阶段，当事人就可以清晰地判断形势是否有利于己。第一次审前会议之后，当事人会在法庭外进行各种交易，撤诉及和解的情形非常多见②。如此一来，经过诉答与审前阶段之后仍然没有达成和解的案件就会被记录在地方法院的案件纪录上，标明案件序号之后等待庭审。

从以上关于美国民事审前程序的内容中，一方面我们可以看到，在诉答程序、证据开示和审前会议中，当事人是最主要的角色，证

---

① 《联邦规则》第16条授权法官进行和解，但没有对法官的职权作出详细规定。
② 该制度作为法庭外纠纷解决方法逐渐制度化。

据开示主要由双方当事人来操作和控制，审前会议是否进行的顺利也与当事人的行为表现密切相关。另一方面，我们也可以看到，法院在这些阶段中也并非出于完全的消极状态①，其权力的行使对证据开示和审前会议的正常、有序和有效地进行有着十分重要的保障作用。

（三）英美审前程序的启示

英国和美国是英美法系的代表，它们的法律制度发展趋势反映出英美法系法律制度的发展趋势，通过对这两个国家民事审前程序的研究，可以发现英美法系审前程序的共性，如英美法系国家的审前程序主要是因陪审制应运而生的，为了集中审理的需要，陪审制还被视为程序保障的必要组成部分，对实现裁判公正具有重要的意义。其设置审前程序的动机是实现诉讼公正，而非诉讼效率。正如汤维建教授指出，"英美国家普通法时期的程序制度所注重的仅仅是程序上的公平，难以保证案件获得实质公平的解决，具有浓厚的形式主义特征。"② 尽管如此，其审前程序有以下几个方面的优势仍值得我国借鉴：

1. 审前程序具有较强的独立价值

英美法系国家的审前程序具有独立的价值，不仅仅是为开庭做准备，还具有其他功能，特别是促进了当事人在审前达成和解，在较大程度上发挥了案件过滤的作用。在审前程序发达的美国，最初设计审前程序的目的是这样的，"审前程序的目的非常简单：清除无

---

① 从这些年修正案的内容也能看出对法院监管职权的加强。

② 汤维建著：《美国民事司法制度与民事诉讼程序》，中国法制出版社 2001 年版，第 418 页。

关的事项，准许当事人获得信息，并且确定是否存在适于审判的争议焦点，所有的内容都导向一个有效率的审判或在知情后作出的和解。"① 可见，为了获得高效公正的审判而设计的审前程序本身就具有纠纷合意解决的功能。在美国的司法实践中，自 1938 年《联邦民事诉讼规则》施行后，联邦法院和各州法院也通常以证据开示程序和审前会议制度来促进当事人和解。证据开示程序使双方当事人能够对双方的证据材料进行掂量，审前会议则是当事人合意解决纠纷的场所。英国 1999 年新《民事诉讼规则》也为促进当事人和解设计了规则，规则第 26.4 条规定：当事人在完成案件分配问题表并提交法院时，可通过书面形式请求法院中止诉讼程序的进行，由当事人尝试通过可选择争议解决方式或其他方式解决纠纷。而法院在对方当事人同意的情况下应当中止诉讼，期间为一个月并可延长以促进和推动当事人和解。同时第 36 章还明确规定了有特色的和解要约与承诺制度，也是为了推动和解的实现。

反观我国现行的审前程序，主要缺憾在于民事审前程序的独立性不足，主要功能在于是开庭审理而进行的一些事务性准备，包括"法院送达起诉状与答辩状、告知当事人权利义务和合议庭组成人员、法官审核诉讼材料和调取必要证据、追加当事人。"② 其主要目的是为了判决做准备，而不是由法官和当事人互动以明确争议焦点为目的，更不具有审理前化解纠纷的功能。有学者认为，"审前准备程序应是基于开庭审理的集中、连续进行原则而构建的，这就要求

---

① ［美］史蒂文·苏本、玛格瑞特·伍著，蔡彦敏、徐卉译：《美国民事诉讼的真谛——丛历史、文化、实务的角度》，法律出版社 2002 年版，第 123 页。

② 李浩：《宁可慢些，但要好些——中国民事司法改革的宏观思考》，载《中外法学》2010 年第 6 期。

当事人之间争议的案件在开庭审理前做好充分的准备。"① "不管设置什么样的审前程序，其基本作用和主要目的都是为了庭审目标的实现——虽然审前程序运用的结果便可能造就本案纠纷的解决（如和解），然而这只是个案性的。"② "构建审前程序的目标，概括地说就是要保证开庭审理的顺利进行，没有实质性的开庭审理，也就没有庭前准备程序的必要。"③ 可见，我国的审前程序是主要是以为庭审作准备为目的的，正是这种目的上的偏差，导致了我国审前程序的功能设计偏离了审前程序应当具有的化解纠纷的功能。

2. 充分尊重当事人的主体地位

基于英美法系国家当事人主义诉讼模式的影响，其审前程序极为重视当事人诉讼权利权利的保护，并采取各种措施保障当事人参与审前程序的积极性和权利行使。虽然多年来英美国家的审前程序根据施行的情况不断进行修正,，在修正的过程中法官的权力逐渐得到强化，但强化法官权力仅是为了防止诉讼拖延和诉讼不经济，法官并不代替当事人成为确定争议焦点的主体，当事人仍然是审前程序的主体。就我国的民事审前程序而言，虽然也在改革的呼声中不断进行修正，但由于其根本功能定位错误，特别是法官一直是较强的职权主义态度参与审前程序，导致"法官为主，当事人为辅"的格局难以改变，成为了我国民事审前程序改革的关键瓶颈。

---

① 杨荣新、陶志蓉：《再论审前准备程序》，载江伟主编：《中国民事审判方式改革研究》，中国政法大学出版社 2003 年版，第 41 页。

② 张晋红：《民事审前程序模式改革的几个基本关系的定位》，载江伟主编：《中国民事审判改革研究》，中国政法大学出版社 2003 年版，第 52 页。

③ 蔡虹：《审前程序的构建与法院审判管理模式的更新》，载江伟主编：《中国民事审判改革研究》，中国政法大学出版社 2003 年版，第 62 页。

3. 保障了庭审的针对性和庭审效率

英美国家的审前程序通常是由当事人及其代理律师着手进行的，陪审团成员并没有参加庭前的准备活动，仅仅通过开庭审理才接触案情并要作出事实判断，加上陪审团成员是没有受过法律专业训练的普通民众，这就需要开庭审理必须建立在争议焦点明确的基础上，并且要实行连续的集中审理制，旨在有效避免证据突袭，增强庭审的对抗性和针对性，使庭审集中不断地进行，提高庭审效率

集中审理原则是从人的认识特性出发，反映了人的认识规律。它是现代民事诉讼的一项重要原则，也是实现诉讼公正和效率的必然要求。审判是通过证据所表现出来的事实来认识过去已经发生的事实，必须遵守人类的认识规律，否则将会影响实体公正的实现。由于纠纷发生在过去，只能通过现存证据来认定事实。因此证据的真实性与充分性是正确认定事实的保障，尤其是那些证据材料多、案情复杂的案件，更需要对各个证据深入分析、由表及里综合判断，才能正确认定事实。如果不是实行集中审理制，而是当事人每次开庭都提供一部分证据材料，法官每次开庭都要对不同的证据进行审核判断，这种方式会造成开庭时间上的不连续，法官在每次开庭时的注意力、记忆力会有差异，情绪也会有好坏，其结果是法官在后续开庭时会忽视或忘记上次开庭时的证据，特别是在开庭时间间隔较长的情况下。这肯定会影响审判者对事实认定的准确性，最终影响到案件的实体公正。同样的，如果审判者为了恢复上次庭审的记忆又重复上次的庭审，又会影响诉讼效率，影响程序的安定性。因此，集中审理制的庭审方式是现代民事诉讼发展的潮流方向，而审前程序则有利于贯彻集中审理的原则。"充分的审前程序，使当事人在审前明晰对方的主张和双方的争议焦点，同时了解对方的证据，

从而为案件的集中审理创造了必要和充分的条件。"①

我国虽然在推行人民陪审员制度，但在本质上是一种参审制，不同于英美国家的陪审团制度，且陪审员也不像英美国家那样分散，因此陪审文化方面存在诸多差异，不能完全照搬英美法系的集中审理制，如虽然美国的证据开示制度曾在证据收集与交换方面起到过积极的作用，但我们看到积极作用的前提是强烈的当事人主义和完善的律师制度。从这一点上考虑，我国在借鉴美国民事审前程序时应当特别慎重，因为我国不仅没有强大的律师制度支撑，而且当事人诉讼能力普遍不足②、司法资源不平衡都使得以证据开示为主要内容的美国民事审前程序与我国国情不符。但总体而言，英美有许多经验值得我们借鉴，如通过精审判可大大提升诉讼效率。基于此，我国这些年的司法改革过程中也不断借鉴英美国家先进制度，采取了包括颁行《证据规定》在内的多种改革措施，旨在防止证据突袭和提高诉讼效率，在司法实践中，较大程度上实现了"增强庭审的对抗性和针对性，尽量使庭审集中不间断进行，提高庭审效率"。另外，还需要注意的是，英美国家的审前程序也存在一些不足之处：比如由于法官在审前程序中的管理力度不足，难以有效避免当事人滥用诉讼权利，拖延审前程序的时间，加重当事人负担。这也是近些年来英美国家继续进行审前程序制度改革的重点。

---

① 李祖军著：《调解制度论：冲突解决的和谐之路》，法律出版社 2010 年版，第 361 页。

② 表现为当事人诉讼意识与诉讼能力之间普遍存在落差。当事人提起诉讼时既要求快速进入诉讼程序，更希望通过诉讼解决实际问题，维护自身权益，而相对应的是，一部分当事人特别是民事案件当事人因诉讼能力所限，不知道如何写起诉状，不知道应准备那些起诉证据材料。

二、大陆法系的审前程序

大陆法系实行口头辩论一体化原则，整个诉讼程序浑然一体，如果案件比较简单，可能一次口头辩论期日便可以终结诉讼。相反，如果案件比较复杂，则第一次口头辩论期日实际上充当了下一次口头辩论期日的准备期日。每一次口头辩论期日之间并没有优劣之别、主次之分，无手段和目的之分。即每一次口头辩论期日作为裁判的基础都具有同等价值，均具有在法官的指挥下尽量多快好省地解决争议的功能。多年的司法实践证明，这种模式存在诸多弊端，特别是口头主义带来的诉讼迟延问题，近些年，大陆法系各国都在寻求自我变革的契机，力图针对审前程序做出了相应的微调，从观念上塑造一个"集中的庭审"。德国以斯图加特法院审理方式为肇端，试图从观念上划分诉讼阶段，建构一个"理念型"的"主要期日"。日本则仿效美国，将实务操作中运营良好的一些准备程序付诸立法，在改革的道路上不断向美国靠拢。由于是否适用准备程序以及适用哪种程序多半取决于法官的自由裁量，所以并没有从本质上改变口头辩论一体化的诉讼构造。

（一）德国审前程序

德国民事诉讼法没有设置专门的审前程序①章节，其规定也较为

---

① 对德国审前程序的考察，笔者主要参考了以下文献：沈达明编著：《比较民事诉讼法初论》，中国法制出版社2002年版；［德］汉斯－约翰希姆·穆泽拉克著，周翠译：《德国民事诉讼基础教程》，中国政法大学出版社2005年版；谢怀栻译：《德意志联邦共和国民事诉讼法》，中国法制出版社2001年版。

松散。从审前程序的发展历程看，1877 年的《德国民事诉讼法》是以自由主义为特征，[1] 把民事诉讼分为书面阶段和口头阶段。书面阶段主要是当事人双方交换诉讼文件；[2] 口头阶段是关键，法院院长和经指定的法官要采取一切措施使诉讼尽可能在一次口头辩论中结束。1924 年和 1933 年两次修正法对于自由性都有削弱。20 世纪 70 年代在韦因可夫和伯艾两人的著作基础上适用了所谓的"斯图加特式"诉讼法，将诉讼分为书面准备程序与主辩论程序。1976 年公布《有关简化审判程序与加快审理进程的法律》对除了强制执行外其他部分基本上都进行了修改，将诉讼分为准备诉讼的口头阶段和主言辞辩论。准备诉讼的口头阶段即审前程序，其中又有两种可供选择的审前程序[3]：第一种是，主言词辩论的先期首次期日程序，也即决定在近期举行第一次听审；第二种是，决定完全使用书面准备程序。根据 1976 年公布《有关简化审判程序与加快审理进程的法律》第272 条第 2 款规定，如果法院在言辞词辩论前举行第一次听审，传票应同原告的起诉状同时向被告送达，因此，法官对于准备程序的选择要及时作出。

1. 主言词辩论的先期首次期日程序

先期首次期日本质上是一种完整的辩论期日，根据不同的情况，其既可能作为准备性预审期日，也可能被作为唯一的主期日使用。先期首次期日被法官选择适用主要有两种情形：（1）案情简单，和解可能性大的案件。这种案件不需要进行深入的书面准备很可能在

---

① 也有学者将其称为"一步到庭"。

② 此处的诉讼文件是指起诉状、答辩状、反诉状、再答辩状。

③ 对审前程序的规定比较分散，因为它没有专门的章节规定审前程序的内容，而主要集中体现在第二编"一审程序"第一章"州法院诉讼程序"第一节"判决前的程序"。

第一次听审中结束诉讼程序并化解纠纷。(2) 一方或者双方当事人都没有律师代理的案件。在初级法院,除亲属案件不使用律师外,案情复杂的,法官必须与当事人及其律师交换意见后才能确定该案件的性质与内容。

就首次期日程序的内容而言,其一,首次期日程序的日期应当尽量提早(第272条第3款),但也至少要间隔两个星期(第274条第3款);其二,法官传唤当事人出庭的同时,可以就其认为事实或法律主张不明确之处向当事人提问,其也可以通过行使释明权予以澄清;其三,被告应在法官要求的期间内提出防御方法。如果被告没有在规定期间内表明防御意愿,法官可以依原告的申请不经言词辩论仅依据起诉材料进行裁判。被告提出答辩后,法官要命令当事人补充或阐明他们的第一次提交的诉讼文件,提出能由法院保管的书面材料或其他物件,命令他们亲自出庭,并传唤一方当事人提到的证人、鉴定人同时要求原告在一定期间内对被告的答辩提出答辩。对于被告提出防御方法的期间和原告答复被告答辩的期间都由法官规定。所有这些是为了尽可能做到第一次提早听审同时可以成为第272条第1款所称的主言词辩论。

2. 为主言词辩论做书面准备

先期首次期日与书面准备程序是并列的选择关系,法官对这两种审前程序的选择享有充分的自由裁量权,他的裁判和决定不必以任何裁判或决定的形式出现,但是对诉讼程序的进行有实质性的影响。如果当事人对法官的选择有异议的,有权以书面的方式说明理由并要求更换审前程序的方式。当事人提出异议后,法官根据当事人书面异议,判断手否具有合理性的,如确有合理性,一般会统一更换。如果法官选择书面准备程序,就不必指定言词辩论的首次期日。

　　书面准备程序有着完善的答辩机制。就被告而言，法官向被告送达起诉状时同时应通知被告在两星期内表示是否打算答辩，如果被告不按时通知法官，法官可依原告的申请作出不应诉判决（第 331 条第 3 款）；如果被告通知法官打算答辩，但没有按时提出防御方法的，法官不得作出任何不应该的判决；如果法官认为原告的请求确有根据，可以作出原告胜诉的判决（第 307 条第 2 款）；就原告而言，如果被告提出防御方法，则应给予原告在一定期间内提出答辩的机会（第 276 条第 3 款），对所有的期间均适用第 296 条规定的制裁。在书面程序中任何时候，法官得命令采取第 273 条的各种调查措施，即询问证人、鉴定意见，当事人亲自出庭。法官在准备就绪后应当决定言词辩论日期，该日期必须与传唤当事人的日期之间间隔至少两个星期。

　　除书面准备程序之外，德国民事诉讼法在审前还规定了强制调解会议。第 279 条又规定，除非有充分的证据表明召开这样的会议"明显没有意义"，法官应该在所有的民事案件正式开庭审理之前组织召开正式的"调解会议"。调解会议可以在正式庭审前单独进行，具体的时间由法官根据双方当事人的态度确定，法官要尽量促进当事人参加审前调解会议的积极性。调解会议的主持者可以是主审法官，也可以是主审法官委托的其他法官，当事人同意的情况下还可以将案件交由民间调解机构处理。达成的调解协议记入法庭笔录，在当事人和法官签字后生效，并具有强制执行的效力。但此种审前强制调解会议曾遭到德国法学界的一些批评。有学者指出，"这一制度没有带来审前调解率的提高，却从整体上拖延了诉讼程序。"[1] 推

---

① 　周翠：《中国与德国民事司法的比较分析》，载《法律科学》2008 年第 5 期。

行审前强制调解会议制度的利弊还有待德国民事诉讼实践的检验。

（二）法国审前程序

《法国新民事诉讼法典》中的审前准备程序，指法官依当事人请求或者依职权，命令采取措施查明当事人所提出的各种证据，直至案件准备妥当，达到适于法庭辩论的程度，这种程序又被称为事前程序。法国的审前程序①与判决程序是分开的，而且在审前程序中如果没有经过当事人之间的充分准备，就不能进入开庭审理阶段。② 但需要注意的是，在法国，并不是所有的民事案件都要经过审前程序，是否经过审前程序由程序分流的结果决定。即民事诉讼开始以后，由法官依职权或与双方当事人及其律师协商对案件进行分流："（1）此案件马上可以进行审理（简单、证据充分）、不需要审前准备程序，可直接开庭；（2）此案件再准备一段，再协商决定；（3）此案件复杂，经过二次协商还未达到可判决状态，此案需要准备程序，派准备程序法官。"③ 可见，程序分流后，需要经过审前程序的案件，由专门的准备程序法官主持；不需要审前程序的案件就直接进入庭审程序。

1. 审前程序的启动

根据《法国新民事诉讼法典》第 143 条之规定，依当事人的请

---

① 对法国审前程序的考察，笔者主要参考了以下文献：沈达明编著：《比较民事诉讼法初论》，中国法制出版社 2002 年版；［法］让·文森、塞尔日·金沙尔著，罗结珍译：《法国民事诉讼法要义》（上、下），中国法制出版社 2001 年版。

② 《法国新民事诉讼法典》第 760 条规定：法庭庭长根据律师所作的解释说明，并且根据交换的陈述准备书以及相互传达、交阅的文件、字据，如认为案件已经备妥，可以进行实体上的审判时，将案件提交开庭审理。

③ 陈桂明、张锋：《审前程序比较研究》，载陈光中、江伟主编：《诉讼法论丛》（第 1 卷），法律出版社 1998 年版，第 455 页。

求或法官的职权，得实行法律允许的任何审前预备措施。同时该法143 条—154 条明确限制了法官在审前预备措施中的职权：法官没有掌握进行裁判的充分证据时，可以在诉讼的任何阶段命令采取审前预备措施；在诉讼开始以前，法律允许的各种审前措施依当事人申请或紧急程序命令；对于各种审前预备措施，根据情况由命令该措施的法官亲自实施或在该法官的监督下执行。

2. 当事人在审前程序中的活动

当事人在审前程序中的活动主要是通过律师调查收集证据及有关资料，以加强和完备事实上、法律上的攻击防御方法，为法庭辩论做准备。具体来说，主要是当事人将详细说明自己的主张、记载事实及防御方法的诉讼文件和己方的书证向对方律师送达①。当事人向对方送达诉讼文件和书证是一种自发的行为，法院不加干涉，但这又是必须完成的程序，如果当事人未完成此程序，其主张和证据材料将不会被法庭采纳。多年的司法实践表明，在法庭辩论以前将己方的书证送达对方，有利于对方做好攻击防御准备，避免"法庭突袭"，并提高法庭辩论效率。

3. 法官在审前程序中的活动

1975 年《法国新民事诉讼法典》设立了专门的准备程序法官，其主要行使权力涉及以下方面：（1）听取当事人的陈述并进行调解。《法国新民事诉讼法典》第 767 条规定，除非一方当事人经传唤不到案外，准备法官必须在双方到庭的情况下进行庭讯。经过这种对立辩论式的庭讯，法官可以直接从双方当事人处取得案件的信息材料，

---

① 法国现行的证据制度中，书证是最主要的法定证据，并实行书证优先主义。法国民法第 1341 条规定了书证优先于人证的原则，即只要做成了书证，就排除了对同一案件事实以证人加以证明的任何可能性。

促进调解。该法第 768 条规定，准备法官要对当事人之间的和解予以确认，即使是部分和解。这意味着，准备法官与其他法官一样拥有进行调解的权利。(2) 监督诉讼进展。为了使诉讼能够顺利进行，法典赋予了准备法官可以发出各种命令干预诉讼进程的权力。(3) 对某些抗辩与附随事件进行审查。为了避免诉讼程序的拖延，准备法官有权审查某些附随事件，比如调查证据的措施，处理当事人提出的诉讼法上的抗辩等。(4) 结束准备程序。准备法官认为案件已经处于可判决的状态便可将案件送交法庭在指定期日展开言词辩论；如果一方当事人没有按时完成诉讼行为，准备法官可以依职权或依另一方当事人的申请命令结束准备程序，将案件移交法庭审判，以作为对不遵守诉讼规则一方当事人的制裁。准备程序结束后，不遵守诉讼规则的当事人不能再提出新的诉讼文件资料、请求和理由。

需要说明的是，法国的审前准备程序最初是完全由当事人自己进行的，后来司法实践中暴露了故意拖延诉讼等弊端，才专门设立了准备程序法官。虽然法官的权力在法律上得到加强，但受司法传统影响很少有法官使用以上四个方面的权力。另外，"在法国民事诉讼实务中，1935 年以后的改革并没有在很大程度上提高法官对审前程序的指挥力度。这是因为，迄今为止，在法国人的诉讼观念中，审前程序仍被视为'当事人领域'（domaine de la partie），准备程序法官在实务中也很少动用民事诉讼法规定的指挥权，依裁判让当事人实施解明案件或调查证据等活动。"[1]

4. 证据开示

就证据开示的范围而言，《法国民事诉讼法》第 15 条规定，诸

---

① 张卫平、陈刚编著：《法国民事诉讼法导论》，中国政法大学出版社 1997 年版，第 191 页。

当事人应在有效时间内相互告知各自的诉讼请求所依据的事实上的理由，各自提出的证据材料以及援用的法律上的理由，以便各方当事人能阻止其防御；该法第 763 条规定，案件在受分配审理本案件的法庭的一名司法官监督下进行审前准备。该司法官的任务是，保证诉讼程序公正进行，特别是保证即时交换陈述准备书与相互传达文书、字据。可见，法国有关证据开示的范围规定是比较狭窄的，主要是涉及有关文件、字据等书证的开示。

就证据开示的方式而言，包括当事人自动开示和申请法官强制开示两种。前者是指当事人依照法律规定，相互主动开示自己所掌握的证据。即根据《法国民事诉讼法》第 15 条和第 132 条之规定，一方当事人将自己掌握或准备援用的文件、字据告知当事人，或交其他当事人阅知。可见，这种开示方法适用于当事人之间；

后者是指一方当事人持有某项证据而不依法开示时，由对方当事人申请法官强制开示。根据《法国民事诉讼法》第 11 条第 2 款规定，如一方当事人持有某项证据材料，法官得应他方当事人之请求，令其提交；不予提交者，必要时，得科处逾期罚款；法官应当事人之一的请求，得要求或命令第三人提交由其持有的全部文件，不予提交者，必要时，得科处前述相同之罚款，但如有合理障碍不能提交之情形，不在此限。该法第 138 条规定，如在诉讼过程中，一方当事人拟援用其本人并非参与人的公证书或私证书，或者拟援用由第三人持有的文书、字据，该当事人得向受诉法官提出请求，由法官命令提交该文书、字据的副本，或者提交该文书或字据。这种开示方法既适用于当事人之间，也适用于当事人之外的第三人。即在法官强制证据开示模式下，"法官可以依当事人的申请强制持有与案件相关的文书、字据的第三人，在没有合理障碍的条件下提交相关书证。"①

由于《法国新民事诉讼法典》所遵循的基本模式仍然可以称作"当事人主义"，但同时兼采职权主义。受其影响，法国民事审前程序，贯穿了这一思想，具体而言，民事诉讼的提起与继续完全依据当事人的自愿，法院不得依职权推动民事诉讼程序，诉讼证据材料只能依靠当事人自己，法官不能在指明的证据之外主动收集证据等等，其条文例如："惟有当事人提起诉讼"（第 1 条）；法官"仅对所提出的请求为裁判宣告"（第 5 条）；当事人"有责任提出其诉讼请求所依据的事实"（第 6 条）；"在任何情况下，均不得为弥补当事人不能提出证据而采取审前预备措施"（第 146 条）等等。

（三）　日本审前程序

因继受德国民事诉讼法的影响，日本民事审前程序②也经历了因缺乏集中审理而未建立审前程序到逐步完善的过程。具体来看，1980 年日本民事诉讼法尚未建立审前程序。1926 年日本旧民事诉讼法中规定的审前准备程序只是一种例外情况，只有特别复杂的案件，才授权受命法官负责进行整理争议焦点。1950 年修改民事诉讼法时，为了减轻合议庭的负担并促进诉讼，就把这一程序原则上作为地方

---

① 廖中洪：《民事证据发现制度比较研究》，载《河南省政法干部管理学院学报》2004 年第 5 期。

② 对日本审前程序的考察，笔者主要参考了以下文献：［日］兼子一、竹下守夫著：《民事诉讼法》，白绿铉译，法律出版社 1995 年版；［日］三月章著，汪一凡译：《日本民事诉讼法》，五南图书出版公司 1997 年版；白绿铉编译：《日本新民事诉讼法》，中国法制出版社 2000 年版；王亚新著：《对抗与判定——日本民事诉讼的基本机构》，清华大学出版社 2010 年版。Craig P. Wagnild, Civil Law Discovery in Japan: A Comparison of Japanese and U. S. Methods of Evidence Collection in Civil Litigation, Asian - Pacific Law and Policy Journal, Vol. 3 Isseue 1, Winter, 2002, http://www. westlaw. com.

法院一审口头辩论之前的前置程序。但由于当时受命法官和其他参加诉讼的人员不习惯这一程序，导致准备程序逐渐不再没有实行。1955 年第 288 号法律《关于修改民事诉讼继续审理规则》规定可以随时任意地进行准备程序，并且规定受命法官为准备程序法官。此后，多年的司法实践表明，"在旧式的法律体制下，争议焦点整理的程序并不十分完善，当事人双方只是互相提交事先准备的书面材料，反复进行口头辩论，也没有充分阐明争议焦点所在，这种情况下就进行人证调查的诉讼是很常见的，这种'梅雨季节式审理'、'漂流式审理'往往造成了审理期限的延长。"① 于是，1996 年制定了《日本新民事诉讼法》对审前程序进行了大幅度改革，就这次改革而言，"争议焦点和证据的整理是准备程序的纲目。"② 具体来说，是以"像普通民众提供简单明了、可普遍获得的民事审判"为目标，在改革内容中确立了审前程序以明确争议焦点，并改进了证据的取得方式。这次改革基本上改变了以往当事人开庭前毫无准备，导致反复开庭的局面，在较大程度上实现了以争议焦点为中心，促进了诉讼进程。

就日本审前程序的相关程序而言，法律明确规定的准备程序之前，还有"第一次口头辩论期日"程序。（第 148—160 条）"第一次口头辩论期日"程序是在被告收到起诉状和原告收到答辩状以后，由法院召集双方当事人进行的初回开庭审理。它的法理基础在于，当事人通过起诉提起的请求法院有义务做出应答，而判决又必须以当事人的口头辩论为前提。另外，法院通过初次直接与双方当事人

---

① 民事訴訟法の争点/伊藤眞，山本和彦編．［図書］東京：有斐閣，2009. p54

② ［日］三月章著：《日本民事诉讼法》，汪一凡译，五南图书出版公司 1997 年版，第 407 页。

接触而获得处理案件需要的种种信息，使法官能够了解案件类型和个性，以做出程序进行的计划或处理方案。经法官与当事人协商决定采取哪一种法律规定的准备程序，这是第一次口头辩论期日的主要作用。如果案情比较简单、被告答辩不明确、支持原告请求的证据比较充分的情况下，第一次口头辩论期日的开庭审理往往意味着法官可以终结口头辩论，作出判决；经过早期的第一次口头辩论期日还不能终结的案件，有两种可供选择的程序：一种是再经过一次或两次的开庭审理①达到终结；另一种是进入准备程序，经过证据和争议焦点整理过程后，再进行开庭审理。

总的来说，《日本新民事诉讼法》规定了三种准备程序：准备性口头辩论程序（第164—167条）、辩论准备程序（第168—174条）和书面准备程序（第175—178条）。②

1. 准备性口头辩论程序

准备性口头辩论程序是指以开庭辩论的方式，确定争议焦点并整理证据，以便在正式开始庭审时集中审理争议焦点，达到迅速审结案件的目的，其在这一点上类似于德国的"先期首次期日程序"。就其内容而言，其一"所谓用于准备的口头辩论程序的特点在于，直接将口头辩论期日的开庭指定为进行准备活动的主要场所也许是准备与证据的集中调查两个阶段在形式上都表现为开庭审理，所以法律上并不要求裁判官以决定方式来启动用于准备的口头辩论程序，开始的方式比较自由"。③ 其二，当事人必须在口头辩论程序中提出

---

① 称为"后续期日"。

② 笔者认为，日本民事诉讼法规定的三种准备程序是狭义的准备程序，广义的准备程序应当包括"第一次口头辩论期日"在内。

③ 王亚新著：《对抗与判定——日本民事诉讼的基本机构》，清华大学出版社2010年版，第37页。

自己的所有主张和证据，此后如果没有正当理由就不得提出新的主张和证据。

2. 辩论准备程序

日本辩论准备程序既有美国审前会议的影子，也是结合日本早期司法实践中"辩论兼和解"① 经验的基础上制定的。在这种准备程序下，法院认为有必要整理争议焦点和证据时，在听取当事人的意见后，将案件交付辩论准备程序。辩论准备程序要在双方当事人都能参加的期日进行。在主要开庭期日之前，由法院召集双方当事人及其律师到办公室或和解室内进行，大家围着圆桌而坐，② 在一种较轻松的气氛中，不拘形式的发表意见，就案件的争议焦点、证据进行非正式的讨论。法官如果认为时机成熟也可以进行调解，争取促使当事人达成和解；如果没有达到和解，则在整理争议焦点和做出哪些证据将允许提交开庭时审查的决定后，确定开庭的主要期日，并在做好这些准备后，通过主要的一次开庭审理即做出最终的裁判。

辩论准备程序与准备的口头辩论程序的区别在于："在不开庭的非公开情况下，法官和当事人围绕椭圆形桌子，开诚布公地交换意见，确定争议焦点并整理证据。这一准备程序是目前日本审判实践中最常用的准备程序。"③ 有的学者和律师担心这种非公开的性质会

---

① 20世纪80年代后期在东京、大阪等大都市的法院实行的一种将准备程序与法官调解结合在一起的审理方式。它是为了改变诉讼拖延的一种尝试，典型的样式表现为当事人双方和法官都围坐在圆桌旁，在一种比较轻松的气氛中就彼此的主张进行讨论。该模式在有效解决诉讼拖延问题的同时也招致若干非议。围绕着它的一些争论的结果最终反映到1996年日本《新民事诉讼法》当中。徐继军：《论民事诉讼审前准备程序中的对话原则》，载江伟主编：《中国民事审判改革研究》，中国政法大学出版社2003年版，第87页。

② 王亚新教授将其称为"会议型准备程序"。

③ 白绿铉编译：《日本新民事诉讼法》，中国法制出版社2000年版，第76页。

影响当事人的程序权利，新民事诉讼法特别规定了必须在双方当事人都能参加的期日进行，并准许旁听。法院也可以委托受命法官进行口头辩论程序。第172条还规定，如果双方当事人都要求撤销辩论准备程序时，法院必须立即停止使用这一程序而恢复到一般的口头辩论开庭审理。这项规定也为当事人的程序权利提供了保障，保证了当事人在任何时候都可以要求获得公开审判的程序权利，主要也考虑到会议型的准备程序具有非正式的特征。

3. 书面准备程序

日本的书面准备程序与德国普遍适用的"书面准备程序"不同，它是限定在"当事人居住地远或其他认为相当的情况下，法院听取当事人的意见后"才可以适用，主要是为了节约当事人出庭的费用及时间精力。书面准备程序由审判长进行，但在高等法院可以委托受命法官进行。审判长或高等法院的受命法官认为必要时，根据最高法院规则的规定，法院及双方当事人通过声响收发通信同时通话的方法，可以与双方当事人协商有关整理争议焦点及证据的事项及其他口头辩论准备的必要事项，协商结果可以由书记官记录。

此外，《日本民事诉讼规则》第95条还规定了专门用来协商讨论程序如何进行的期日，称为"程序进行协议期日"。它是指法官可以临时将双方当事人召集到一起，对程序进行的日程和即将辩论或审理的事项等进行协商以做出安排。第97条还规定"程序进行协议期日"还可以在法院之外的地方召集和进行，这种规定有利于法官会同当事人对纠纷发生的现场进行查验等活动。"日本新民事诉讼法规则做出这种规定是受到了美国联邦民事诉讼规则为了提高诉讼效率而加强法官对当事人准备活动的管理（case management），从而大幅度地充实了'开庭审理前会议'（pretrial conferences）这一动向的影响。"①

日本新民事诉讼法还扩充与完善了证据收集的手段与程序，也是对审前程序的一种贡献。主要包括完善文书提出命令与确立了当事人照会制度。

（1）文书提出命令

所谓文书提出命令，是指法院根据当事人提出的请求，向持有文书的对方当事人或第三人发出的命令。"在消费者诉讼、环境及产品责任等现代诉讼中，由于结构性的证据往往被被告控制，使得受害者一方的诉权很难实现，扩充和完善文书提出命令是解决这一问题的有效手段之一。"② 新法对文书提出命令制度进行了三方面的完善：首先扩大了文书提出义务的范围。第 220 条在原有文书提出义务范围条款之外，新增了一些文书，如规定除受证人证言拒绝权保护之外的文书，文书持有人不得拒绝提交，还规定了不属于专供书持有人使用的文书，文书持有人不得拒绝提交。第 231 条规定的准用于准文书的物件是指准用于以图纸、相片、录像带或其他的信息表示为目的而制作的非文书的物件。实际上是扩大了文书提出义务的主体，适用对象不限于文书；其次，建立了秘密审查程序。日本的文书提出命令要在当事人申请、法院审查后才能发出。新法增设了 "In Camera" 程序，其含义是指，法官单独在法官办公室对有

---

① 王亚新著：《对抗与判定——日本民事诉讼的基本机构》，清华大学出版社 2010 年版，第 38 页。

② ［日］三月章著：《日本民事诉讼法》，汪一凡译，五南图书出版公司 1997 年版，第 127 页。

无提出义务发生争议的文书作出判断的特别程序①；最后，新法同时还强化了违反文书命令的制裁力度，例如第三人不服从提出文书命令时，法院以裁定处以 20 万日元以下的罚款。

（2）当事人照会制度

日本的当事人照会制度规定在新民事诉讼法第 163 条之中，是指在诉讼系属之中，为准备法庭审判阶段主张的事实和举证就必要的事项在适当的期间内，当事人彼此以书面方式提出质问，直接寻求对方回答的制度。在日本原有的民事诉讼法中，几乎没有赋予当事人自己收集信息的手段，旧法规定，为了明确诉讼事实关系、在必要的情况下，可以通过审判长向对方寻求释明和询问，也就是说只能通过法院的介入，依靠释明或者申请书提出命令取得信息（旧民事诉讼法第 127 条第 3 项）。但是，当事人为了顺利、充分准备主张或者举证，需要更加适合的方式从对方那里获取情报和信息。另外，法院不介入，当事人双方直接沟通的方式，对于当事人或法院都是一种适宜的选择。据此种立场，最终新的民事诉讼法肯定了当事人照会制度（该法第 163 条）。尤其是日本也有拓宽诉讼外纠纷解决渠道的强烈愿望，基于当事人收集证据能力越强，诉讼外纠纷或诉讼前解决纠纷的可能性就越大这一规律的认识，新法还设立了在诉讼前可以使用的当事人照会制度。"据此规定，通过当事人之间在诉讼系属中的照会与回答，使当事人直接从相对方取得必要信息，从而提出主张和证据，以恰当、快速解决纠纷。从而开辟了一种新

---

① 参见林剑锋：《日本民事司法改革中证据收集收集程序的扩充——争点中心审理主义的重要保障》，载张卫平主编：《司法改革评论》（第 4 辑），中国法制出版社 2002 版，第 378 页。

的途径。"① 可见，日本当事人照会制度最大的进步在于打破了当事人收集证据或举证必须依赖法院的传统，强化当事人自行取证的能力。但也有不足之处，主要体现在立法对于不回答照会的当事人没有规定任何制裁措施，也就是说当事人对照会可以拒绝回答。从当事人照会制度的实践状况看效果也并不理想，"修正法的实施已经十年，当事人照会制度的利用依然是低调运行，'作为一般性的情报收集制度，这不得不说目前来看是一种失败'。"②

从两大法系主要国家的改革可以看出，大陆法系国家在坚持法院运作诉讼程序前提下吸收了英美法系国家加强庭前准备和规定证据时效的做法，有向当事人主义诉讼模式靠拢的趋势。英美法系国家加强了法院对当事人运作程序的监督和管理，以解决滥用审前程序造成的诉讼迟延问题。各国民事诉讼法在审前程序运作方式上相互吸收各自优点，取长补短。其共同的目标均是公正、迅速、经济地化解民事纠纷。

（四）大陆法系民事审前程序的启示

大陆法系国家设置审前程序的首要目标是提高诉讼效率，其次才是解决诉讼突袭等问题。因为大陆法系国家的诉讼拖延已成为突出问题，究其原因主要在于法庭审理的效率低下，进而，各国纷纷扩充审前程序，以支出审前程序来换取审理阶段的效率，逐步实现审理的集中化。另外，由于审前整理证据、形成争议焦点以及最大

---

① ［日］民事訴訟法がわかる：初学者からプロまで/小林秀之著.［図書］東京：日本評論社，2007. p30

② ［日］民事訴訟法の争点/伊藤真，山本和彦編.［図書］東京：有斐閣，2009. p143

化地化解纠纷能够提高诉讼效率，因此，如何完善这三个方面的内容，又成了大陆法系各国审前程序改革的主要方向，近些年这些国家在积极构建公正、高效的审前程序方面所进行的各种有益探索深受学界和实务界的高度关注。在我国司法改革日渐深入的今天，借鉴西方先进法学理论，结合中国实际，开展理论创新，促进司法发展，是时代向我国理论与实务工作者提出的紧迫要求。特别德国、法国、日本等主要大陆法系国家审前程序的模式及其改革均值得我们深入学习借鉴。包括如下几个方面：

1. 充分尊重法院在诉讼程序的管理与控制方面的主导地位

大陆法系国家的审前程序突出体现了法院的主导地位，通过强化其对程序的管理和控制，极大提高了诉讼效率。大陆法系国家的传统是实行口头主义和公开主义，在审判实践中无论当事人之间是否存在实质争议，凡是案件的实体裁判都要经过正式的开庭审理才能作出，长期以来采用"准备、开庭；准备、开庭……"的结构。各国不断地根据实际调整自己的审前程序，在20世纪90年代基本上都形成了审前程序与主期日审理的两阶段结构。这种结构改变了所有案件都要经过开庭审理裁判的传统做法，对于双方当事人之间不存在实体争议的案件可以在审前程序中予以解决，大大提高了诉讼效率。例如，"在德国，以书面方式进行准备的任务之一就是先查悉无争执事件并将其排除，以免除长期拖延诉讼，影响其他案件的进行。"①"在日本，审前准备程序中原告或被告明确提出放弃诉讼请求或承认诉讼请求的书面材料，法院即可作出实体裁判而无须经

---

① 邱联恭等：《民事诉讼审理方式之检讨》，载台湾民事诉讼法研究基金会编：《民事诉讼法之研讨》（一），台北三民书局1986年版，第350页。

过正式的开庭审理。"① 通过对这些国家的审前程序比较分析，不难看出，顺应时代潮流，防止诉讼拖延，加强法官对于准备程序的管理控制权，将成为我国审前程序改革的主要方向。

2. 高度重视当事人在审前程序中的作用

当事人参与审前准备，能够及时了解到对方的主张和证据，避免证据突袭，保证了当事人平等的辩论权。大陆法系国家尽管被学者们划分到职权主义诉讼模式的范围，但这种职权主义的诉讼模式与我国当前的职权主义相比而言，除了强化法院管理职权和监督作用，也极为注重当事人的参与性。如在大陆法系多数国家的审前程序中，在证据收集与争议焦点整理过程中，法官与当事人之间的对话②是主要的方式，既便于法官与当事人之间面对面的交流，又有利于争议焦点的早日形成，在强调口头对话方式的同时也不忽略书面方式的补充作用，进而使得争议焦点整理过程中当事人的程序权利得到了最低限度的保障。

从我国民事审前程序的实际状况看，当事人显然缺乏在审前程序中进行对话的机会，尽管《证据规定》设置了证据交换制度，但都是在法官的参与下进行的，而且受到很多的限制。加之，被告答辩不是一种强制性的义务，使得当事人间交换意见的机制受到了破

---

① ［日］伊藤真：《民事诉讼法》，有斐阁2000年版，第232页。转引自熊跃敏著：《民事审前准备程序研究》，人民出版社2007年版，第28页。

② 所谓民事诉讼审前准备程序中的对话原则，是指在确立、运作民事诉讼审前准备程序时，应当保障当事人双方在法律规定的范围内相互进行交流、使当事人对彼此之间关于诉讼的观点（包括事实主张与法律适用的观点）、观点的分歧所在以及对证据材料的掌握情况有较为充分的了解，并以制度保障当事人从对方及第三人那里发现证据的能力。徐继军：《论民事诉讼审前准备程序中的对话原则》，载江伟主编：《中国民事审判改革研究》，中国政法大学出版社2003年版，第80页。

坏，被告可以隐藏观点，当事人之间没有充分交流观点的动力与压力。另外，争议焦点整理过程中，法官容易单方接触当事人，影响其心证的形成，容易犯"先入为主"的毛病，使得当事人的程序利益失去了最低程序保障。可见，我国民事审前程序改革强化争议焦点整理确保双方当事人获取充分的信息进而凸显当事人在审前程序中的作用已迫在眉睫。

3. 审前程序中构建了完善的失权制度

在民事诉讼中，为了提高审判的效率和实现审理的集中化，很多国家都为当事人设定了攻击防御方法的提出期间，逾期提出的攻击防御方法可能会产生失权的效果。但这种失权制度也不能滥用，必须予以一定的限制，从英美法系国家的具体规定来看，发生失权效果必须满足基本前提，即法院完成了促进诉讼的义务，如果法院因为没有恰当释明、没有对失权尽到告知义务或其他法院的原因致使诉讼迟延，即便当事人逾期提出攻击防御方法符合失权的要件，也不能出现失权的效果。①

我国传统的审判方式是以法官调查证据为主，如果当事人没有适时提供证据，法院可以依职权调查，所以对当事人逾期提出证据等攻击防御方法的要求不高。进入审判方式改革的历程后，当事人的举证责任逐渐得到了强化，要求改革"证据随时提出主义"的呼声越来越高。《证据规定》通过举证时限制度的设立，对证据随时提出主义进行了限制，使当事人能够在诉讼早期提出全部证据，防止

---

① 德国民事诉讼法规定，逾法院裁定期间提出的攻击防御方法必须导致拖延诉讼的终结且当事人有过失时才产生失权的后果；日本民事诉讼法规定，审前准备程序终结后新提出的攻击防御方法只是在当事人未尽说明义务或说明不充分，经对方当事人申请，法院认为将拖延诉讼的终结且当事人存在重大过失时才有产生失权效的可能。

零星提出证据拖延诉讼。但是我国有严格的审限规定，审限问题也是关系到各个法院业绩的重要方面，于是在实践中法院往往在未尽到诉讼促进义务的情况下，使当事人因过失未及时提交的证据一律失权，就使得《证据规定》的证据适时提出主义显得格外严格。设立失权效的初衷似乎也被扭曲了，不是为了防止诉讼拖延，给当事人提供最低限度的程序保障，而被扭曲为法院为了完成业绩考核的主要手段。

4. 审前程序法官与审理法官相分离

德、法、日等国家的审前程序均实行了准备法官与审理法官相分离的形式，这种分离模式主要是防止传统审判方式中法官庭前与当事人频繁接触了解案情而导致先入为主、先定后审的发生。反观我国的民事审前程序，案件承办人往往又是审前程序的准备法官，其在各个阶段的职责并没有明确的区分，典型的如我国《证据规定》中关于主持证据交换主体的审判人员身份不明确，使得我国民事审前程序有必要进行相应的修正，但需要注意的是，不可矫枉过正，大陆法系国家审前程序的一些弊端也必须引以为戒。其一，法官在审前过多的介入，难免有先定后审之嫌，也降低了庭审的对抗性；其二，法官管理权力的过度膨胀，容易造成对法官行为公正性的怀疑；其三，审前准备阶段没有当事人实体权利处理的功能，容易丧失促使当事人和解的机会，导致没有开庭必要的案件进入到庭审阶段，造成了司法资源的浪费，也增加了当事人的诉讼成本。

第 四 章

我国民事审前程序功能定位

"功能是指部分对于整体维持所发挥的作用、活动效果以及必须具备的条件。"[①] 我国民事审前程序的功能，是指其对于整个民事诉讼所发挥的作用和产生的效果，以及发挥这些作用、产生这些效果所必须具备的条件。可见，民事审前程序的功能在较大程度上具有应然性，要最大程度地将应然性的审前程序的功能转变为现实性的功能，我们必须深入研究审前程序的功能应当是怎样的，实现这些功能需要具备哪些条件。任何制度的完善都是在不断完善总结以往司法实践的基础上循序渐进进行的，因此，要重构我国的民事审前程序功能必须对其多年来的改革探索进行不断反思，深入探讨实践中存在的问题，进而提出切实可行的完善方案。

一、我国民事审前程序之反思

随着经济体制的深刻变革、社会结构的深刻变动、利益格局的

---

① 徐昕著：《论私力救济》，中国政法大学出版社 2005 年版，第 167 页。

深刻调整和思想观念的深刻变化，经济社会生活中不断出现新矛盾和问题，维护社会和谐稳定的任务艰巨繁重。这种现实国情要求通过各种途径高效率地解决这些矛盾，特别是重构当前的审前程序，确保其功能有效发挥，进而有助于实现进入诉讼程序的纠纷得到公正、及时的解决。这就需要认真总结我国司法实践中存在的民事审前程序的丰富探索，并从实践和理性的角度深入研究和反思我国民事审前程序具有的实然性功能、实然性功能与应然性功能的差异以及其原因和改进思路。

（一）我国审前程序的实践探索

各地法院为了缓解案件增多带来的审判压力，纷纷探索各种途径力争在审前化解纠纷。实践中积极开展诉前调解、委托调解等各种诉调对接模式正是探索的生动写照，这些解纷途径取得了很好的成效，生成了很多好的经验做法。

1. 上海市浦东新区人民法院的审前程序实然功能

上海市浦东新区人民法院从 2006 年 2 月开始实行诉前调解机制，至 2009 年上半年进入诉前调解程序的纠纷共有 16834 件，占该院同期民商事案件总数的 22.4%。其中调解成功 12380 件，调解成功率为 73.5%，占该院同期民商事案件结案总数的 24.4%，优化了法院的纠纷化解功能，缓解了审判和信访压力。诉前调解案件的 60% 即时履行完毕，自动履行率大为提高，实现了纠纷的案结事了，促进了社会和谐。①

---

① 相关数据来源：上海市浦东新区人民法院研究室：《健全多元解纷机制　完善司法保障功能》，载最高人民法院立案庭编：《立案工作指导》（2009 年第 1 辑），人民法院出版社 2009 年版，第 208 页。

2. 北京市朝阳区人民法院的审前调解探索

北京市朝阳区法院自 2000 年起民事案件的收案数量开始逐年攀升，至 2005 年案件数量已经突破 50000 件，而审判人员的数量却没有相应增加，给该院的民事审判工作带来了巨大压力。在此背景下，该院开始积极探索民事审前程序的纠纷化解功能，2005 年 10 月推出了以法官助理庭前调解、特邀调解员参与调解、律师主持和解为主要内容的庭前和解三项制度，2006 年又试行诉前和解。实践表明，这些措施对于遏制案件数量增长起到了很好的作用，2006 年案件数量下降到 46588 件，比 2005 年下降了 8%，2007 年案件数量与 2006年基本持平。①

2002 年—2007 年北京市朝阳法院案件数量表

	2002 年	2003 年	2004 年	2005 年	2006 年	2007 年
案件数量	35205 件	37543 件	46112 件	50772 件	46588 件	46781 件
增长率	—	7%	23%	10%	-8%	0.4%

3. 重庆市渝中区人民法院的诉前调解探索

重庆市渝中区法院自 2008 年被最高人民法院确定为"多元化纠纷解决机制试点法院"后，推行了诉前调解等一系列措施，其成效也是显著的。2010 年该院收案数量为 8544 件，同比减少 9.9%，五年来首现负增长状态。②

---

①　相关数据来源：北京市朝阳区人民法院：《关于开展诉前和解工作的调研报告》，载北京市高级人民法院编：《审判工作热点问题及对策思路》（2007 年卷），法律出版社 2009 年版，第 81 页。

②　相关数据来源于重庆市渝中区人民法院研究室。

2009 年—2010 年重庆市渝中区法院案件比率对比表

	2009 年	2010 年
民商事案件调撤率	43%	63.63%
民商事案件自动履行率	32.90%	54%

从上述我国各地法院在审前推行诉前调解等诉调对接方式方面的典型做法看，近年来各地法院根据自身情况创造性的做法取得了显著的效果，不仅减少了法院案件数量，而且当事人自动履行率提高了，纠纷得到了彻底解决，为缓解当前出现的案多人少的矛盾，促进社会和谐稳定起到了积极的作用。这些成功的经验做法为重新构建适合中国国情的民事审前程序奠定了坚实的基础，应当充分学习借鉴。这样不仅更加及时、有效地解决民事纠纷，而且尊重了实践的丰富经验，不致与生动的实践相割裂。因此，审前程序的建构应当以实践经验为基础，同时，也需要考虑民事诉讼程序内在的规律，坚持科学理论的引导。

（二）审前程序的价值定位：正当性和效率性

公正和高效始终是民事诉讼的追求的价值目标，民事审前程序的重构也不例外，必须以此作为基本价值定位。就公正而言，包括实体公正和程序公正两个方面。由于受传统法治思想的影响，长期以来实体公正曾经成为大家不懈追求的目标，但需要注意的是，人们对实体公正的认识日趋多元化，分别从法律、道德、风俗等不同视角进行评判可能会得出截然不同的结论。因此，对于同一案件的处理结果，不同的人做出的价值评价会有差异性，人民法院很难完全满足所有当事人需要的实体公正。一旦其认为的实体公正难以实现，就可能使用缠访、闹访、自杀、自残等过于激烈的方式去"讨个说法"，尤其是近年来因房屋拆迁、劳动争议等引发的各种信访事件已经充分证明。在此背景下，就要注重程序公正的功能发挥。随着社会经济发展和世界范围性法治进步的影响，人们法治意识逐渐变化，开始不仅关注实体公正，对于程序公正的关注热情也空前提高，特别是要求人民法院办理案件的过程要符合程序正当性原则。因此，在司法上实现审前程序的正当性对于实现公正是不可或缺的。因为通过非正当性程序赢得的诉讼不仅与司法程序设置的宗旨不符，也使得由此获得的实体正义是一种非正义的产物，严重背离人们对于通过司法程序获得公正的真诚期待。

民事审前程序的另一重要价值定位是高效，应当主要体现为一个不可动摇的理念，即经过适当的审前程序，只有真正存在争议焦点的纠纷才正式进入开庭审理阶段。由于受到传统观念的影响，我国民事司法实践中曾经将诉讼程序的核心阶段——庭审阶段作为纠纷解决的唯一场所，而任何审前程序都是为了如何顺利、有效、及时开展庭审活动服务的。近些年随着价值观念和现实的转变，我国加大了对于审前程序的立法重视程度以及实践运作中的幅度，使得审前程序逐渐脱离了近似边缘化的位置，逐渐转变为与庭审程序并重的一种程序。在实践过程中，如果审前程序进行得越有成效，争议焦点就越能澄清，那么无需经过审判就能解决纠纷的可能性就越大。因此，人们不仅期待审前程序从曾经边缘化的位置走出来，更期待着通过一种高效率的审前程序来化解纠纷。

（三）审前程序的模式选择：协同诉讼模式

一些学者认为，我国当前的民事诉讼应当采用一种协同性的诉讼模式。汤维建教授称为"协同型诉讼模式"，即现代民事诉讼既要利用当事人主义中的优势充分发挥当事人的主导作用，同时也要利用职权主义诉讼模式中的优势，恰当发挥法院的职能作用。① 陈桂明教授称之为"和谐主义的诉讼模式"。② 虽称谓稍有不同，但其核心思想均是要将职权主义和当事人主义的优点结合起来，形成一种适合我国国情的协同性诉讼模式，适合中国国情民事审前程序更需要体现出这种诉讼模式。具体而言：

一方面，审前程序要追求当事人的主动性。"当事者之间的相互作用才是诉讼程序的中心部分之一观念，一般地或者以这样的能够最大限度地发现案件真相的理由来说明，或者由当事者接受涉及自己切身利益的处理时必须得到陈述自己意见的机会这种正当程序的原理演绎而出。"③ 职权主义模式下，法院通常忽略当事人的意愿，更加注重依职权满足当事人权利保护的请求，比如证据材料的收集、诉讼的进行等都由法院按职权进行。要摆脱这种观念的束缚，就必须着眼于追求当事人的主动性，促进当事人之间以及与法院之间的对话和沟通；还须注意的是，从限制法官自由裁量权的视角看，审前程序中追求当事人的主动性也是必要的。法官的自由裁量权在事实认定上具有排他性，但是这种自由裁量权必须是在正当程序的范围内才允许行使。而当事人之间的对话与交流，包括互交起诉状与答辩状、证据交换等都是从正当程序的角度来对法官的自由裁量权

---

① 参见汤维建：《理念转换与民事诉讼制度的改革和完善》，载《法学家》2007年第 1 期。

② 参见陈桂明、刘田玉：《民事诉讼法学的发展维度》，载《中国法学》2008 年第 1 期。

③ ［日］小岛武司等著，汪祖兴译：《司法制度的历史与未来》，法律出版社 2000年版，第 123 页。

予以制约。

另一方面，审前程序更要追求法官对程序管理的能动性。传统的当事人主义中的法官职权需要强化、当事人主义的倾向需要弱化，这一潮流有利于提高司法裁判的效率，保障诉讼迅速并且有条不紊地进行。法官不能像当事人主义中那样被动和消极，也不能像在职权主义中发挥绝对的主导作用。在当事人主义发达的英美法系国家，近年来均强化了法官对程序的管理。如美国法官通过审前会议制度来介入庭前准备程序，法国的审前程序是在审前准备法官的指挥下进行的。

（四）审前程序功能的发展趋势：多元化

审前程序的功能具有应然性，它应当因应社会现实的需要。通过考察审前程序多来年的司法实践以及我国的经济社会发展情况，我们发现，近年来，审前程序的功能已经呈现出多元化的发展趋势，即除了为开庭审理作准备，更要实现其化解纠纷的功能。这主要受到我国民事案件生态影响所致，具体来讲，2009 年，最高人民法院受理案件 13318 件，同比上升 26.20%；地方各级法院受理案件 11378875 件，标的额 16707.01 亿元，同比分别上升 6.26%、16.42%。自 2005 年以来案件量年均递增 5.95%，2009 年案件量比 1978 年增长了 19.87 倍。2009 年，各级法院共新收一审、二审、再审民事案件 6436333 件，同比上升 7.75%。其中，新收一审民事案件 5800144 件，同比上升 7.16%，诉讼标的额达 9205.75 亿元，同比上升 15.72%。① 人民法院在受理民事案件数量日益增长的同时，

---

① 所涉及的数据来源：2010 年 7 月 13 日最高人民法院发布的《人民法院年度工作报告（2009 年）》。

案件类型也更加多元化，要求民事审前程序保障的范围不断拓展。民事审判中，网络侵权纠纷、委托理财纠纷、基因技术纠纷，"资产包"纠纷等新类型案件层出不穷；一些涉及受教育权、劳动权等公民基本权利的案件也陆续进入法院；有关科技、体育、审计等领域的新类型案件相继出现。要求保障的领域更加集中。当前，涉及民生、农民问题引发的社会矛盾纠纷不断增多，此类案件在人民法院案件中所占的比重逐年上升。2009 年各级法院审结财产权属确认、人身损害、宅基地纠纷等权属、侵权案件 1262051 件，诉讼标的额达 2483.69 亿元，同比分别上升 9.27% 和 13.83%。其中，审结道路交通事故人身损害赔偿案件 459157 件，审结产品责任案件 4889 件，审结名誉权纠纷案件 4177 件，审结环境污染损害赔偿案件 1783 件。审结医疗、住房、消费者权益保护等案件 631999 件，同比上升 9.78%。2009 年各级法院共审结各类涉农案件 231914 件，与 2008 年基本持平。其中审结农村承包合同案件 39254 件，宅基地纠纷案件 4387 件。因此，案件数量的不断增长、保障范围的不断拓展、保障领域的不断集中，要求审前程序化解纠纷的功能必须予以强化，进而确保越来越多的案件在审前程序中得到解决，进入审判程序的案件越来越少，这是纠纷当事人和法院所共同期待的。

法官审判的目的就是为了最终解决纠纷，但纠纷解决的方法除了诉讼还有和解、调解、仲裁等。就审前程序而言，各国近年来都呈现出这样一种发展趋势，即审前程序除了发挥着为庭审活动做准备的功能外，还成为很多案件纠纷终结的手段。这是因为，在早先的诉讼中应当在审理程序中完成的一些事项提前在审前程序中来完成了，从而使审前程序的功能日益完善。经过审前程序中的起诉与答辩阶段，为了整理争议的争点而进行的证据收集与交换，使当事人对纠纷事实有了清楚的了解，进而可能使当事人预测到纠纷的解决结果，衡量利益得失。加上审前程序中还有一些对当事人不作为行为制裁的程序规则，使得纠纷在审前程序中得以化解的可能性很大。这些都要求审前程序具有发达的功能，并呈现出多元化的状态，仅仅为正式庭审做准备的功能已经不能满足社会发展的需要了。

二、我国民事审前程序的功能

英美国家审前程序通常具有整理争点、固定证据和促进和解三方面的功能。但由于我国缺乏实现这三大功能的前提，如强制答辩制度、证据失权制度、律师强制代理制度等，使得这三大功能在我国难以实现。我国民事诉讼是建立在自己国情基础上的，具有不同于西方国家的中国特色。因此，我国民事诉讼审前程序的功能显然与西方国家不同，其应当以实现繁简分流，并以庭审替代方式最大限度地解决民事纠纷为重点，而不能以英美国家审前证据交换与固定争点等为中心。因此，在总结我国民事审前程序改革的成败、借鉴两大法系审前程序优势的基础上，可以将我国民事审前程序的功能总结为以下几个方面。

（一）导向庭审功能

这种导向庭审功能主要体现在审前程序有效过滤了案件，促进诉讼进行，排除案件程序障碍，实现了程序分流，确保了将完全不能在审前程序中以和解等方式化解的纠纷在必要时导入到庭审阶段，保障了庭审的针对性和有效性。

1. 过滤案件，促进诉讼

我国的民事审前程序应当具有过滤案件、促进诉讼的功能。一方面，在纠纷起诉到法院后，审前程序要解决纠纷的主管、管辖等问题，将不属于法院主管和本院管辖的案件排除，这也体现了2012年民事诉讼法第119条有关起诉条件规定的立法意图。也就是说，案件起诉到法院后，法院应当首先审查判断该案是否属于法院主管、是否属于该法院管辖。如果审前阶段无法对主管和管辖等问题予以明确，日后审理法官不得不将一部分精力投入到程序审查工作上，需要承担大量繁重、琐碎的事务性工作，如送达、排期开庭、委托鉴定等，既浪费了有限的审限，也分散了宝贵的精力，影响法院审判工作的质量和效率，不利于法院内部司法资源的进一步优化配置；另一方面，要完善现释明制度和先行调解制度。这就要求通过将审前程序扩展至立案前，加大诉讼指引和诉讼风险提示，引导当事人尽早理顺法律关系，合理合法表达诉讼请求，及时有效进行诉讼活动，避免不必要的诉讼风险。另外，2012年民事诉讼法第122条有关先行调解的规定必须贯彻执行。也即要向当事人进行立案指导、释明法律规定、指明正确的解决途径，积极引导当事人先行选择非诉讼调解组织或调解方式解决纠纷，实现案件分流，做到边审查、边立案、边调解，促使纠纷在立案之前得到解决，实现案结事了，既节约了法院的审判资源，又减少了当事人的诉讼负担，并促进了诉讼。

此外，审前程序被描述为一个过滤程序，还因为只有案情复杂的案件才会走完整个诉讼程序。审前程序通过发挥收集整理证据、整理争议焦点以及促进纠纷合意解决等功能，能够使一些纠纷在审前程序中得以化解而无须进入审判阶段。从这一角度出发，审前程序可以对案件进行过滤分流，使纠纷提前得以解决，对诉讼也会起到促进作用。需要说明的一点是，在我国必须是以当事人主导的审前程序才能起到这种促进诉讼的作用，否则将会退回到传统的调解前置型的审理结构。随着市场经济改革的推进、公民法律意识的提高，诉讼案件激增也成为我国不容忽视的社会问题。这就很有必要通过审前程序来过滤案件，同时促进诉讼内纠纷的和解，即通过当事人的和解和审前法官的适时调解来化解纠纷，减少进入庭审的案件数量。

2. 排除案件程序障碍

我国的民事审前程序应当具有排除案件程序障碍的功能，让当事人的起诉成为可以审理的案件，即达到适合实体审理的状态，最高人民法院立案庭姜启波庭长称之为"成案的功能"。例如，解决诉讼主体适格，即在立案前为当事人解决"该怎么告"和"告的对与不对"的问题。实践中，一些原告提供的被告地址不明确的或者不详细的情况经常出现；也有部分当事人为了谋取不当利益，提供虚假被告地址获取缺席判决、利用送达等程序问题拖延诉讼、冒用他人名义进行诉讼、利用虚假材料提起诉讼等行为，使得诉讼难以顺利进行。据不完全统计，2009 年北京市房山区法院经后期实体审理阶段发现的当事人不当诉讼、恶意诉讼案件共有 38 件①，这些现象既增加了相对人的诉讼负担，引发的再审和涉诉信访案件又加重了法院的工作压力。因此起诉时就要求原告提供被告可以进行诉讼和答辩的机制，提供被告的准确信息，不至于当案件进入诉讼程序后被告处于下落不明的状态，向被告送达起诉状副本，因原告提供的

---

① 相关数据来源于 2011 年 2 月 21 日最高人民法院组织的民事诉讼法修改座谈会上房山区法院的发言。

被告地址不真实、不准确，无法有效送达的，应要求原告提供被告的其他地址，原告不能提供或仍无法送达的，不予立案；其次原告还需要提供基本的起诉证据，现实中一些原告凭借一纸起诉状就将案件转到了审判法官的手中，审判法官在开庭审理阶段再来要求当事人提供或调取基本的证据材料，不仅浪费了司法资源也拖延了诉讼。使得一些法官没有足够多的时间仔细思考、斟酌案件，在审限即将到来之际粗糙办案，影响了办案质量。

再例如在诉讼请求与标的额的确定方面，司法实践中，很多当事人经常在开庭审理时临时变更起诉状中确定了的诉讼请求和标的额，或出于诉讼突袭的目的故意隐藏真实的诉讼请求和标的额。这就使得案件承办法官在开庭审理前所知悉的案件信息不能用于庭审，严重影响了庭审的效率和质量。这是一个必须深入探讨的课题，因为根据我国现行的民事诉讼制度难以准确确定标的额和级别管辖的标准，使得该制度几乎形同虚设。同时，这也是一个世界性的难题，因为世界各国均以标的额确定级别管辖，这毕竟是一个理论假设，原因在于各国的经济都在不断发展，没有一个完全相对恒定的合理数额标准。以我国为例，中西部地区差距大、城乡差距大等等使得无法确立一个统一的标准来衡量。此外还有诉前财产保全、管辖权异议等问题。正是因为实践中存在诸多程序障碍问题，将其带入到审判程序中就严重影响了审判工作的质量和效率，因此审前程序作为第一道关口，应当把好关，将案件具有的程序障碍全部排除，为高效的审判奠定基础。

3. 程序分流

近年来，我国出现了"案多人少"的审判压力，司法资源与司法需求出现了剧烈的冲突。这主要是基于两个方面的原因：一方面与案件数量的不断增长有关，近些年来，我国公民的法律素养普遍提高，惧讼、耻讼、厌讼观念逐渐改变，加上我国社会处于转型期，矛盾多发，民事诉讼案件的数量居高不下。另一方面，也与我国民事诉讼程序设计过于简单有关。我国民事诉讼只规定了简易程序和普通程序两种程序，尽管 2012 年民事诉讼法第 162 条增设了小额程序，但毕竟本质上仍是一种简易程序，仅是对其审级进行了限制。加之，司法实践中"简易程序不简"、"普通程序合议制形式化"等现象突出。据统计我国法院系统中基层法院占了近 80%，基层法院对简易程序的适用率也达到了 80%。① 这就使得简易程序在适用过程中问题重重，而普通程序合议制形式化的现象普遍，没真正实现程序多元化，也就无法保障民事诉讼过程中根据案件性质和复杂程序适用相称的程序。

　　基于此，我国司法实践中，十分注重程序分流的探索。2005 年以来，各级人民法院在审前程序的实践中，增加了一项重要的内容，即在审查起诉前、起诉后、庭审前的调解和委托调解过程中进行繁简分流、速裁等工作。具体而言，其一，各级人民法院纷纷建立了诉讼和调解对接中心，实现繁简分流，并以庭审替代方式最大限度地解决民事纠纷为重点，以实践经验为基础，形成了诉讼内外和法官主导下的多种途径纠纷化解机制，促进民事纠纷在审前程序中得到解决。其二，积极进行了法官释明后的准予原告撤诉、诉讼送达与财产保全中的促进和解、调解，以及法院主导和法官指导下的委托调解、法官依职权调解等各方面的探索；其三，还有的法院设立速裁程序，替代简易程序。但是受制于法律制度的规定，实践效果

---

① 参见傅郁林：《繁简分流与程序保障》，载《法学研究》2003 年第 1 期。

不是太理想。2012 年民事诉讼法第 133 条还增设了程序分流机制，即当事人没有争议，符合督促程序条件的，可以转入督促程序；当事人争议不大的，采取调解方式及时解决纠纷；根据案件情况，确定适用简易程序或普通程序；需要开庭审理的，通过当事人交换证据等方式，明确争议焦点。

可见，审前准备程序的程序分流功能有助于案件庭审的顺利开展和司法资源的合理配置，具有重要意义。审前法官围绕案件事实指导当事人举证、繁简分流、委托调解、诉前保全等一系列准备工作，分流纠纷，缓解了审判压力；及时解决纠纷，提升了审判效力；平和止争，实现案结事了；指导举证，促进了争议焦点的固定；保全财产，保证了审判的效果；有效整合了有限的司法资源。同时，通过将没有必要进入审判程序的诉进行有效分流筛选后，进入庭审程序的诉讼通常是事实复杂难以认定，法律适用存在冲突矛盾或者灰色地带，当事人矛盾由来已久，对立情绪严重的案件。对于这类案件，应当集中优势的审判资源，在事实认定和法律适用方面进行深度挖掘，审前程序繁简分流的功能有利于此实现。

（二）化解纠纷功能

适合我国国情的民事审前程序的功能已经不再局限于为开庭审理做准备工作，它在将纠纷解决的不同阶段联系起来，尽可能清楚地了解纠纷信息，在探知纠纷全貌的基础上，使当事人通过合意的方式解决纠纷，如果审前程序阶段无法解决，就力争将案件导入一个高效率的审判进程。尽管审前程序最初的设计是为了获得判决，却直接或间接地在自身运作过程中解决了纠纷，这正是基于"审判起着促进当事者自行交涉以谋求纠纷解决的作用"。① 为了获得高效公正的审判而设计的审前程序本身就具有纠纷合意解决的功能。

清代学者崔述言："自有生民以来，莫不有讼。讼也者，事势之所必趋，人情之所断不能免者也。"② 其言下之意是纠纷几乎存在于我们生活的这个世界的每一个角落。解决这些纠纷就好比清除人体内的病毒一样重要。历史上解决纠纷的方法很多，比如神明裁判、乡绅调解。在司法机关产生以后，很多纠纷通过法院行使裁判权来解决。但是随着社会经济的发展，社会转型期纠纷增多，这种纠纷解决方式暴露出了其不可回避的缺陷：纠纷频发，法院不堪重负；这种方式更多地适合陌生人社会，而我们国家是典型的熟人社会；这种方式难以实现纠纷的普遍解决。因此，合意解决纠纷与法院裁判解决纠纷相比，更适合我国的现实国情。在纠纷合意解决的过程中，纠纷双方可以自主选择社会道德、社会习惯、社区规范、村民公约等作为纠纷的解决依据，而不是固守法律所规定的程序和方法。通过协调，使纠纷的解决效果比诉讼和判决更优。"挖掘中国传统文化'礼之用，和为贵'的精神，力争'讼不可妄兴'，'讼不可长'主张以妥协和让步的姿态使秩序回归常态。"③ 适合我国国情的审前程序应当具有合意解决纠纷的这样一种功能。

---

① ［日］棚濑孝雄著，王亚新译：《纠纷的解决与审判制度》，中国政法大学出版社2004年版，第48页。

② 崔述：《无闻集》（卷2《讼论》），载顾颉刚编订：《崔东壁遗书》，上海古籍出版社1983年版，第701页。

③ 刘连泰：《综合利用各种纠纷资源的机制创新》，载《人民法院报》2010年12月23日第5版。

　　特别是，20 世纪 90 年代世界多数国家面临"诉讼爆炸"危机①，由此产生司法纷争解决多元化的需要的背景下，随着美国推行 ADR 而有所改善。随着民事司法理念的不断发展，这一功能也在不断发展审前程序的过程中衍生出来，并且发挥着越来越大的作用。尤其是为了缓解案件增多的压力，许多国家开始谋求纠纷解决的多元化机制，不约而同地将目光投向了审前程序功能的衍生，在尊重当事人意思自治的基础上构建解决纠纷的新机制。"由于审判制度具有局限性，因而需要通过合意来弥补法律程序正当化机制。"② 因此，各国开始关注诉讼和解这一原本在诉讼程序内代替判决的合意解决纠纷的机制在审前程序中的运用。至此，审前程序促进和解的新功能被衍生出来，并大大改变了它仅仅为开庭审理作准备的传统角色。"以加拿大为例，最初审前程序的设立是为开庭审理作准备，但是由于争议焦点随着诉答程序及证据开示的不断进行而明确，绝大多数案件在审前通过和解等方法解决。所以，现在加拿大民事诉讼的核心已经转移到审前程序阶段。"③ 刑事诉讼中的审前程序也同样如此。"如果着眼于案件的数量，刑事审判前程序已经不再是审判程序的配角，而是具有自己的舞台并对实体公正发挥着直接影响的重要阶段。"④

　　事实上，强化审前程序的纠纷化解功能，也是符合民事诉讼的规律的。因为尽管此时裁判结果谁是谁非还不是非常清楚，但案情

---

　　① 关于我国法院案件危机问题，详见何兵：《法院的案件危机与对策》，载《法制日报》2000 年 11 月 26 日、12 月 3 日。

　　② 叶自强著：《民事诉讼制度的变革》，法律出版社 2001 年版，第 147 页。

　　③ 张艳：《加拿大民事诉讼中的审前准备程序》，载《政治与法律》2002 年第 4 期。

　　④ 宋英辉、吴宏耀著：《刑事审判前程序研究》，中国政法大学出版社 2002 年版，第 25 页。

已经大体上明了，不仅当事人能够对结果有大体的判断，法官也可能在此基础上提出初步的解决方案，对诉讼的走向作出一定的预测。"充分的审前准备，使当事人对诉讼结果将获得的效益值大小有一个较为明确的估计，可能促使当事人和解等，现在美国95%以上的民事案件在进入开庭审理之前用和解或其他当事人之间协商的方法就得到了解决。"[①] 同时，如果能在审前程序阶段以合意的方式解决纠纷并终结案件，节省了开庭审理和证据调查等程序，对于当事人来说节约了诉讼花销，降低了诉讼带来的当事人之间的"伤害"；对法院来说更是节约了司法资源，实现了司法资源的合理配置，因此是难得一种双赢的化解纠纷的一种方式。

（三）整合救济资源与保障社会救济功能

要从源头上化解社会矛盾，就要求从源头完善诉讼程序。从审前程序的独立价值出发，通过整合救济资源并保障社会救济的实现系统性地理顺诉讼流程和司法关系，正是要从源头上完善诉讼程序，紧紧把握诉讼体制改革的主要矛盾。审前程序的建立健全，有助于补充和完善现行民事诉讼的司法制度，有效回应和正确处理新时期社会各界的司法需求。这是从此思路出发，我国的民事审前程序应当具有整合社会资源与保障社会救济的功能。

1. 整合救济资源

诉讼过程并不是一个流水线式的机械过程，而是一个衔接配合的有机过程。要实现诉讼过程的无缝对接，需要通过组织管理。且

---

① 白绿铉译著：《美国民事诉讼法》，经济日报出版社1996年版，第86页。转引自甘力：《论我国审前准备程序之重建》，载陈光中、江伟主编：《诉讼法论丛》（第4卷），法律出版社2000年版，第395页。

国外先进经验表明，积极中立的能动管理，是审前程序制度的灵魂。因此，实现审前程序中的能动管理，不仅是源自于民事诉讼整体流程的本质要求，也是实现审前程序复合功能的必由之路。典型的司法实践中如北京市房山区法院实行的按业务类型成立的诉前调解组。该调解组由立案庭庭长担任诉前调解组组长，实现了审前程序与审判案件类型专业化对接，简化了诉前与审判衔接的工作环节。其优势之一在于可以借助其担任领导的优势，整合各类矛盾化解资源；优势之二在于发挥其精通业务的特长，加强诉前调解组的管理，确保审前程序工作质量；优势之三在于在于利用其身兼双职的特点，在立审分离的基础上，实现诉前调解组与对口审判庭的衔接配合。同时，该院还通过对外的组织联络，整合社会资源参与调解。在区委政法委领导下，整合辖区行政机关、行业协会、自治组织等资源，开展"人民调解进立案庭"、"人民法庭进社区"等工作，促进人民调解、行政调解、行业调解和司法调解的有效衔接，有效整合了救济资源。

2. 保障社会救济

保障社会救济也即实现审前程序综合立案、纠纷解决和为审判服务三项基本工作的复合功能，这是有效实现诉求过滤、纠纷分流、矛盾疏导和案件筛选的诉讼机制。立案、纠纷解决和审判服务三项工作，原本就是一个密切联系的有机整体。立案工作涉及的是对于民事纠纷立案条件的形式登记和实质审查，纠纷解决工作涉及的是对于民事纠纷的妥善调解和便捷速裁，审判服务涉及的是对于民事纠纷进入庭审程序之前的审慎筛选和必要准备。三项工作围绕的核心任务，都以诉讼阶段程序性事实的确认和交流为基础，因此具有制度上天然有机的联系。

首先，立案工作要求法官对经过起诉登记的案件，就是否可以正式立案，进行深度审查。实践中，通过对原告所提供的诉状以及证据材料的形式审查，很难确定受诉人民法院是否应该受理该案。因为在没有赋予当事人平等的诉辩对抗权利的前提下，只凭一方当事人提供的证据，很难对案件是否应当受理做出正确判断；在某些情况下，认定事实的证据和认定程序性事项的证据具有不可分性，根本无法人为将其硬性分配在某一个阶段中。因此，立案工作是审前程序中重要的一个环节。

其次，纠纷解决在审前程序中主要有两种方式：调解和速裁。审前程序中的调解往往基于双方潜在的共同利益与和解基础；速裁适用于事实清楚、证据充分，双方当事人对事实基本没有争议，但是不宜以调解方式解决的案件，比如金融借款合同类案件。审前程序中的调解和速裁在化解纠纷的同时，减少了当事人双方的讼累，降低了诉讼的实践成本。

最后，为审判服务的工作是指审前准备，基于前两类工作，已经将没有必要进入审判程序的诉进行了有效分流。通过这样的分流筛选，进入庭审程序的诉讼通常是事实复杂难以认定的复杂、重大案件。这类案件需要在审前着重确定证据的记录工作，通过在审前将已有的证据和质证意见通过证据交换等方式确定下来，尤其以笔录的形式及时记录当事人陈述，最终转移给审判庭，就为审判工作提供了最大限度的服务工作。

审前程序的复合功能，实现了诉讼过程的一举多得。围绕着纠纷的程序性基本事实，在审前程序中逐层梳理和集中完成了程序搁置、要件审查、调解速裁和庭前准备等一系列工作，从而有效实现了诉求过滤、纠纷分流、矛盾化解和案件筛选的动态诉讼机制，保障了社会救济的实现。

第 五 章

我国民事审前程序本土化改造

对民事诉讼程序的研究和制度重构，移植和借鉴域外陷阱经验必不可少，但同时对改革方案进行本土化考量也绝对不可忽视。同样，我国审前程序的改造必须建立在我国国情基础之上，特别是落实到我国民事审前程序多年来的司法实践当中，即必须要关注我国民事诉讼活动的特点，并作出回应。如案件数量日益激增，诉讼周期普遍冗长，处分手段偏于单一，审判工作压力过大，司法成本逐渐加高，涉诉信访矛盾突出。通过梳理近二十年来我国研究审前程序的文献，笔者发现，关于我国审前程序的建构，如果说 20 世纪 90 年代至 21 世纪初主要是以西方国家为模板进行构建，那么近年来则出现了针对我国特点进行构建的趋势。这种趋势反映了"中国学术话语体系的当代建构"。① 笔者主张，在中国经济社会发展取得巨大成就的背景下，审前程序的研究必须能够回应中国发展的需要，必须能够构建中国特色的民事审前程序。另外，由于实践中的问题繁

① 参见吴晓明：《论当代中国学术话语体系的自主建构》，载《中国社会科学》2011 年第 2 期。

多，审前程序的各种机制程序、制度也密切相关，为避免就事论事式的个案研究的片面性弊端，笔者采用了类型化的研究进路，将民事审前程序分为三个阶段，即起诉后至立案前、立案后至答辩前和答辩后至开庭前，并针对司法实践中存在的问题，结合审前程序的功能定位，进行审前程序的本土化改造。

一、审前程序阶段 I：起诉后至立案前

（一）诉前调解

民事诉讼是当事人的起诉行为所引起的，"在民事诉讼中需有原告一方的起诉行为……才能开启相应的诉讼程序，法官不能主动干预当事人之间的冲突解决过程。此时，司法的消极性还体现在法官所作裁判不能超出当事人请求的范围，即所谓的'不诉者不判'。"① 起诉即意味着当事人之间发生了实体权益的争议，并且私力救济无法解决此争议，只能求助国家公权力解决争议。同时，民事诉讼遵循"不告不理"的原则，因此，国家公权力介入私权纠纷的民事诉讼只能以当事人提起的诉求为前提，不能突破当事人的诉求予以裁判。也即只能以当事人之间发生争议的法律关系作为审理和裁判的对象。

可见，民事判决具有较大的局限性，仅能根据法律关系相关的证据作出裁决。而调解则具有较大的灵活性，可以挖掘法律争议背后的深层次矛盾，更有利于定纷止争。另外，虽然发生纠纷的当事

---

① 常怡、黄娟：《现代诉讼的法理性透视》，载《现代法学》2001 年第 1 期。

人通常是在私力救济无法解决纠纷的情况下求助于公力救济，由此而产生了民事诉讼，且成为公力救济解决纠纷的必要手段之一。但毕竟在起诉后至立案前这一阶段，双方当事人对抗尚未深入，矛盾尚未白热化，存在较大的调解空间，甚至被部分学者称之为最佳调解阶段。因此，近年来，各地法院强化了这一阶段的调解探索。且最高人民法院发布的《诉调对接意见》对各地方法院的实证经验予以了肯定，并在该意见第 14 条规定中规定，对属于人民法院受理民事诉讼的范围和受诉人民法院管辖的案件，人民法院在收到起诉状或者口头起诉之后、正式立案之前，可以依职权或者经当事人申请后，委派行政机关、人民调解组织、商事调解组织、行业调解组织或者其他具有调解职能的组织进行调解。当事人不同意调解或者在商定、指定时间内不能达成调解协议的，人民法院应当及时立案。这一规定，通常称为"诉前调解"或"委派调解"。

1. 诉前调解的可行性分析

调解，由于其具有与生俱来的修复性和柔和性，无论在理论还是实践、历史还是现实、国际还是国内都已经认识到调解在民事纠纷解决体制中的重要作用。尤其是在诉求激增的现代社会，更是受到实务界的大力推崇。因为，"与裁判相比，调解可以减少对抗性而实现纠纷解决的和谐性和修复性，可以超越诉讼请求范围而实现纠纷解决的全面性和彻底性，可以降低对于法律和证据的依赖而实现纠纷解决的便捷性和低廉性，可以在权益模糊的区间避免非白既黑的结果，实现纠纷解决的合理性和公允性。"[1] 同时，如果介入矛盾纠纷的时间越早，矛盾纠纷就越容易解决，越不会激化。以北京市

---

[1]　傅郁林：《诉答程序·程序时效·诚信机制——"答辩失权"的基础性问题》，载《人民法院报》2005 年 4 月 13 日第 B01 版。

朝阳区法院为例，每年有六成左右的案件可以以调解和撤诉的方式
结案，如果将调解工作移至庭审之前，则这类案件中的相当一部分
可以在庭前化解。[①] 在当事人起诉后至法院受理前，在法官的引导或
指导下综合运用调解的手段，实现纠纷的有效解决，是我国现阶段
构建和谐社会的必要措施。在当前法院调解与社会调解、诉前调解
与诉讼中调解、庭前调解与庭后调解、立案调解与庭审中调解等多
种调解方式综合运用的进程中，法院又成为了整个社会纠纷解决的
调解中心。因此，法院在诉前的调解活动中的角色尤其显得重要，
它不仅是法院结束案件的主要方式，更是化解社会纠纷的主要方式。
多年来的司法实践表明，各地法院纷纷探索的诉前调解，不仅在立
案前有效化解了纠纷，而且在一定程度上减少了进入诉讼的案件数
量，节约了司法资源，为日后诉讼活动的进行奠定了高效、经济的
基础。可见，诉前调解具有较强的可行性，具体体现在如下几个方
面：

其一，诉前调解的原理是尊重当事人的意思自治和处分原则，
是当事人处分自己的实体权利和诉讼权利的体现。因为在诉前的调
解中对案件作出最终处理决定的是当事人，而不是人民调解员或其
他官员、法官，因而"调解的本质特征和基本原则是当事人自
愿"[②]，这一点也是诉前调解的根本宗旨。

其二，诉前调解纠纷解决标准具有多元化特征，对矛盾化解较
为灵活。虽然诉前调解的主要依据是事实，主要标准是法律，但除

---

① 参见北京市朝阳区人民法院民一庭编：《诉讼调解实例与研究》，中国法制出版
社 2007 年版，第 207 页。

② 孙海龙、高伟：《调解的价值是如何实现的——以部分中、基层人民法院为研
究样本》，载《法律适用》2009 年第 10 期。

此之外还可以借助包括人际关系、公共道德、习俗和乡规民约等多元标准处理纠纷，因此，在适用依据上具有较大的灵活性，在特定的人际关系及环境等条件下容易促成双方纠纷的解决。即"非诉讼手段能够发挥解决纠纷的显著作用表明，政策、道德、宗教和习惯、习俗等法律之外的调控手段有其存在的历史必然性和价值合理性。"①

其三，由于调解解决纠纷这种方式在我国有着辉煌的发展历程和杰出的贡献，被赞誉为"东方经验"，因此调解在我国受到了广泛的社会认同。人民群众在纠纷发生以后，普遍倾向于通过调解的方式解决纠纷，尽量避开打官司。因为一旦走上诉讼的道路，只会使双方的矛盾越来越深，甚至进一步激化矛盾，诉讼只是一种无奈的、最后的选择。"理性的当事人除非万不得已不会动辄对簿公堂，纠纷双方对非诉讼解纷机制有着天然的偏好。"② 同时，调解方式化解纠纷方面能够做到迅速、省钱，还能实现纠纷解决的彻底性。"调解的合意性，纠纷解决的彻底性、经济性等价值显然符合当事人和社会双重利益。"③ 因此，在诉前调解较易获得当事人的认同。

其四，人民法院实行诉前调解，也是符合当事人利益的。因为它是按照纠纷的特点来判断调解更适宜解决纠纷，而并不意味着法院在推卸裁判的责任。某些纠纷中当事人对调解存在一些抵触情绪，但富有丰富调解经验的调解员对其进行耐心细致的疏导，使得当事人能够愉快地接受调解，并使大量的纠纷在诉前得到妥善解决。对于诉前调解不成功的，法院会及时受理，当事人程序权具有足够的

---

① 陈荣：《人民法院在多元化纠纷解决机制中的定位与功能》，载《人民法院报》2007 年 10 月 11 日第 5 版。

② 袁兆春、刘同战：《人民调解制度的革新》，载《法学论坛》2009 年第 5 期。

③ 袁兆春、刘同战：《人民调解制度的革新》，载《法学论坛》2009 年第 5 期。

保障；对于诉前调解成功的，法院会告知当事人可以通过申请司法确认来解决调解协议的效力问题，也保障了调解结果的执行力，以较低成本实现了当事人诉求。

2. 诉前调解实践例证分析

诉前调解是完善诉讼与非诉讼纠纷解决机制的重要衔接方式，笔者经过实证调研发现，诉前调解已成为全国各地法院积极在起诉后至立案前进行审前准备程序探索的重要举措，并取得了良好的效果，笔者仅选取一些具有代表性的具体经验和做法进行深入分析和探讨。

（1）诉前程序分流—源头疏导纠纷机制

近年来，为充分发挥人民调解的优势，各基层法院在案件立案审查阶段，均大力强化诉前分流调解，对未经人民调解的矛盾纠纷，引导当事人选择人民调解的方式解决，减少案件进入司法渠道。这种做法较为被四川省各级法院推崇，具体来说，一是建立诉前告知调解制度。对前来咨询或初次交来的诉状，进行登记，并告知人民调解的好处，对司法解释规定人民调解协议书的效力进行广泛宣传，劝解当事人通过人民调解解决纠纷；二是做好向前延伸服务。对愿意接受人民调解组织调解的，由基层人民法院或者人民法庭做好登记，并向当事人出具介绍信，引导当事人向人民调解组织申请调解。典型的如内江市威远县人民法院于 2009 年成立了（立案）司法调解中心，加大司法调解力度，贯彻执行诉前劝导。按照先调解、后诉讼的原则，对有可能通过诉外调解解决的纠纷，告知当事人诉讼风险，主动宣传人民调解、行政调解工作的特点、优势，劝导、帮助当事人首先选择人民调解组织和相关行政部门调解解决矛盾纠纷。对当事人坚持起诉的，依法立案受理，对来院诉讼、咨询人员，经诉讼引导员劝导、引导至人民调解、行政调解、行业调解等的案件共计 2446 件，引导成功 1520 件。[1] 再如成都市武侯区法院的诉前分流调解机制是当事人到法院立案时，立案法官在了解纠纷基本情况后，对部分符合诉前分流调解的案件以及预判调解组织调解效果可能较好的案件，向当事人发放"人民调解优越性"、"行政调解优越性"指导手册，或者根据当事人的意愿，引导当事人"就近"到法院分流调解大厅。同意调解的当事人可以在约定时间到武侯法院调解大厅，由在法院设立的人民调解、行政协调窗口调解员进行诉前分流调解，尽量将纠纷化解在诉前，极大地节约了司法资源。2010年该院共开展诉前分流调解纠纷 252 件，调结 184 件，调解率 73.02%。[2]

（2）专设庭前调解窗口——法院附设调解机制

2003 年上海市长宁区率先组建了区联合调解人民委员会，开创了在法官主导下以区联合人民调解委员为主体的部分民事纠纷诉前调解机制。2005 年开始长宁区人民法院开始实行独具特色的委托调解：在立案前征得双方当事人同意后把纠纷交给上海市长宁区联合调解委员会在该院设立的"人民调解窗口"进行调解。"人民调解窗口"的调解员由政府以购买服务的方式聘请，即由政府出资聘请有丰富审判经验的退休法官作为调解员。如此调解的纠纷如果调解成功，则以上海市长宁区联合调解委员会的名义出具调解协议书。如果当事人要求法院出具调解书的，则法院先对此纠纷予以立案对调解协议书进行审查，经审查符合法律规定的，则由法院出具调解书。

---

[1]　相关数据来自四川省高级人民法院研究室。

[2]　参见陈畅、钱薇伽：《速度＋保障＝成效　大调解的武侯实践》，载《人民法院报》2010 年 11 月 22 日第 8 版。

民事纠纷委托人民调解，大幅减少了法院一审民事案件受理量，缓解了法官的办案压力，通过调解达成协议，充分体现了当事人的利益诉求，达到了"案结事了"的效果。2008 年，上海市人民调解组织共接受法院委托调解民事纠纷 45343 件，占同期法院民庭收案数的 30%，共调解成功 37645 件，调解成功率为 83%。①

广东省东莞市第二人民法院立案庭在立案大厅专设"庭前调解窗口"，下设人民调解、诉调对接、立案调解三个岗位。案件在诉讼引导阶段，诉导员对当事人进行人民调解的积极引导。当事人到场的当天可排定人民调解的时间，如是双方当事人到场的，当即安排人民调解。为减少不必要的繁琐手续和文件资料来往，当事人申请司法确认在人民调解协议中以条款的形式确定即可，对调解笔录的审查，由当事人增加合法性承诺即可，不必另行书面提出。鉴于人民调解员驻法院现场办公的安排，减少了中间流转环节，使调处效率大为提高。诉调对接窗口与人民调解窗口的并列设置，便于法官对人民调解员指导业务，人民调解的质量和司法确认的效率都得以提高。经人民调解不成功的案件，当事人不必重新取号排队到立案审查窗口立案，直接在庭前审查窗口审查立案。整个流程安排，都是围绕提高效率和便利当事人而设计。从 2010 年 1 月—6 月的数据看②，全院审理民商事案件的平均期限为 73.5 天，比 2009 年同期 105 天缩短 31.5 天。③

---

① 参见吴志明主编：《大调解——应对社会矛盾凸显的东方经验》，法律出版社 2010 年版，第 62—67 页。

② 由于东莞市第二人民法院是 2009 年 1 月 1 日挂牌成立的，故取 2010 年与 2009 年的数据进行对比。

③ 参见陈葵、陈志良、黄秀莉：《论繁简分流与快速处理机制——以一个基层法院的司法运作为样本》，载《法律适用》2010 年第 10 期。

（3）创新型诉前调解——多元化审前调解机制

江西省南昌市经济开发区人民法院今年以来采取"电话调解"的方式进行诉前调解。它主要针对被诉一方当事人在外地而事实基本清楚、争议不大的简易民事纠纷。截至 2010 年 10 月，该院采用"电话调解"方式，已成功诉前调解民事纠纷 31 件。这种既方便当事人，又节约费用，在一定程度上缓解法院案多人少矛盾的调解方式，受到当事人的普遍欢迎。①

2009 年，河南省洛阳市涧西区人民法院针对案多人少、调解率不高的现状，经过充分调研，决定把突破口放在诉前调解上，重点是在调解力量和调解衔接上下工夫，将调解工作向前延伸，努力发挥调解资源最大效能。于是，在党委的领导支持和司法行政部门的大力配合下，成立了诉前调解中心。诉前调解中心设在法院，人员采取"三三制"，由法院抽调的三名调解经验丰富的法官、司法局派驻的三名调解人员以及三名人民陪审员组成，主要职责是完善民事纠纷案件诉与非诉之间的衔接，整合社会调解资源。对于一般民商事案件，当事人起诉到法院时，法院初步审查认为有调解可能的，经当事人同意，在调解中心进行立案预登记，委托人民调解员进行调解。调解不成的，诉前调解中心进行第二次调解，同时注意保障调解时间，避免诉讼时效过期。在人民调解机构达成调解协议的案件，经诉前调解中心审查确认，涧西法院出具赋予法律效力的调解书，保证调解文书的法律强制力。自 2009 年成立以来的短短两年时间里，该院诉前调解中心受理案件 626 件，调解结案 497 件，和解 57 件，转立案程序 72 件，不但有效缓解了审判压力，而且也减少了

① 参见廖群、万俊华：《多年烦心事电话调解了》，载《人民法院报》2010 年 11 月 12 日第 4 版。

当事人的大量的讼累。①

（4）完善诉前调解程序规则—规范性诉前调解机制

江苏省无锡市南长区法院高度重视调解的作用，专门出台了《诉前调解工作规程》和《南长区法院关于人民调解工作室实施意见》等文件，为诉前调解的实施提供了强有力的政策支持，取得了良好的司法效果。2010年1月至9月，南长区法院诉前调解930件，民商事案件调解率60.59%，调解成功率92.80%，同比上升25.43%，在全市基层法院中独占鳌头。该院通过覆盖全区各街道和社区的法院常驻调解点和设于法院以及下属法庭的人民调解室，充分发挥50多名特邀调解员的作用，积极开展协助调解和委托调解工作，实现了诉调双向对接。当前我国社会的矛盾纠纷数量众多、类型各异、关系复杂。南长区法院法官充分认识到这种现实情况，并且认识到如果只是简单援引单一的法律标准，便无法满足纠纷主体不同层次的纠纷解决需求，而调解"柔性司法"的特点可以弥补刚性审判的不足，实现案件法律效果与社会效果的双赢。②

综上所述，各地法院的经验可以总结为以下几个方面：（1）积极主动通过各种方式提供关于诉前调解的信息，包括告知调解、宣传调解、引导调解等。（2）积极利用科技手段保障诉前调解的快速、灵活，如电话调解等。（3）积极创新程序保障当事人顺利进行诉前调解，包括各种便民手段、简化程序等。总的来说，各地方法院在诉前调解中所采取的积极探索均取得了一定的成效，为我国民事审

---

① 参见董扬、高晋：《"小中心解决了大问题"——洞西法院诉前调解工作纪实》，载《人民法院报》2011年1月14日第4版。

② 参见赵正辉、方华：《南长　调与判演绎成"黄金搭档"》，载《人民法院报》2010年12月13日第5版。

前程序继续完善诉前调解提供了丰富的实践经验，也在较大程序上证明了推行之一制度的可行性。但对其完善仍需要相应的配套机制：首先是要按照案件的性质特点由经验丰富的审前法官或者选聘的调解员充当调解人员。因为，一方面，具有丰富调解经验的审前法官或调解员具有对于归属于本庭的案件比较熟悉，可以比较迅捷地发现争议的焦点。另一方面，这些资深审前法官或调解员一般会深得当事人的信任，对于调解协议的达成有很好的促进作用。其次，要设计科学、合理、灵活的程序。由于诉前调解的灵活性和简单性的特点，其所进行的调解行为不需要机械适用实体法和程序的规定，只要是在法律规定的基本规则框架内，可以拥有较大的灵活运用空间。最后，应当充分尊重当事人的主体地位，坚持自愿调解原则。毕竟当事人在诉前的调解是在一种完全不同于法庭的非对抗性的氛围中进行协商，其做出的决定都是出于自身利益的考虑而不会受到外界因素的干扰，这也可以为日后调解协议的自动履行奠定基础。

3. 诉前调解的基本设计

基于各地法院诉前调解的丰富经验，可以总结出其核心理念应当是旨在快速化解纠纷、实现案结事了，与法院的立案庭密切相关，是在立案阶段完善审前程序的重要举措。在此思想指导下对诉前调解又细分为两个阶段，并在不同阶段设计不同的制度保障。

第一阶段（初次调解）：应当在法院立案庭附设专门的调解室。其一，基于当前法院调解室的设计普遍简单、粗糙，笔者建议增加调解室的数量，对于调解室的内部设计应当充分体现当事人平等对话的内涵，从而创造更为和谐的调解氛围；其二，要尽量避免当事人在法院和调解室之间两地跑。"少往法院跑几趟路、少花点路费、少耽误几天时间、少一些复杂的程序，用尽量少的时间、金钱和精力，尽快有效地解决纠纷。"① 其三，调解室的主要成员应由法院委派或者聘请特殊的人士参与，也可以由社会基层组织推荐，特别是聘任离、退休法官等有调解经验、懂法律法规的领导、干部，德高望重、富有威信、调解经验相对丰富的来自村（居）会和其他调解组织的基层人士等等。其四，就操作流程而言，在案件送到立案庭准备立案之前，应当根据实际情形在征得当事人同意后通知另一方或者多方当事人到庭②，然后送到专门调解室，由以上所委派、聘请或者推荐的人员着手进行调解：如果调解成功则达成调解协议或者符合有关条件时由法院及时予以司法审查和确认；如果调解不成功，则进入下一阶段。

第二阶段（再次调解）：即将案件送到立案庭具体负责立案的法官面前，由立案法官进行预登记③，预登记后，权衡起诉和调解的利弊得失以便在征得当事人同意的情况下再次进行调解。如果调解成功，就依法达成调解协议，由法院依法予以司法审查和确认；如果调解不能成功，则依法立案，送交承办法庭，由承办法官予以处理，承办法官可以调解，也可以审理。

（二）司法确认

司法确认，是人民法院对人民调解协议效力的进行确认从而赋予其强制执行力的过程。在我国，包括人民调解在内的民间调解基

---

① 蒋惠岭、李邦友、向国慧：《进一步完善人民法院调解工作机制》，载《中国审判》2009 年第 9 期。

② 这是一般情形，如果当事人共同到庭就可直接调解。

③ 关于立案预登记可以参见河南省南阳市中级人民法院课题组：《立案预登记与非诉调解的有机衔接——关于立案预登记和委托调解制度运作模式的调研》，载《法律适用》2009 年第 12 期。

本是自发性或半自发性的，法官参与度低，达成的调解协议也存在效力不确定的弊端，当事人多有反悔情形，履行率较低，逐渐成为制约人民调解制度发展的瓶颈，也是导致调解在历史上曾经萎缩的原因之一。而司法确认程序通过审查确认人民调解协议的有效性，赋予了其强制执行力，可以有效地将调解的自愿性和快捷性与司法的规范性和权威性集于一体，既增强了人民调解的公信力又突出了法院对人民调解的规范、引导和监督作用。域外多有此类立法例，如"我国台湾地区的乡镇市调解条例就明确规定，乡镇市公所应于调解成立之日起七日内，将调解书送达管辖法院审核。调解经法院核定后，当事人就该事件不得再起诉告诉或自诉。经法院核定之民事调解与民事确定判决具有同一之效力。"①

　　另外，我国的司法确认制度与德国法上的律师和解制度较为相似。律师和解是 1990 年德国司法减速化法中新增的制度，其立法背景是因为 1970 年至 1990 年间第一审民事诉讼案件增加了 60%，为了抑制"诉讼洪水"，促成法院以外纷争解决，减轻法院负担而设置的。在 1998 年大幅度修正仲裁程序一章时，律师和解被改列于强制执行程序编。大致内容如下：纠纷双方的律师经双方本人委托授权，以本人名义订立的和解文书，如果文书载明债务人同意接受强制执行及和解成立日期，并送和解成立时一方当事人普通审判籍所属区法院备查（即保管），基于一方当事人的申请，法院如果宣告许可其执行者，得为强制执行。经双方当事人同意，和解文书要保存在前款规定的管辖法院所在地的公证人处，并由公证人宣告许可执行。公证人如果拒绝为许可执行，应附理由。当事人得向管辖法院申请，

---

① 江伟、廖永安：《简论人民调解协议的性质与效力》，载《法学杂志》2003 年第 2 期。

由法院裁判废弃公证人拒绝许可执行的决定。为了使权利人能够迅速取得执行名义，现行德国法规定，"法院就执行许可之宣告，以裁定为之，非行必要之言词辩论，且就该裁定不得申明不服，而且具有非讼程序之简速性。"①

可见，司法确认是诉讼与非诉相衔接的重要机制，是诉前调解制度有效发挥功能的重要保障，也是在起诉后至立案前审前程序完善过程中重要的一环，对其进行深入研究和改进是重构我国民事审前程序的关键举措。

1. 司法确认探索

（1）司法确认相关依据

人民调解协议司法确认的规范性依据主要经历了三个发展阶段，即早期司法解释阶段、强势的司法政策阶段和成型的法律制度阶段。具体阐述如下：

第一个阶段缘起于 2002 年最高法院发布的《关于审理涉及人民调解协议的民事案件的若干规定》（以下简称《2002 年若干规定》）的司法解释。该司法解释第 2 条规定：当事人一方向人民法院起诉，请求对方当事人履行调解协议的，人民法院应当受理；当事人一方向人民法院起诉，请求变更或者撤销调解协议，或者请求确认调解协议无效的，人民法院应当受理。在这一阶段并不能真正称之为"司法确认"，因为这一阶段尚无人民法院不经过庭审直接赋予人民调解协议强制执行法律效力的规范性依据。

第二个阶段缘起于 2007 年《最高人民法院、司法部关于进一步加强新形势下人民调解工作的意见》。该意见确立了人民法院根据当

---

① 沈冠伶著：《诉讼权保障与裁判外纷争处理》，元照出版公司 2006 年版，第 325 页。

事人的申请应当依法对调解协议进行司法确认。进而 2009 年《最高人民法院关于建立健全诉讼与非诉讼相衔接的矛盾纠纷解决机制的若干意见》出台，重述了《2002 年若干规定》的部分内容，并在第四部分对调解协议的司法确认程序进行了规范和完善。该意见规定，"经行政机关、人民调解组织、商事调解组织、行业调解组织或者其他具有调解职能的组织调解达成的具有民事合同性质的协议，经调解组织和调解员签字盖章后，当事人可以申请有管辖权的人民法院确认其效力。当事人请求履行调解协议、请求变更、撤销调解协议或者请求确认调解协议无效的，可以向人民法院提起诉讼。"为了使这种司法确认程序具有可操作性，该意见在后面逐款明确了司法确认的管辖法院、申请和受理、确认程序、不予确认的情形、裁判文书及效力。这些规范性文件使得司法确认成为一种主导性司法政策，并在司法实践中为各级人民法院所积极探索，为后来的相关民事立法奠定了坚实的基础。

第三个阶段缘起于 2010 年全国人大常委会通过的《人民调解法》。其亮点之一是明确了人民调解协议的效力和司法确认制度，使该项制度上升到法律的地位，使其被确立为国家司法制度之一。该法明确规定，经人民调解委员会调解达成的调解协议，具有法律约束力，当事人应当按照约定履行。同时，首次通过立法确立了对人民调解协议的司法确认制度，即对经人民调解委员会调解达成调解协议后，双方当事人认为有必要的，可以自协议生效之日起三十日内共同向人民法院申请司法确认；人民法院确认调解协议有效，一方当事人拒绝履行或者未全部履行的，对方当事人可以向人民法院申请强制执行。此后，2012 年民事诉讼法进一步巩固了这一立法改革成果，并在第 194 条对司法确认制度予以了确认，为其在诉讼法层面提供了直接法律依据。

另外，基于《人民调解法》"经人民调解委员会调解达成的调解协议，具有法律约束力，当事人应当按照约定履行。"与此相应的规定了人民调解委员会调解达成的调解协议的司法确认程序。这种情况下，当事人也就不能直接向法院起诉请求对方当事人履行调解协议，而只能在必要时共同向法院申请司法确认。法院确认调解协议有效的，一方当事人拒绝履行或者未全部履行的，对方当事人可以向人民法院申请强制执行。如果确认无效的，当事人可以通过人民调解方式变更原调解协议或者达成新的调解协议，也可以就原纠纷向人民法院另行提起诉讼。

（2）司法确认实践

《人民调解法》关于民事调解协议司法确认程序是对甘肃省定西市法院试行的"诉前司法确认机制"的总结和完善。由于人民调解组织等非诉讼调解组织对矛盾纠纷进行调解达成的协议不具有法律效力，协议达成后，如果一方当事人反悔不予履行，另一方不能据此向人民法院申请强制执行，只能另行起诉。这样既浪费调解力量和司法资源，又增加当事人诉累，还容易将小纠纷酿成大案件，引发上访缠诉。针对这种情况，2007 年 1 月 21 日，时春明代表甘肃省定西市中院向定西市二届人大一次会议所作的法院工作报告率先提出开展"人民调解协议诉前司法确认机制"试点的工作方案。2007年 11 月 21 日，定西市中级人民法院审委会讨论通过《关于人民调解协议诉前司法确认机制的实施意见（试行）》，决定将渭源县人民法院等试点法院的经验向全市推广。2008 年 1 月 1 日，定西市法院和市司法局联合下发实施意见，在定西市全面推行"诉前司法确认机制"。2008 年 5 月，因率先开展"诉前司法确认机制"工作，定西市中级法院被最高人民法院确定为全国多元化矛盾纠纷解决机制改革试点的中级法院之一。

所谓"人民调解协议诉前司法确认机制"，就是人民调解委员会等非诉讼调解组织对当事人之间的矛盾纠纷进行调解达成协议后，经当事人申请，人民法院经过审查认为协议内容合法，就可以出具法律文书确认该调解协议有效。确认后的人民调解协议具有法律效力，当事人必须履行，不能反悔也不能另行起诉；如果一方拒绝履行协议，另一方当事人可直接申请人民法院强制执行。该机制将本无法律强制力的非诉调解协议经过严格的司法审查后，对合法公正的协议进行司法确认，赋予其法律强制执行力，使貌似已经得到解决而实际上仍处于不确定状态的矛盾纠纷通过司法确认使其处于法律确定的状态中。

2008 年 11 月中旬，甘肃省高级人民法院院长梁明远赴定西调研指导"诉前司法确认机制"工作，提出将在适当时候召开现场会，向全省推广这一解决纠纷的新机制。2009 年 5 月 15 日，甘肃省综治委、省高级人民法院、省司法厅联合下发《关于推行人民调解协议诉前司法确认机制的意见》，明确要求向全省推行定西市实施的人民调解协议诉前司法确认机制。当月 22 日，甘肃省在定西市召开了"全省人民调解协议诉前司法确认机制现场会"。在这个会议上，时任甘肃省委常委、政法委书记、省综治委主任罗笑虎强调，全省各级党委、政府要把"诉前司法确认机制"建设作为化解矛盾纠纷、维护社会和谐稳定的一件大事来抓，要通过多种途径和方式在群众中广泛宣传，引导当事人优先选择省时、省力、省钱的诉前司法确认机制解决纠纷，以合理分流民间矛盾纠纷，真正体现调解优先的原则，定纷止争，促进和谐。甘肃省高级人民法院院长梁明远要求，各级人民法院要充分认识"诉前司法确认机制"在完善社会矛盾纠纷调处机制、从源头上有效预防和化解人民内部矛盾、维护人民群众根本利益、实现纠纷解决的法律效果与社会效果有机统一、维护社会和谐稳定等方面的重大意义，使这一机制成为能够更加便捷高效地解决人民群众民生问题、进一步提高人民调解公信力的纠纷解决方式。时任甘肃省司法厅厅长王禄维表示，"诉前司法确认机制"对人民调解工作的组织建设、队伍建设和工作质量等方面提出了新的更高的要求，各级司法行政机关要坚持"调解优先"原则，充分发挥职能优势，大力加强人民调解组织建设，加大调解员培训力度，规范调解程序提高调解质量。据了解，这次现场推广会议让"诉前司法确认机制"走出了定西，同时摆脱了以法院为主搞改革、其他部门组织难协调和社会群众难发动的状况。

2009 年 7 月 24 日，《最高人民法院关于建立健全诉讼与非诉讼相衔接的矛盾纠纷解决机制的若干意见》第 20 条规定和第 25 条规定，全面采纳、吸收了甘肃省首创并率先推行的"诉前司法确认机制"的主要内容。此时，这一机制上升为国家层面的"司法解释"，开始面向全国实施。2010 年颁布的《人民调解法》和 2012 年修正的《民事诉讼法》更是将这一机制上升到了法律层面。

"诉前司法确认机制"经过 3 年多的实践，自 2007 年 3 月开始试点至 2010 年 6 月底，定西市法院共确认 3395 件，执行率 100%，其中自动履行率 99.41%。自 2009 年以来，甘肃全省法院共办理诉前司法确认案件近 2000 件。[①]"人民调解协议诉前司法确认"在甘肃省很多基层地方已经成为一项常态化工作，该机制成为了甘肃继马

---

① 参见《甘肃定西首创"诉前司法确认机制"写入民调法草案》，http://www.legaldaily. com. cn/bm/2010 - 06/30/node_ 20728. htm，最后访问日期：2010 年 11 月 4 日。

锡五审判方式后的又一项创造性贡献。

除甘肃定西法院外，很多地方法院也在积极地探索司法确认机制，比如浙江省各级法院、四川省各级法院、福建省莆田市人民法院、广东省各级法院。这些法院在推行司法确认过程中，除了存在一些共性外，也存在一定的差异，具体体现在如下几个方面：①关于司法确认的方式问题。有的法院主张采取诉讼程序的方式确认，即纠纷达成调解协议后再按照一般的民事案件立案，经人民法院审查后按照调解协议的内容制作民事调解书。有的法院主张采取非诉讼程序予以确认，即直接根据当事人的申请通过审查程序赋予调解协议以强制执行力。②关于司法确认结论文书的形式问题。实践中有调解书、确认书、决定书等多种做法。③关于司法确认是否收费的问题。有的法院主张要收取一定的费用，为调解工作落实物质保障，刺激非诉调解组织的积极性；有的法院主张不收取任何费用，刺激当事人调解的积极性。这些做法当中的一些最终被《诉调对接意见》和《人民调解法》所吸收，各地方法院的探索均为司法确认机制的最终形成起到了促进作用。

2. 司法确认相关法理探析

（1）关于"调解协议"性质的争议

最高法院于 2002 年发布的《关于审理涉及人民调解协议的民事案件的若干规定》（以下简称《调解若干规定》）第 1 条规定，"经人民调解委员会调解达成的、有民事权利义务内容，并由双方当事人签字或盖章的调解协议，具有民事合同性质。"将"调解协议"定性为"具有民事合同性质，"这种观点存在某些不妥之处，有待于进一步商榷。笔者认为根据相关法理，调解协议是不能被视为合同，因为调解协议和民事合同有着本质上的区别。

其一，调解是解决纠纷的一种方式，调解协议是这种纠纷解决方式完成后的解决结果。调解协议的对象是发生争议的民事法律关系，即发生争议的民事法律关系是调解协议的客体，调解协议的目的是使遭到破坏的民事权利义务关系予以重新确定；民事合同则是引起纠纷发生的基础事实之一，是基于一定的民事法律事实而产生的双方当事人的权利义务关系，民事合同的目的是设立、变更或终止民事权利义务关系，不是纠纷的解决结果。

其二，调解协议是在人民调解员的主持下达成的，不仅需要双方当事人的合意与签字，更需要人民调解委员的确认并签字盖章；民事合同是双方当事人在自愿、平等协商的基础上达成的，是双方当事人意思表示一致的结果，一经双方当事人签字盖章或者符合民事合同的其他成立方式时就产生相应的法律效力。与此相关的是，合同要受相对性规则的约束，合同的双方当事人对合同发生纠纷时，只能以对方当事人为被告提起诉讼，这是合同相对性所决定的。而调解协议不受合同的相对性约束，调解协议的约束力主要靠当事人的道德水平和诚信理念，自觉履行，"说话算话"是老百姓最朴实的衡量人诚信的标准。如果当事人对调解协议的履行或者调解协议的内容发生争议的，则不能以调解委员会为被告提起诉讼，也即调解委员会不可能像合同一方当事人般承担合同的权利义务，此为调解协议与合同的本质区别。

其三，"一般民事合同一旦被撤销，或宣告无效，其法律后果是返还财产或赔偿损失；而人民调解协议一旦被撤销或者宣告无效，原纠纷继续存在，当事人仍可以原有的争议法律关系向人民法院提起诉讼。"①

基于上述分析，认为"调解协议具有民事合同性质"的观点显然缺乏理论依据，2002 年《调解若干规定》如此规定也极为不妥，不仅不符合司法规律，而且在一定程度上误导了以后的立法实践，导致以后的与调解相关立法主导理念上错误。《调解若干规定》第 2 条："当事人一方向人民法院起诉，请求对方当事人履行调解协议的，人民法院应当受理。当事人一方向人民法院起诉，请求变更或者撤销调解协议，或者请求确认调解协议无效的，人民法院应当受理。"2009 年最高人民法院发布的《诉调对接意见》第 11 条也规定，"经商事调解组织、行业调解组织或者其他具有调解职能的组织调解后达成的具有民事权利义务内容的调解协议，经双方当事人签字或盖章后，具有民事合同的性质。"第 20 条"经行政机关、人民调解组织、商事调解组织、行业调解组织或者其他具有调解职能的组织调解达成的具有民事合同性质的协议……"，显然这些规定实质是将调解协议等同于民事合同，受到了 2002 年《调解若干规定》"调解协议具有民事合同性质"规定的影响，也是不妥当的。

基于此，司法实践中参照合同法的规定将调解协议确定为给付之诉、形成之诉和确认之诉，并依据这些合同法上的诉讼类型能将调解协议作为审理对象是非常值得反思的。首先，当事人一方向人民法院起诉，请求对方当事人履行调解协议的，通常是因为对方当事人没有履行调解协议，这时构成了给付之诉。此给付之诉的诉讼标的是调解协议确定的权利义务，法院受理以后的审理范围是该调解协议本身。尽管对方当事人以调解协议的撤销或无效进行抗辩，

---

① 江伟、廖永安：《简论人民调解协议的性质与效力》，载《法学杂志》2003 年第 2 期。

也不能改变诉讼标的。法院经过审理如果作出对原告的诉讼请求予以支持的判决，该判决同时也是对调解协议本身的确认。如果法院经过审理认为被告关于撤销调解协议或无效的抗辩成立，则可依双方当事人的主张将审理的范围突破调解协议本身而扩展到原来的纠纷；其次，当事人一方向法院起诉，请求法院对调解协议进行变更或予以撤销的，则构成典型的形成之诉。如果法院经过审理支持原告的诉讼请求，法院可以依当事人的主张对原来的纠纷进行审理并作出裁判。这时形成之诉就转化为给付之诉，案件的审理范围也由调解协议转化为原来的纠纷。如果法院经审理驳回原告的诉讼请求，则可以视为对调解协议本身效力的确认，对方当事人可以向法院申请强制执行；最后，当事人请求法院确认调解协议无效的情形，笔者认为属于确认之诉。如果法院经过审理驳回原告的诉讼请求，则同样对调解协议本身的效力作出了确认，对方当事人可以据此申请强制执行。如果法院经过审理对原告的诉讼请求予以支持，则调解协议自始无效。当事人可以选择另行起诉，或者把双方的原纠纷交由其他诉讼外的纠纷解决方式解决。在这个过程中如果双方当事人的攻击防御涉及原纠纷时，法院的审理范围也可以超出调解协议的范围，对调解协议的效力及原纠纷一并作出判断，这时确认之诉又转化为给付之诉。

（2）司法确认的对象

2010 年《人民调解法》和 2012 年《民事诉讼法》均规定司法确认程序只适用于人民调解委员会调解达成的调解协议，其他经行政机关、人民调解组织、商事调解组织、行业调解组织或者其他具有调解职能的组织调解达成的调解协议则不适用。这些规定使得当前司法确认的适用范围较窄，有待于通过制定统一的"调解法"予以拓展。笔者认为，在统一的"调解法"制定前，按照《人民调解法》与其他司法文件的效力等级比较，其他调解协议应当可以当然参照人民调解协议的性质适用司法确认，目前的司法实践中，也已经有部分法院开始探索。2009 年底，江苏省高级人民法院总结近年来的诉调对接工作经验，深入三级法院广泛调研，广泛征求意见，制定并由由审判委员会通过《关于调解协议效力司法确认程序若干问题的意见》。为贯彻实施人民调解法，进一步全面细致规范法院诉前调解提供了具体司法指导意见。调解协议司法确认程序不仅适用于人民调解达成的协议，而且适用于经人民调解、行政调解、社会调解等各类非诉调解机制达成的具有民事合同性质的协议。《意见》规定，当事人一方拒绝履行调解协议的，或经调解组织督促履行，当事人一方仍拒绝履行的，另一方当事人可以依法向被执行人住所地或被执行人财产所在地的人民法院申请强制执行。①

（3）强化司法确认的必要性

调解协议由于主要是调解员参与，而调解员又来自于各个不同的领域，具有不同的专业背景，没有经过统一的培训，其素质可能参差不齐。人民法院对于人民调解组织又有着指导和监督的职能，出于这些原因的考虑，法律没有赋予调解协议直接的执行力，而只规定调解协议具有一定程度上的确定力。根据《人民调解法》和2012 年《民事诉讼法》相关规定，调解协议必须经过法院的司法确认才具有执行力，因完善这一制度具有重要意义。

一方面，司法确认可以弥补人民调解协议的局限性。根据我国现行民事诉讼法和人民调解法的规定，人民调解委员会依照法律规

---

① 参见朱旻：《江苏完善诉调对接机制》，载《人民法院报》2010 年 11 月 22 日第 1 版。

定，根据自愿原则进行调解。当事人对调解达成的协议应当履行，不愿意调解、调解不成或者反悔的，可以向人民法院起诉。也就是说调解协议可以不算数，当事人想让它履行就可以实现履行，当事人不想让它履行时，调解协议就作废了，人民调解委员会的存废也因此曾经受到过质疑。当事人对调解协议反悔后，又将纠纷起诉到法院，法院作出裁判后在执行过程中又会出现各种各样的问题，当事人有可能还不断缠访、闹访。于是形成了"调解、反悔、诉讼、执行难、上访"的局面。这种局面不仅使当事人耗尽时间、精力，而且增加了人民法院的工作压力，浪费司法资源。其根本原因在于人民调解协议缺乏法律强制执行力以及相应的公定力，而司法确认程序的完善，使得经过法院的审查赋予便可调解协议的执行力，有效解决了人民调解协议的效力瓶颈问题，保障了人民调解委员会制度的有序运行，强化了其定纷止争功能的有效发挥，凸显了其在多元化纠纷解决机制中的地位。

另一方面，司法确认的重要意义还在于可以节约司法资源、提高司法效率。在"调解、反悔、诉讼、执行难、上访"这种局面过程中，或许会有一些案件得到解决，但更多是不能得到妥善的解决或者有些案件虽然经历了所有的程序最终根本没有得到解决。司法确认这一程序可以对经过人民调解委员会调解的案件起到很好的"过滤"作用，令许多适合通过人民调解委员会调解结案的纠纷通过司法确认程序得到最终的解决，阻止其进入诉讼程序。这对于减少法院的案件数量、减轻法院的案件压力起到积极的缓冲作用，法院因此也可以集中精力处理应当通过诉讼解决的纠纷，既节约了司法资源，提高了司法效率，也提高了办案质量。从当事人的角度来看，司法确认可以使当事人不必经历"调解、反悔、诉讼、执行难、上访"过程所带来的痛苦，免受其不必要的讼累。总之，司法确认程序对于对整个司法制度甚至整个社会都会起到积极的作用。

（4）司法确认的具体情形

当事人对经各种调解组织调解处理后所达成的调解协议申请司法确认的情形大致可以分为以下几种。

第一种情形是当事人在接受各种调解组织的调解并达成调解协议以后，再共同到法院申请司法确认。这种情形因为申请司法确认以前没有法院的参与，调解很好地处理了纠纷，避免了法院参与所带来的各种弊端。申请司法确认后不仅能使权利义务关系得到法律的保护，对于维护财产和人身的稳定也起到积极的作用。因此，这种情形下经行政机关、商业组织、行业组织等调解达成的调解协议，对其的司法确认是不存在任何问题的。

第二种情形是与当前的多元化纠纷解决机制相联系的，即《诉调对接意见》第 14 条规定的"诉前调解"或"委派调解"。实践中，只要当事人达成调解协议并向法院提出要求的，法院立即办理立案手续并制作和出具调解书，这也可以理解为一种对调解协议效力进行司法确认的方式。典型的案例江西省萍乡安源区法院模式，江西省萍乡安源区法院为了迎合社会巨大的多元化空间，较好地缓解法院的审判压力，通过借鉴国外 ADR 机制等相关经验，建立了"诉前司法性调停机制"。凡是调停成功的案件，调停中心向当事人出具调停协议。为保证调停协议的切实履行，该院引进了司法确认程序，即调停协议达成后，双方当事人可以向法院提出申请，由法院以决定书的形式对协议的效力予以确认，决定书一经送达即发生法律效力。一方当事人拒绝履行或者未全部履行生效决定书义务的，对方当事人可以向法院申请强制执行。① 实际上，很多法院在采取诉前调解成功后再立案并出具调解书这种方式时，多是在"诉前调解中心"、"诉调对接中心"等进行，其过程中或多或少有现职法官的参与。②就这种模式而言，笔者认为通过设立"诉前调解中心"或"诉调对接中心"，在立案阶段以出具调解书的方式来对调解协议进行司法确认，必须有现职法官的参与，否则便不具备合理性。因为立案并制作调解书是正式的司法程序，没有现职法官的参与很难保障调解行为的正当性，进而也就无法保障司法确认程序的正当性。

第三种情形是《诉调对接意见》第 15 条的"立案调解"或"委托调解"。这种情形因为是立案后再委托其他组织进行调解，因此当事人可以通过撤诉来化解纠纷或者通过制作调解书来结束案件。但是如果是当事人申请司法确认，则应当认为是一旦将已经受理的案件委托给其他组织进行调解，诉讼程序即视为中止，调解期间也不计入审理期限。"对于审前和审中委托调解来说，由于法院已经立案，案件进入了诉讼程序，法院委托调解前需要裁定中止民事诉讼程序，委托调解期间不应计入审限。"③ 如果调解不成功就恢复审理，诉讼程序继续进行；如果调解成功并达成调解协议，当事人可以申请撤诉的方式或者制作调解书的方式结案；当事人选择申请司法确认的话，案件则进入非讼性质的司法确认程序，法院以"决定"的方式作出有效或无效的确认而结案。

---

① 参见姚晨奕等：《国际司法性 ADR 的中国化实践》，载《人民法院报》2010 年 12 月 6 日第 5 版。

② 相关内容可参见祖先海：《天津诉讼服务中心调查》，载《人民法院报》2009 年 4 月 21 日第 8 版。

③ 肖建国：《司法 ADR 建构中的委托调解制度研究——以中国法院的当代实践为中心》，载《法学评论》2009 年第 3 期。

（5）司法确认的申请

《人民调解法》第 33 条第 1 款规定，"经人民调解委员会调解达成调解协议后，双方当事人认为有必要的，可以自调解协议生效之日起三十日内共同向人民法院申请司法确认，人民法院应当及时对调解协议进行审查，依法确认调解协议的效力。"该款明确规定了向人民法院申请司法确认必须是双方当事人共同申请，如果一方当事人单独申请不符合法定的申请司法确认的程序。笔者认为，立法如此规定是从以下两方面考虑：一方面是从保障当事人合法权益的角度出发。当今社会出现了诸多诚信缺失的现象，如偷工减料、掺杂使假、短斤缺两、以次充好、损人利己等等。如果允许一方当事人单独申请司法确认，可能会出现一方当事人为了自身利益，在对方当事人不知情的情况下作出损害一方当事人利益的情形发生。另一方面是因为双方当事人是利益发生纠葛的双方，虽经调解达成了协议，但仍然存在一方或双方当事人可能反悔的情形。为了保证司法确认必须是在双方当事人自愿的情形下申请，立法作出了以双方当事人的申请为必要条件的规定。

但笔者认为此规定在实践中的可行性，因为双方当事人经过纠纷的发生、调解过程，内心的纠结并非完全解开，或许还有情绪、或许还有不满甚至怨恨，因为其他一些原因不得不妥协达成了调解协议。这种情形下，双方很难再和和气气地携手自愿去申请司法确认。同时，要求双方共同申请司法确认也需要双方在时间、精力上相应的付出，而对于当事人来讲是很困难的事情。因此申请的方式最好是委托人民调解委员会申请。如果是经过诉前调解和委托调解达成的调解协议同样可以委托调解人员申请司法确认。在接受人民调解委员会调解、诉前调解、委托调解的过程中可以随时委托人民调解委员会或调解员对即将达成的调解协议向法院申请司法确认，这样既节约了当事人的时间和精力，也确保了司法确认的可行性。至于委托的方式，可以由双方当事人出具委托书，也可以在调解文书中加入关于"是否同意申请司法确认"的格式条款，供当事人选择。

3. 司法确认中的重点问题

《人民调解法》中只有第 33 条一个条文对司法确认进行了规定。虽然它将司法确认这项制度上升到了法律层面，但其规定较为简略，缺乏完整的规则体系。相比较而言，《诉调对接意见》中关于"规范和完善司法确认程序"一节对其规定还稍显详细。再结合《调解若干规定》，笔者认为对司法确认的认识有两个重要的问题是必须明确的。

（1）司法确认程序的法律性质问题

从详细规定司法确认程序的《诉调对接意见》可以得出结论：司法确认程序属于非讼性质的程序。因为，其一，当事人向法院申请司法确认时需共同向法院提出确认申请。与此相关的是，当事人的身份是共同申请人，而不是原告、被告，且当事人提交的是申请书，而不是起诉状或者答辩状。这些都表明司法确认是双方当事人之间没有权益争议的非讼程序。其二，司法确认主要是由案件审判员采取询问的方式进行审查，而不是采取开庭审理中的陈述、辩论等攻防对抗的方式。其三，司法确认的司法文书采用决定书，而不是诉讼程序中使用的判决书、裁定书或者调解书。

（2）司法确认决定书的既判力问题

尽管司法确认决定书的终局性效力是维护程序稳定和统一的重要因素，但现阶段还不应赋予司法确认决定书以既判力，这也是明确司法确认程序功能定位的关键问题。因为，一方面，司法确认程序不属于诉讼程序，缺乏实质性的攻击防御对抗过程等其他程序保障。也就是说主要是采取形式审查，其产生的结论即决定书由于双方当事人提出主张和证据的机会没有得到最大限度的尊重和保障，而不应当具有既判力。另一方面，我国当前调解人员的素质和工作水平有限，司法资源分布不均衡。在这种情况下如果赋予司法确认决定书既判力的话，会导致法律效力过度赋予之嫌，其效力会超过仲裁裁决的效力。仲裁裁决可能会因受到法院申请撤销仲裁裁决和申请不予执行仲裁裁决两次实质性审查而居于纠纷解决体系效力最高的层次。

二、审前程序阶段Ⅱ：立案后至答辩前

（一）委托调解与邀请调解

1. 委托调解

《诉调对接意见》第 15 条规定了立案调解或称委托调解，即"经双方当事人同意，或者人民法院认为确有必要的，人民法院可以在立案后将民事案件委托行政机关、人民调解组织、商事调解组织、行业调解组织或者其他具有调解职能的组织协助进行调解。当事人可以协商选定有关机关或者组织，也可以商请人民法院确定。"就本质而言，委托协助调解是人民法院邀请有关单位协助人民法院进行调解的重要方式之一。"委托调解系《调解规定》在总结各地法院诉讼调解社会化、诉调对接与'大调解'改革经验的基础上，努力构建多元化纠纷解决机制，借助社会力量调处纠纷，并由法院对调解

协议依法予以确认的创造性规定。"① 调解结束后，有关单位或组织应当将调解结果告知人民法院。调解成功的，当事人可以申请撤诉、申请司法确认，或者由人民法院审查后制作调解书；调解失败的，人民法院应当及时将案件进入下一个诉讼阶段。

(1) 委托调解的重要功能

域外许多国家和地区均有关于在立案阶段调解的规定。如德国，"于2001年1月1日生效的《德国民事诉讼实施法》第15a条是德国第一条具有较广泛效力、规范起诉前强制调解的法律，它的问世揭开了德国民事调解的新篇章。"② 我国台湾地区的民事诉讼法也规定了11种强制审前调解的案件。可见，无论从域外先进经验看，还是从我国现实国情看，委托调解均具有重要意义。

首先，它有利于及时解决民事纠纷，进行有效的程序分流。市场经济带来经济活动急速增加的同时，由于社会诚信体制欠缺，随之出现了大量的纠纷。这些纠纷涌向法院，尤其令经济发达地区的法院不堪重负，使得案多人少的巨大压力成为各级法院面临的重要难题。在案件数量不断激增而办案人员相对较少的情况下，将一部分适宜调解化解纠纷的案件委托给其他组织或个人进行调解，势必起到分流案件、减少法院压力的积极作用。正如"美国最后真正进入审判程序的只有5%至7%的案件。所以，美国一个法官一年审理400件左右的一审案件，但真正进入审判程序的只有20件左右。"③因此，通过委托调解积极实行程序分流有着重要意义，即可有效减

① 肖建国：《司法ADR建构中的委托调解制度研究——以中国法院的当代实践为中心》，载《法学评论》2009年第3期。

② 章武生、张大海：《论德国的起诉前强制调解制度》，载《法商研究》2004年第6期。

③ 孙泊生：《美国法院的调解制度》，载《人民司法》1999年第3期。

少民事案件进入审判程序的数量客观上会使法官集中精力裁判进入审判程序的案件，减少一些不必要的干扰，会提高法官判案的质量，有助于重塑中国法院和法官的权威及良好形象。

其次，委托调解具有自身化解纠纷的魅力。它是在双方当事人较为宽松、和睦的氛围下化解双方的矛盾，减少双方当事人的敌对性，和平解决纠纷。该阶段的调解意味着纠纷可能在双方当事人的合作关系、夫妻关系、朋友关系、亲戚关系等在破裂前得到有效解决，特别是在当今市场经济环境下，更有助于维护纠纷当事人之间的合作关系，这也是符合我国国情和历史传统的。同时这阶段的调解多是采用委托调解的模式，不管是法院特聘的调解员还是委托其他部门调解的，其调解员或被委托的调解部门都是具有丰富调解经验的，比如妇联、工会交警部门。他们都长期在基层，有丰富的群众工作经验和调解工作经验，又具有某方面专业知识和经验，因而能比较顺利的化解纠纷，也就有助于减少法院的案件数量并有效满足了法院化解纠纷的需要。

再次，委托调解具有实体法和程序法上更多的灵活性。由于此时尚未进入到审判阶段，调解行为可以灵活适用实体法和程序法的相关规定，在法律规定的基本原则的指导下，委托调解可以具有较大的灵活性并给予纠纷双方一定的交易空间。同时，为社会主体解决纠纷提供了更为便捷和适宜的渠道，实际上是扩大了司法利用的范围，导致了传统的诉讼文化的某种转变，大大缓和诉讼的对抗性，使其更多地向和解性转变，理性的、平和地解决纠纷的方式受到推崇。①

---

① 参见徐文杰：《建立独立的诉前调解程序构想》，http://www.chinacourt.org/html/article/200504/07/157409.shtml，最后访问日期：2010 年 10 月 27 日。

（2）委托调解的实践例证

在《诉调对接意见》发布前，各地方法院已经开始委托调解的探索工作，例如，上海浦东新区人民法院通常在立案时，由法院征求双方当事人的意见，如果都同意调解，则由当事人从法院准备的调解员名册中选择调解员，由法院立案庭确定调解的时间和地点，并由当事人选择的调解员主持调解。调解成功后，立案庭立即通知审判庭诉前调解案件审核法官到场审核，经审核后，立案庭当即办理立案手续，将案件移交给审核法官，调解成功需要制作调解书的，由审核法官根据调解笔录制作调解书。① 《诉调对接意见》正是在总结这些实践探索的基础上制定的。有代表性的委托调解具体做法有：

做法一：在立案庭设立速裁组——实现法院内机构紧密配合。

广西壮族自治区南宁市江南区人民法院自 2003 年开始就在立案庭设立速裁组。2008 年以后，该院就强调抓住立案各个阶段可能达成调解协议的环节，加大调解力度，使立案调解在时间、地点、方式、主持调解的主体等方面实现多元化，在立案庭内部形成一个行之有效的工作链。这种模式的最大特点就是要求立案审查必须做到一强一快。"强"是指强化当事人调解意识，在审查立案时向当事人说明调解结案的益处，并向其发放调解建议书，告知立案调解法官的姓名、联系方法。让当事人填写民事诉讼案件信息反馈表，了解双方当事人的诉讼意图、调解意愿。"快"是指快速立案。对于当事人有调解意愿的，做到即时立案。2009 年该院引进了银行 POS 机缴费系统，开通缴费"绿色通道"，免去了当事人法院银行两头跑之苦，大大提高了立案速度和立案调解的效率。

---

① 参见李浩：《委托调解若干问题研究——对四个基层人民法院委托调解的初步考察》，载《法商研究》2008 年第 1 期。

做法二：成立立案调解中心或工作室——强化探索创新。

四川省宜宾市两级法院专门成立了立案调解工作领导小组，负责全市立案调解工作的组织、协调和落实，并成立了立案调解中心，抽调 3 名同志专门负责立案调解工作，推行导诉员制度，引导当事人自愿选择调解方式处理纠纷。据统计，2009 年 7 月至 12 月中级法院立案调解中心新收民商事上诉案件 63 件，经立案调解中心调解达成协议、撤回上诉等 32 件，立案调解率达 50.8%，各基层法院共立案调解各类案件 671 件，使很多纠纷在短时间内得以化解。①

基于基层社区工作人员善于处理民间纠纷的特点，浙江省德清县法院乾元法庭于 2008 年聘请了冯伟平作为专职陪审员，专门为其设立工作室，将离婚、抚养、赡养等婚姻家庭类案件和其他简单的民事案件委托其进行庭前调解，使调解员的职能进一步得到了拓展。实践证明这一尝试取得了良好的效果。2008 年 7 月至今，冯伟平共受委托参与调解案件 360 余件，调解成功 270 余件，调解成功率为 73.4%。人民陪审员参与庭前调解既发挥了人民陪审员的作用，又减轻了法官的审判压力，取得了事半功倍的效果。②

做法三：法院联合其他机构"合力调处"——实现全面紧密的多元调解。

山东省五莲县人民法院积极探索实施"三环委托法"即审前委托、诉内委托、诉后委托工作法，变法院"单打独斗"为社会"协同作战"，使诉讼调解与其他调解方式优势互补、有机衔接，更好地

---

① 参见四川省宜宾市中级人民法院：《强化"五个到位"，打造"五个平台"，落实"五项保障"》，载《人民司法》2009 年第 23 期。

② 童云华：《德清　陪审员隔空做调解飞书解婚约》，载《人民法院报》2010 年 12 月 4 日第 5 版。

实现了案件法律效果和社会效果的最佳结合。2010 年以来，该院审前委托调解案件 110 件，成功调处 83 件，调结率达 75%；据统计，60% 以上的审前委托案件属群体性案件或"复杂案"，但在社会调解组织的调解下圆满结案。①

河北省文安县法院助推行业调解协会。行业调解员不仅是本领域的专家，在专业上令人信服，也与当事人有密切的业务或人际关系，更善于调动各种关系资源，发挥感情作用促进案件及时妥善解决。正是认识到行业协会调解的这些优势，文安法院 2010 年初倡导并推动行业热心人成立了五个行业调解协会，作为新成立的文安调解志愿者协会的团体成员。各行业协会在法院的指导下，根据情况安排合适的行调员志愿参加各类纠纷的调解活动，发挥了较以往更好的作用。这成为该法院深化以调解为重要特征的"廊坊经验"而出现的新亮点。仅 2010 年各行业调解协会直接参与法院 461 起案件的调解，其中成功调解解决 276 件，部分案件虽未经协会调解成功，但由于调解方法得当，也实现了当事人服判息诉，未发生当事人上诉上访案件。②

做法四：创新委托调解方法——形成调解链。

近年来，广西壮族自治区南宁市江南区法院委托调解 80% 的案件均能在一日能结案。该院在委托调解中不断摸索适应辖区特点的做法，除了传统的"面对面"和"背靠背"做法，还与审判庭一起发展了 8 种方法。第 1 种：思想疏导法，即针对当事人不同的心理

---

① 参见刘顺斌、厉武成：《变"单打独斗"为"协同作战"——山东省五莲县法院委托调解工作侧记》，载《人民法院报》2010 年 10 月 13 日第 4 版。

② 参见安克明：《让热心人更好地"说和事儿"》，载《人民法院报》2010 年 11 月 4 日第 4 版。

特征和行为方式，分层次、分对象、有的放矢地做当事人的思想工作。第2种：趁热打铁法，即在了解到双方当事人有调解意愿并形成了一定的意向后，在第一时间组织调解工作，以最便于当事人的时间、地点、方式进行。第3种：扬正抑邪法，针对一些明知自己有错而存在侥幸心理的当事人，坚决及时地予以批评。第4种：情法交融法，主要是针对婚姻家庭类案件，虽然是情法交融，但情在法前，多从当事人之间的感情入手，化解双方的怨气。第5种：衡量比较法，对于一些简单的案件，可以直接向其分析判决与调解结果的利弊，促使当事人达成调解协议。第6种：求同存异法，对于当事人争议差距不大的，建议双方着眼于未来，搁置纠纷，达成协议，尽早结案从而摆脱纠纷。第7种：冷却钝化调解法，一些案件当事人存在"争口气"心理，其进行诉讼并不在乎输赢，对于这类案件，不急于开庭、不急于宣判，让时间慢慢将当事人的好面子之心冷却钝化，最终使其达成调解。第8种：追本溯源法，帮助当事人追求产生纠纷的根源，为其化解纠纷出谋划策，这其实也是让当事人感受到调解法官诚心的最好方法。八年来，该院委托调解结案共3010件，占已调民商事案件的25.36%。①

立案阶段的委托调解不仅是一种平息纠纷的工作方法，而且是促进社会和谐的艺术，它充分体现了司法为民、便民的价值取向。综合各地法院关于委托调解的具运行状况，不难发现，其具有较多的共同性：其一，各地法院在思想上高度重视。比如成立立案调解工作领导小组专门领导立案调解工作，设立速裁庭、立案调解中心专门执行立案调解工作。其二，委托调解的主体多为法院委托的调

---

① 参见黄星航、玉明凯：《江南 立案调解形成工作链》，载《人民法院报》2010年8月3日第2版。

解组织。其三，就委托调解的方式而言，主要是在双方当事人同意的情况下，多数由被委托的调解组织完成。其四，从委托调解的效果上看，调解的成功率都比较高，有效及时化解了简单的民事纠纷，法院的司法审判压力得以缓解。同时，将适宜的案件委托给各种调解组织进行调解，使非诉调解活力得以激发，增强了基层调解组织化解纠纷的公信力和影响力。

（3）委托调解的基本设计

实践表明，由于调解的本质是合意解决纠纷，委托调解必须征得当事人同意。但如果当事人不愿意选择委托调解，仍然一再组织调解，就造成一些法院委托调解率不高，甚至还有个别当事人会产生法院推诿的误解。因此，笔者认为，委托调解是进入诉讼前能否化解纠纷的关键，应当在保障当事人的裁判请求权的同时依当事人意思自治进行调解。基于这些经验和教训，笔者认为应当在这一思路下设计委托调解的基本架构。

一方面，应合理厘定委托调解的基本原则。①当事人自愿原则。调解的基本原则之一是自愿原则，任何带有强迫性质的调解行为都不能强加于当事人，法院和其他被委托的调解组织、调解员进行调解都必须尊重当事人的意愿，不能通过一些手段强迫当事人达成调解协议。同时，由于调解员获得当事人的信任是调解成功的重要因素之一，人民法院在委托调解前应当取得当事人的同意；②保障当事人程序选择权原则。国家为有效化解民事纠纷设置了多元化的解决机制，按性质可分为公力救济与私力救济；按种类可分为民事诉讼、调解和仲裁①。国家同时赋予了当事人选择纠纷解决方式的权利，也即当事人可以自由地从诉讼、调解和仲裁中选择一种适合自己的方式来解决纠纷，这就要求当事人一旦选择了诉讼方式解决纠纷，就要尊重其选择。但这并不意味着法院就完全消极，不作任何释明工作，因为原告可能是在毫不知晓具有多种可以备选的纠纷解决方式，②也不清楚各种纠纷解决方式的利弊，即"原告的选择可能是在不了解不同解决纠纷机制的差异性的情况下作出的"③。因此，对原告来说诉讼并不一定完全符合自身利益，并不一定是最佳选择。在其起诉到法院以后，需要法官及调解员对其释明各种纠纷解决机制的利弊，再给原告一次程序选择的机会，这种情况下选择的纠纷解决方式才是原告内心真实意愿的体现。对法院而言，既尊重了当事人的程序选择权，又有可能提前化解纠纷，节约司法资源以便去处理其他真正需要进入审判程序、复杂的、疑难的案件；③及时快速原则。尽管诉讼能够更加保障当事人的程序权利，有利于保障程序的正当性，但是诉讼在效率方面是无法与调解相比的。"民事诉讼还相当地花时间。所谓诉讼迟延或'积案'是几乎存在于任何国家任何时代的一种令人烦恼的现象。产生诉讼迟延可能有多种多样的原因，根本原因之一在于诉讼既然要提供充分的程序保障，花费相当的时间就是不可避免的。从这个意义上讲，也可以说诉讼迟延是

---

① 徐昕教授将纠纷解决、权利救济机制分为私力救济、社会型救济和公力救济三种，公力救济分为司法救济和行政救济，社会型救济诸如调解和仲裁，私力救济分为强制和交涉。参见徐昕著：《论私力救济》，中国政法大学出版社2005年版，第123页。

② 笔者认为，在多种纠纷解决主体中，唯有法院的公示性极强，数量多，设置完善，最为公众所知晓，所以公众往往首选法院来作为纠纷解决的场所。

③ 李浩：《委托调解若干问题研究——对四个基层人民法院委托调解的初步考察》，载《法商研究》2008年第1期。

这种制度的宿命。"① 该阶段的调解一旦破裂，迅即进入诉讼的下一个程序，这种程序的转换时限应当由法院确定，并由法院自动完成，无需当事人申请。坚持及时快速的原则，也能够使当事人感受到委托调解带来的益处，消除对法院推卸诉讼的误解。

另一方面，应确立适当的委托调解模式。笔者认为主要有两种较为适当的委托调解模式。一种是法官调解，在立案庭专设调解法官，负责主持委托调解工作。目前在我国法院，有一部分不适合从事审判工作而完全有能力调处一般纠纷的人员，还有一些退休法官，具有丰富的人生阅历和社会经验，比较适合做调解工作；另一种就是适度社会化调解。由调解法官在征得当事人同意的前提下，委托相关基层调解组织依法调解，最大限度地发挥了人民调解工作优势，为当事人降低诉讼成本，为法院减轻负担，这种做法在上海、江苏等法院均取得较好的效果。同时，要注重采取各种有效措施调动基层调解组织和调解人员积极性，比如可以采取培育典型、细化考评等方式，还要落实经费保障。

2. 邀请调解

《诉调对接意见》第 16 条规定了邀请调解，即"对于已经立案的民事案件，人民法院可以按照有关规定邀请符合条件的组织或者人员与审判组织共同进行调解。调解应当在人民法院的法庭或者其他办公场所进行，经当事人同意也可以在法院以外的场所进行。达成调解协议的，可以允许当事人撤诉，或者由人民法院经过审查后制作调解书。调解不成的，人民法院应当及时判决。开庭前从事调解的法官原则上不参与同一案件的开庭审理，当事人同意的除外。"

---

① ［日］谷口安平著，王亚新、刘荣军译：《程序的正义与诉讼》（增补本），中国政法大学出版社 2002 年版，第 45 页。

（1）邀请调解的可行性

邀请调解是指法院邀请调解员参与诉讼调解，请调解员帮助法官做调解工作，以促进纠纷的解决，这种调解形式灵活、程序桎梏较少，在纠纷化解方面具有较强的可行性。

其一，邀请调解有着悠久的历史传统。邀请调解是中国传统调解模式的一种，其核心是要协作、联动民间的优势化解矛盾纠纷。诚如费孝通先生在《乡土中国》一书中所做的诠释，传统社会中"在乡村里所谓调解，其实是一种教育过程。我曾在乡下参加过这类调解的集会。我之被邀，在乡民看来极其自然的，因为我是在学校里教书的，读书知礼，是权威。其他负有调解责任的是一乡的长老。"这种传统的调解模式反映了邀请调解所具有的历史文化底蕴，现代法院调解应当从中汲取养分，以推动现代法院邀请调解的完善。同时，法院邀请有关单位和个人协助进行诉讼调解的做法，是人民司法工作优良传统，是司法民主的体现。早在革命根据地时期就有适用的情形，并在新中国的司法制度中得到了发展。据资料记载，解放初期很多地方的人民法院处理案件时，都会吸收当地干部参加调处，学习处理案件和解决纠纷的方法。① 可见，邀请调解具有深厚的文化基础。

其二，邀请调解有着充分的法律依据。2012 年《民事诉讼法》第 95 条规定，"人民法院进行调解，可以邀请有关单位和个人协助。"2004 年 9 月 16 日，最高人民法院制定的《关于人民法院民事调解工作若干问题的规定》第 3 条第 1 款规定，"人民法院可以邀请与当事人有特定关系或者与案件有一定联系的企业事业单位、社会

---

① 参见蒋惠岭：《法院附设 ADR 对我国司法制度的新发展》，载《人民法院报》2005 年 1 月 10 日。

团体或者其他组织和具有专门知识、特定社会经验、与当事人有特定关系并有利于促成调解的个人协助调解工作。"《诉调对接意见》第16条再次细化了邀请调解的细节。可见,邀请调解具有深厚的法律基础。

其三,邀请调解可以有效整合各种社会资源,形成纠纷解决合力。具体来说"邀请协助调解可以发挥法官调解、行政机关调解、社会组织调解及其他有利于调解的特点,形成优势互补。"[1] 因为法官熟知法律知识,在调解过程中可以从法律的角度为当事人做思想工作;人民调解员、居(村)委会可以发挥调解婚姻家庭纠纷、邻里纠纷的专长;行业专业人士可以在调解过程中为法官提供专业知识,弥补法官在这一方面的不足。邀请调解本质上是立案后的诉讼调解,是将人民调解、行政调解和法院调解衔接为一体但仍以法院为主导的大调解,因此既可以充分发挥法官具有较高权威性和更易获得当事人信任的优势,又充分发挥了人民调解员和行业人士等受邀请调解员擅长运用情理调解的优势,有效整合了各种调解资源,大大提高了调解的成功率,提升了调解效率。

(2)关于邀请调解的实践例证。

模式一:"四位一体"无缝便民诉讼调解机制

宁夏回族自治区青铜峡市法院探索邀请调解过程中逐渐形成了独特的模式,被称之为"四位一体"无缝便民诉讼调解工作机制。即除4个人民法庭外,青铜峡法院在离法庭较远的地方建立了8个审判站,在全市所有的行政村设立便民诉讼服务点,共聘请103名特邀调解员,形成遍布城乡的"庭、站、点、员"四位一体无缝化

---

[1] 蒋惠岭、李邦友、向国慧:《进一步完善人民法院调解工作机制》,载《中国审判》2009年第9期。

便民诉讼服务网。2010 年上半年，该市人民调解组织或特邀调解员受委托或协助调解 514 件案件，调解成功 460 件案件，成功率达 89.5%，当场履行率达 60% 以上。①

模式二：以诉调对接中心为核心的立体网络调解

上海市杨浦区人民法院诉调对接中心在全市法院系统率先单独建制成立。该诉调对接中心由社区法官、专职调解员、司法所和基层人民调解委员会调解干部以及拥有法院 4 名审判人员和 4 名书记员的巡回法庭组成。随着诉调对接中心运作机制的完善，其窗口调解模式逐渐深化为立体网络调解。在横向方面，着力打造一站式大调解平台；在纵向层面，着重强调与行业调解相沟通，实现中心与行业调解的对口衔接，包括邀请团区委、妇联、劳动行政部门、医疗管理部门、公安交通管理部门及人民调解组织等加盟诉调中心；在综合层面，突出诉调中心的归口管理，实现诉调中心与全区街道人民调解的衔接，将社区法官、巡回审判在中心内整合，同时向街道延伸，完善以司法资源下沉模式为特色的"一个诉调对接中心、四个巡回审判站、十二个社区法官工作点"的立体网络状诉调对接中心。从司法实效方面看，诉调对接使杨浦法院收案上升之势得到有效遏制，2009 年全院收案同比下降 1.49%，今年上半年收案同比微增 0.61%。同时促进了当事人的自动履行，2009 年执行案件收案同比下降 13.07%；今年 1 至 9 月，同比下降 0.24%。②

模式三：其他新型邀请调解探索

---

① 参见罗书臻：《诉讼调解要靠责任去存进 靠能力去实践 靠制度去保证》，载《人民法院报》2010 年 8 月 6 日第 1 版。

② 参见马霄燕、虞瑶、杨普法：《杨浦诉调对接中心单独建制》，载《人民法院报》2010 年 10 月 31 日第 2 版。

　　福建省惠安县人民法院制定了《关于邀请人大代表和社会力量协助调解工作的若干规定》，并自 2009 年以来邀请人大代表和社会力量参与调解 1279 件，占调解数的 31%。这种调解方式大胆创新，使得调解工作领域大大拓宽，有效化解了各种涉诉矛盾和纠纷。特别需要注意的是，该院进行矛盾化解时，坚持在双方当事人自愿性、合法性方面下工夫，注重抓住当事人争执的焦点进行有理有据的说服、教育、调解，去年以来调解结案 4157 件，调解率达到 67.2%，既减少了当事人讼累，又化解矛盾纠纷。①

　　连云港全市法院切实加强诉调对接工作，建立健全纠纷解决机制。全市人民法庭根据当地实际，进一步完善"预约开庭"、"假日法庭"、"巡回审判"等措施，法庭人员全部驻庭办案。2010 年 1 月至 10 月，全市法院以调解方式结案 13561 件，经调解后撤诉 7575 件，调撤率达 67.13%。②

　　（3）邀请调解评析

　　通过对前述各地法院邀请调解的诸多探索总结，不难看出，邀请调解具有如下特点：其一，邀请调解的主体是以法院为主，以被邀请的协助调解人员为辅。其二，就邀请调解的方式而言，通常是由法院法官主持，被邀请调解人员帮忙做思想工作的方式开展调解。其三，协助调解人员通常是妇联、工会、劳动行政部门等单位的工作人员。其四，从邀请调解的效果看，通过邀请调解成功的案件自动履行率都高于判决案件，有效提升了调撤率。

----

　　① 参见杨树明、蔡宗谋、高清江：《惠安创新调解化解社会矛盾》，载《人民法院报》2010 年 10 月 25 日第 4 版。

　　② 盛茂、山娟：《连云港诉调对接推进平安建设》，载《人民法院报》2010 年 11 月 4 日第 4 版。

　　需要注意的是，邀请调解对有效化解纠纷发挥着良好的功效，但也存在一定的不足，突出表现在被邀请调解人的积极性不高，这种现象的出现有多种原因。譬如，一些被邀请调解人的本职工作不是协助调解，他们一般都有自己的工作，对他们来说协助法院进行调解是一件比较费时的事情。所以，法院在邀请他们协助调解时，有时会以各种理由推脱。但由于被邀请人积极参与调解，尤其是一些专业人士的积极参与，将是法院调解成功的关键因素。因此，法院应当强化对邀请调解意义的认识，建立自己的协助调解人队伍。比如，在加强与工会、妇联等的工作交流的同时，积极获取各种准协助调解人的信息，进行调解人员储备。同时还是要落实被邀请协助调解人员的物质保障问题。

（二）邀请调解的基本设计

　　邀请调解具体运作应当包括调解场所、调解方式、调解人员和调解程序等几个方面，因此笔者认为这也是完善邀请调解制度的重要突破口。

　　就调解的场所而言，应当在法院审判庭旁边设置专门的调解室，并就专门调解室的室内布置多做些考虑。比如色调、亮度、桌子的摆设、茶水的摆放，让当事人一踏进调解室就能感觉到温馨，而不是一味的庄严肃穆。另外，可以在调解室内设置一些具有宣传作用的、具有积极意义的宣传画、标语，如"和为贵"、"退一步海阔天空"，还可以悬挂一些有助于消除怨气的对联等，起到缓解当事人因纠纷而起的愤怒情绪的作用。陕西省西安市未央区人民法院三桥法庭的司法情感修复室的设计便较为独特，具体来说，情感修复室天花板上是浮着白云的蓝蓝的顶棚，四周挂着蓝色和黄色的幕布，调解过程中会播放舒缓的音乐。通过这种方式营造出化解矛盾纠纷的和谐氛围，修复当事人的情感裂痕，把闹僵的调和，把闹哭的调笑，使矛盾纠纷实现案结事了心结融。[①] 福建省莆田市两级法院和调解衔接工作示范点将"营造宜调氛围、实行温馨调解"作为一项重要的工作。莆田中院建立了三个温馨调解室，分别作为婚姻家庭、合同纠纷和其他纠纷的调解场所，并根据每个调解室的主题有不同的室内设置。[②]

就调解方式而言，邀请调解必须区别于庭审中的调解。由于邀请调解主持人员身份的特殊性，他们不必穿着制服进行调解，调解室内也不必悬挂国徽、不必放置法槌、不必放置原告、被告、审判员、书记员的标志。除此之外，调解员应当是面带和善、笑容可掬、语气轻缓、态度和蔼、彬彬有礼。一旦当事人进来，应当请他们坐下，然后倒上一杯清茶，大家拉近距离、促膝而谈，晓之以理，动之以情，耐心听取当事人的倾诉。而不是动辄就用法律来吓唬人，或者对当事人的倾诉极其厌烦，相反要充分利用常情、常理、常识，甚至会动用双方亲属、亲戚、邻居、领导等凡是知道事情且对事情有一定影响的人物，因为许多纠纷或许是因为缺乏沟通产生的。总之，要让当事人觉得，从风土人情、远近利益等各方面考虑，如果还"执拗"到底，不听从组织有关调解的安排，可能得不偿失。当然，如果当事人对这方面的法律和相应的政策法规不了解的，调解员应根据调解的实际情形，在必要时考虑宣示于当事人，以便在特

---

① 参见汶辉：《让心结在音乐中消融》，载《人民法院报》2010 年 12 月 3 日第 4 版。

② 参见莆田市中级人民法院研究室：《营造宜调氛围　实行温馨调解——莆田中院温馨调解室简介》，载章延灿主编：《调解衔接机制理论与实践》，厦门大学出版社 2009 年版，第 82—83 页。

定情况下起到用法律政策法规的威严予以矫正和警告的作用。从这一点上看，这一阶段对调解人员的要求比立案阶段更高，不仅要求具备常情、常理、常识等习惯和民间法及相应的调解实践经验，还对法律专业知识和实践经验有较高的要求，同时最好懂一些心理学、组织行为学、人际关系学方面的知识，洞察当事人细微的心理变化、言语、行为、情绪的变化适时地判断调解时机，以便更好地沟通以及化解当事人之间的纠纷。

就调解人员而言，邀请调解不应当由具体承办案件的法官来主持调解，即采用涉案法官集体回避原则，或者说在调解和具体承办案件的审理上，实行两个场所、两套机构、两套规则和两套人马，这样虽然会有消极的一面，即另行选定的"新"法官接到调解失败的案件之后，由于不明白案情，要重新审阅，在某种程度上等于说是司法资源的浪费，造成了诉讼迟延。但是这样设置也有一定合理性，即避免承办法官提前介入纠纷，导致先入为主。否则，在调审合一模式下，一旦调解失败，仍由原调解法院审理，难免会走过场，为司法腐败提供了机会。从这一点上看，就像上诉，如果在一审审理过程中，涉及实质性的问题要请示上级法院的话，那么一旦当事人不服一审判决，上诉到二审法院，二审法官难免先入为主，其实在某种意义上就剥夺了当事人上诉的权利，即貌似当事人依法行使了上诉权，其实已经丧失了上诉的意义，导致当事人失去了上诉的程序价值和利益。同样的道理，邀请调解实行调审分离的意义也在于此。另外，邀请调解调解人员主要应由法院委派或者聘请社会特殊人士参与，也可以由基层组织推荐，主要是懂调解、懂法律的离、退休法官或德高望重、有丰富调解经验的村（居）委会和其他调解组织的"调解专家"。

（三）答辩制度

1. 答辩制度的立法弊端

答辩制度之于审前程序的最大功能在于可积极促进争议焦点的确定和为证据开示做准备，以便将复杂的案件简化为单一的法律或事实上的争点，进而提升案件审理的公正性和高效性。2012 年民事诉讼法对争点整理和答辩程序极为重视，第 125 条完善了答辩状规则，即"人民法院应当在立案之日起五日内将起诉状副本发送被告，被告在收到之日起十五日内提出答辩状。答辩状应当记明被告的姓名、年龄、民族、职业、工作单位、住所、联系方式；法人或其他组织的名称、住所和法定代表人或者主要负责人的姓名、职务、联系方式。人民法院应当在收到之日起五日内将答辩状副本发送原告。被告不提出答辩状的，不影响人民法院审理。"并在第 133 条第 4 款增设了"需要开庭审理的，通过要求当事人交换证据等方式。明确争议焦点"。2012 年民事诉讼法对答辩规则的完善毋庸置疑具有重要意义，但其仍然没有根本上改变 1991 年民事诉讼法任意答辩的弊端，即仍然规定被告是否进行答辩、在何时进行答辩完全取决于被告自身的意愿，致使在司法实践中当事人通常将答辩默示为被告的一项权利。这种异化理解完全悖离了民事诉讼基本原理。

2012 年民事诉讼法第 134 条规定，"原告增加诉讼请求，被告提出反诉，第三人提出与本案有关的诉讼请求，可以合并审理。"这一规定使得原告可以随时增加新的诉讼请求，被告可以随时进行答辩，这就使案件的争点始终处于不明确的状态，法官在开庭审理过程中不得不花费大量的时间和精力去整理和明确案件的争点。开庭审理过程中也可能出现一方当事人的突然袭击，往往使得对方当事人在毫无准备的情况下，失去了诉讼中平等的攻击防御机会，丧失了程序公正的保障。有时法官为了查清事实还被迫多次开庭，造成诉讼迟延，增加诉讼成本。《证据规定》第 32 条规定，"被告应当在答辩期届满前提出书面答辩，阐明其对原告诉讼请求及所依据的事实和理由的意见。"此规定只是从用语上将答辩作为被告的一项诉讼义务，实际上对违反此义务的法律后果没有作出任何规定。可见，我国有关被告答辩的规定仅仅是倡导了被告的答辩义务，但对于其不提出答辩状的法律后果没有明确规定，在开庭审理中，被告享有的诉讼权利并不因此受到任何限制。

另外，民事诉讼是由国家公权力介入解决私权利纠纷的活动，也即是属于公法调整的范围。"作为程序法的公法职能是借助于为当事人设定诉讼权利与诉讼义务来塑造诉讼事件发展、演变的过程，它是以扇形思维方式来替代当事人的单向思维模式，以消除当事人的利己主义可能对程序法上的公权力所造成的危害，这就决定了作为诉讼主体的当事人只能通过积极地行使诉讼权利，使得相对一方当事人承受由此权利而产生的消极后果来实现其诉讼利益，这是诉讼机制的核心所在。"① 由此决定了当事人应当根据程序法的规定来严格行使诉讼权利和承担诉讼义务，而不能完全出于利己主义的考虑来决定自己的意志和诉讼行为。原告为启动诉讼程序而向法院提交起诉状，法院将起诉状送达给被告，这一系列行为已经体现了国家的公法意志。被告如果在法定期间内不提出答辩，不仅对当事人为庭审进行必要充分的准备是一种妨碍，也成为法院为审判做必要的准备的一种妨碍。因此，被告不能基于利己主义对国家的公法意

---

① 毕玉谦、谭秋桂、杨路著：《民事诉讼研究及立法论证》，人民法院出版社 2006 年版，第 554 页。

志、对不答辩导致的妨碍予以漠视。如果被告在法定期限内提出答辩，能够及早形成自认事实、促进争点的及早形成，以实现程序上所预期的程序价值。"作为一种公法而言，当事人对程序规则的遵守是诉讼过程能够贯彻公平与正义原则所不可或缺的必要条件，而不能作为当事人可以放弃的权利来看待。"① 由此看来，该条没有规定被告的强制答辩义务，其消极后果可能会带来对公权力的漠视。同时，被告不在规定的阶段提出答辩，在开庭审理阶段仍然可以进行答辩，也会造成司法资源的浪费。

2. 答辩失权的理论及实践争议

"民事诉讼中的失权，是指当事人（含第三人）在民事诉讼中原本享有的诉讼权利因某种原因或事由的发生而丧失。"② "民事诉讼中失权制度的正义性源于人们对诉讼效率性和时间经济性的认同。因为民事诉讼是法院、原告和被告三方互动的过程，因此，只要有一方有迟延诉讼的利益要求，并在诉讼中按这种要求消极地不作为，就会造成这种互动关系或过程的阻碍，难以保证诉讼时间的经济性"。③ 由于当事人的诉讼权利贯穿于整个民事诉讼过程，可能导致失权的情形也存在于诉讼各个阶段。"包括答辩权的丧失、上诉权和申诉权的丧失、管辖异议权的丧失、证据提出权的丧失等事项。"④ "为了完善诉讼机制，有必要设立民事诉讼失权制度。就我国目前的

---

① 毕玉谦、谭秋佳、杨路著：《民事诉讼研究及立法论证》，人民法院出版社2006年版，第554页。
② 张卫平：《论民事诉讼中失权的正义性》，载《法学研究》1999年第6期。
③ 张卫平著：《诉讼架构与程式》，清华大学出版社2000年版，第442页。
④ 张卫平：《论民事诉讼中失权的正义性》，载《法学研究》1999年第6期。

实际情况来看，尤其应注意答辩失权和证据失权的建立健全。"① 就答辩失权而言，主要是指被告在法律规定的答辩期间没有提出答辩的，即丧失答辩的权利，其法律后果是法院直接承认原告的权利主张。答辩失权在性质或制度设计及司法运作等各方面均存在一定的争议。

3. 答辩失权的性质

我国的理论界和实务界对于被告答辩的属性有着权利说、义务说、权利与义务平衡说、权利与义务对应说等多种观点。权利说认为，我国现行民事诉讼法规定了被告答辩的时限，但没有规定被告在法定时限内不提出答辩的法律后果，意味着答辩是被告的一项权利，不提出答辩也不影响其今后对答辩权的行使。"提交答辩状是当事人的一项诉讼权利，不是诉讼义务，是否行使由当事人自己决定。被告逾期不提出答辩状的，人民法院审判程序的进行不受影响，照常进行下一步的工作"②；义务说认为，从原告和被告诉讼权利义务对等的角度考虑，原告提出了起诉状，被告提交答辩状就应当是一项义务；权利义务平衡说认为，答辩既是被告的一项诉讼权利，也应当是被告的一项诉讼义务，以体现权利、义务对等的原则，如果被告不履行该项义务就应当承担相应的责任。权利与义务对应说认为，被告提交答辩状的行为虽然是被告的一项诉讼权利，但更是被告应尽的义务。"就民事诉讼而言，被告提交答辩状进行答辩既是被告人的权利又是被告人的责任，被告人是不能放弃的。"③

---

① 韩象乾、葛玲：《从审前准备程序的比较研究看纠纷解决互动机制的完善》，载杨荣新主编：《民事诉讼法修改的若干基本问题》，中国法制出版社2005年版，第275页。

② 唐德华著：《新民事诉讼法条文释义》，人民法院出版社1996年版，第211页。

③ 李祖军著：《民事诉讼目的论》，法律出版社2000年版，第251页。

以上论争，均试图在权利与义务的范畴之内界定被告答辩的属性，从而为被告拒不答辩是否应当承担法律后果提供法律论据。这些观点所涉及的诉讼权利和诉讼义务仅就双方当事人而言，法律除了赋予当事人可以自由处分的事项外，属于公法性质的诉讼程序还有涉及强行法属性的许多层面，例如涉及法院的管理秩序、对方当事人的诉讼利益等，而这些方面是不能依当事人的单方意志来决定。因此，笔者认为以上关于被告答辩属性论争走上了险隘的思维视角，正确的思维视角应当是在修订民事诉讼法时将正当程序作为实现实体正义的有效途径。

4. 答辩失权的制度设计

关于答辩失权制度设计的论争普遍存在于理论界和实务界。有的学者认为，"我国的传统与大陆法系国家较为接近，可以借鉴大陆法系国家的做法，在被告于答辩期内不提出答辩的，应当视为被告完全承认原告的事实主张，法院可直接在此基础上适用法律，作出裁决。"[①] 也有学者认为，"答辩失权可以采用大陆法系国家审前准备程序中的第一次期日口头辩论方式。具体做法是：有管辖权的法院在案件受理后即确定当事人双方出庭的第一次期日，在第一次期日时，要求被告到庭并提出答辩状；没有在第一次期日到庭或到庭后不提出答辩的，即丧失以后答辩的权利。"[②] 王亚新教授认为，答辩失权是英美法系民事诉讼当中一项不可或缺的制度安排。就我国目前的情况而言，引进答辩失权不是唯一的、甚至也算不上是解决

---

① 汤维建、卢正敏：《民事诉讼法修改与完善若干问题探讨》，载毕玉谦主编：《中国司法审判论坛》（第2卷），法律出版社2002年版，第224页。

② 章武生等著：《司法现代化与民事诉讼制度的建构》，法律出版社2000年版，第503—504页。

被告不答辩的最佳方案。即使不引进答辩失权也不至于因被告未答辩而导致程序无法进入下一阶段，也并不必然引起诉讼迟延。如果引进答辩失权不仅在原理上有相当的困难又非现实中确实必要，而且在现阶段的社会条件下还可能造成某种混乱或其他弊端。因此，应大力提倡和鼓励被告及时进行答辩，而不宜附加强制性的失权效果。① 针对这一观点，有学者又倡议实行有条件答辩失权，该观点认为，"答辩失权制度是以当事人主义理念为基础，以律师强制代理制度为前提，它依赖于并回馈于司法专业化和法律共同体的诚信机制……因此，在有律师代理的案件中实行答辩失权制度既有必要性也有可行性。"②

5. 答辩失权的司法运作

司法实践中，关于答辩失权的具体做法五花八门。主张设置答辩失权的有两种做法：一种做法是借鉴美国法的模式，被告在答辩中必须回答起诉状中的一切主张，凡没有否认的即视为自认，原告可以向法院申请判决被告败诉。法院可明确规定答辩期间，如期限届满被告未提出答辩状的，即丧失答辩权，视为被告承认原告的诉讼请求，原告可以向法院申请判决其诉讼请求成立；还有一种做法是借鉴德国、日本的书面准备程序，即被告在收到应诉通知书和诉状副本后，在期限内明确向法院提出是否承认原告诉讼请求的书面答辩意见，否认原告诉讼请求的，必须在此期间内提出书面答辩意见并附以相应的理由和证据。如果被告没有正当理由在法定或指定

---

① 参见王亚新：《我国民事诉讼不宜引进"答辩失权"》，载《人民法院报》2005年4月6日第 B01 版。

② 傅郁林：《诉答程序·程序时效·诚信机制——"答辩失权"的基础性问题》，载《人民法院报》2005 年 4 月 13 日第 B01 版。

的期限内未提出答辩意见的，可以视为被告对原告诉讼请求的自认，法院可根据原告的申请，在不经过言词辩论的情况下，以书面程序即可作出原告诉讼请求成立的判决。[①] 还有实务部门工作者认为，"为正确履行答辩义务，应做到：在法定或双方商定并经法院准许的答辩期内进行答辩；应以书面答辩状的形式进行；被告未按上述要求进行答辩即为履行义务不符合法定要求，应承担不利的法律后果：法院可将被告的不答辩视为被告对原告诉讼请求的直接承认，经原告请求时可据此直接判决原告的诉讼请求成立，被告败诉；未答辩的被告不得提起管辖权异议，也不得提起反诉（但应可将其另行起诉）。"[②]

6. 答辩失权的配套制度

从国外先进的立法经验看，大多数国家规定了与答辩失权配套的制度，即不应诉判决制度。不应诉判决制度是一种特别的缺席判决制度，它不同于开庭审理过程中因被告缺席而产生的缺席判决。答辩失权是产生不应诉判决的原因，而法院作出不应诉判决则是答辩失权制度的结果。如果被告在法定期限内不提交答辩状而产生的答辩失权效果是直接认诺原告的诉讼请求和事实主张；被告拒不答辩，经原告申请作出不应诉判决时，法院应当对原告的诉讼请求和事实主张，结合其所提交的证据材料进行审查判断，以作出是否支

---

① 参见郁云：《论民事诉讼审前程序的改革与完善》，系作者向最高人民法院2003 年10 月在珠海召开的"审前准备程序研讨会"上所提交的论文，转引自：毕玉谦、谭秋佳、杨路著：《民事诉讼研究及立法论证》，人民法院出版社2006 年版，第566 页。

② 厦门市中级人民法院课题组：《诉答制度的重构——兼论与民事证据制度的和谐》http://www.xm148.com/newslittle9.asp? id = 2684，最后访问日期：2010 年10 月22 日。

持原告的诉讼请求。因为这种特别的缺席判决是在缺乏被告一方的诉讼防御、证据上缺乏对抗反证相制衡的情况下作出的，实际是降低了证明标准，因此法院在作出该种不应诉判决前应当非常慎重。

7. 强制答辩的必要性

将被告必须履行的答辩义务称为强制答辩。①，从我国的司法状况和现实需求看，实行被告强制答辩具有一定的正当性，主要体现在以下方面：

（1）有利于庭审准备

法院为保障开庭审理符合公正与公平的原则，需要对其进行必要而充分的准备，以便为庭审活动设立诉讼框架，对争执点进行整理并为确立审判对象提供必要的前提。被告不提交答辩状，当事人双方争执的事实和证据焦点难以浮出水面，当事人在举证期限内提出的各种申请是否属于争议的焦点、是否有证明的必要、是否会影响诉讼的结果等方面，法院均难以确定，这些不确定状态必然导致当事人和法院难以进行下一步的诉讼。有时不得不重复开庭，而每次开庭时间间隔很长，导致弄清案件的争点需要很长时间，花费很多的人力、物力、浪费了司法资源。特别需要注意的是，实行被告强制答辩也是法官作出裁判的基础。"法官不能脱离当事人与具体的案件进行裁决的。更确切地说，法院的裁决必须回答当事人的告诉（grievance）及对方当事人的答辩（adversary's defence）；"② 因此，

---

① 王亚新教授指出：强制答辩只是答辩失权的不同表述，除此之外，还有主张如果被告在答辩期间不提交答辩状的即视为原告诉讼请求；还有的主张对无答辩的被告作出"无应诉判决"。参见王亚新：《我国民事诉讼不宜引进"答辩失权"》，载《人民法院报》2005 年 4 月 6 日第 B01 版。

② ［意］莫诺·卡佩莱蒂等著，徐昕译：《当事人基本程序权保障与未来的民事诉讼》，法律出版社 2000 年版，第 26 页。

法官应当在不偏袒任何一方当事人，并在当事人合意的规定范围内作出裁判。西方多数国家的民事诉讼司法实践中都要求法官必须对双方当事人的告诉和答辩进行充分的阐述，并要对当事人的诉讼请求和答辩意见表明自己的看法、理由。因此，对被告实行强制答辩，不仅可以维护被告的合法民事权益，给予被告充分发表意见的机会，也能够起到促进诉讼、为法官裁判奠定基础的作用。

（2）有利于防止被告庭审时突然袭击

在审判实践中，往往会有一些当事人或律师利用法律上的漏洞玩弄诉讼技巧而向当事人发动突然袭击。被告在法定期间内不提交答辩状，而等到开庭审理时才提交答辩状，或者突然在开庭审理时提出新的主张或证据，就是被告发动突然袭击典型体现。这种突然袭击通常使对方当事人措手不及、无法进行有效的防御，进而处于不利的诉讼境地，显然是不符合诉讼程序正义的，违背了民事诉讼平等对抗的理念。正如有学者指出，"程序正义恰恰要求诉讼当事人双方的攻击和防御机会都应使对方当事人能有机会论辩陈述，当事人双方的攻击和防御机会都是对应和均等的。"[1] 法院向被告送达起诉状副本后，原告的诉讼请求、理由和事实为被告所知，被告如果按期不提交答辩状，将自己的观点和理由隐瞒起来，对原告而言是极其不公平的。"真实最可能发现在诉讼一方合理地了解另一方时，而不是在突袭中。"[2] 同时，被告不按期提交答辩状，令法官对整个案情也无法全面把握，对案件的争点心中完全无底，在开庭审理时

---

① 杨路：《庭前证据交换制度的实证研究》，载毕玉谦主编：《中国司法审判论坛》（第 2 卷），法律出版社 2002 年版，第 274 页。

② ［美］戈尔丁：《法律哲学》，三联书店 1987 年版，第 232 页，转引自龙宗智：《刑事诉讼中的证据开示制度研究（上)》，载《政法论坛（中国政法大学学报)》1998 年第 1 期。

往往需要遭受突袭的一方当事人补充或提供新的证据才能了解案件的全貌与确定争点，这显然费时费力，还妨碍了诉讼效率的提高。因此，在原告提交起诉状以后，强制被告按期提出答辩状，令双方当事人将各自的观点态度和证据材料初步表达出来，预防诉讼突袭，为后续的开庭审理做好公正、高效的基础。

（3）有利于弥补现行举证制度的缺陷

起诉和答辩的诉讼行为有助于当事人通过必要手段来发现和提供证据，有助于争点的明确。但是现行法规定的被告答辩制度给当事人的举证造成了极为不利的影响。表现在，在审判实践中被告通常在收到法院送达的起诉状后，仅在举证期限内将证据提交给法院，并不在开庭审理前针对原告的诉讼请求作出全面的答辩，也不会提交书面的答辩状。这种情况下，原告只能揣摩被告对自己诉讼的态度和意见，毫无针对性地猜测被告的答辩思路，为了应对被告在开庭审理时可能提出的各种答辩，原告不得不漫无边际地收集证据，有的还动用私家侦探等方式获取证据。可见现行举证制度有着很大弊端，为有效应对被告在开庭审理时可能采取的突然袭击，原告不得不经历盲目举证的心理折磨，也浪费原告的时间和精力以及司法资源，这不仅对原告的诉讼利益不公平，也会让法院的审判活动陷入困境，比如原告面对被告突袭往往要求重新收集证据，法官面临裁判的困难。同时，尽管原告倾尽全力想在举证期限内举出全部证据，但由于不知被告的诉讼意见和观点，很难预防被告在开庭审理中提出的意外答辩。原告此时对证据准备不充分，会要求法院延期审理，法院不得不延期审理。被告诉讼突袭可能带来的这一系列对原告举证的不利影响，也深深地影响着法院的裁判工作。

（4）符合诉讼公平的原则

诉讼公平的原则是程序正义的核心内容，程序法属于公法的范畴，其本身的内容就是为了促进诉讼公平价值目标实现而设定的。但程序法设定的内容可以说本身只是硬件，这种硬件相对于日新月异的社会生活而言是滞后的，存在诸多不足。为了弥补硬件可能缺乏的弹性，立法者赋予当事人某些请求权作为软件，在必要条件下使特定的当事人获得司法救济。在现行立法确立的答辩制度下，被告可以不答辩，可以在充分了解原告诉讼主张和证据的情况下继续隐藏自己的观点和所掌握的证据材料，原告难以对被告的反驳和主张作出进一步准备，信息的取得上也极其不对称，使原告处于不利地位，同时也会增加了庭审负担、降低庭审效率，是不符合诉讼公平原则的。

（5）契合了我国现实国情

具体到我国而言，由于英美法系和大陆法系在法律传统、法律文化与价值观念上都存在很大的差异，对于以律师强制代理为前提，以当事人主义理念为基础的答辩失权制度不能盲目照搬。正如王亚新教授指出，"引进任何程序正义观念可能冲击实体正义的制度都应当十分慎重。"① 但强制答辩制度已经契合了我国当前的国情。第一，在我国当代社会，公民生活就是与法相关的生活，公民生活与国家民事司法的联系日益密切。在民事诉讼领域，这要求当事人积极参与诉讼，认真行使权利，全面配合法院职权的行使，使得答辩失权制度具有了相应的政治基础。第二，在金融危机背景下，中国的经济持续发展，这就要求纠纷必须迅速解决，保障经济资源得到及时

---

① 王亚新：《我国民事诉讼不宜引进"答辩失权"》，载《人民法院报》2005 年 4 月 6 日第 B01 版。

重新配置，为答辩失权制度奠定了坚实的经济基础。第三，随着社会经济的发展，公民的权利意识日益高涨，民事诉讼是维护权利的一个途径，越来越多的公民自发、自愿积极参与民事诉讼，这是答辩失权制度的社会意识基础。

8. 答辩制度的设计构想

综上所述，笔者认为，我国答辩制度的设计，必须在充分考量我国司法现实的基础上，摆脱传统法系观念的束缚，以务实和进取的心态来研究和解决我国的现实问题。具体来说，应从近期和远期两阶段分别设计。

就近期而言，从案件种类上分析，答辩失权制度应限于财产纠纷案件，因身份关系发生的民事纠纷因其性质特殊，应实行法院职权探知主义，故不宜强制答辩。从案件适用的程序上分析，答辩失权制度应限于适用普通程序审理的民事案件，因适用简易程序审理的案件"一步到庭"的开庭模式比较好，从案件审理的灵活性考量，应允许当事人随时答辩。从送达的方式上分析，答辩失权制度应当仅限于采用直接送达和留置送达的方式，而公告送达、邮寄送达等方式花费时间较长、有无法送达到当事人的可能，答辩失权制度具有较强的时间性，二者在时间性上是冲突的，故不适宜，同时只有实行严格的送达制度，也可以保障答辩失权制度的稳定性与可靠性。答辩失权制度确立了以上几个前提后，笔者认为其适用范围应在基层法院进行适当的限制，因为基层法院多用简易程序，这样可以克服没有律师代理、法官素质不高因素等对这种制度造成的负面影响，进而保障答辩失权制度的可行性与正当性。

就长期而言，如果答辩失权制度不考虑以上几个前提，需要普遍适用的话，笔者认为以下思路是可以值得思考的：在绝对答辩失权的前提下，如果当事人不答辩的，可以由法官引导其答辩。引导的方式可以是灵活的，比如口头引导、书面引导等等。如果是没有律师代理的案件，允许其到法院口头答辩，并由书记员记录在案，由当事人亲自签字后视为其完成答辩的义务。这种思路是为了尊重当事人的程序权利，对于不懂答辩、无能力答辩者的一种变通规定。同时，为了避免有答辩能力的当事人滥用这种变通规定，可以规定滥用的强制制裁措施或者按照原告方的请求判决，也即被告方失去了答辩的权利。但无论何种情况，实体上的失权都不能作为一般的规则。

无论从近期考量，还是就远期而言，答辩失权制度的适用必须满足基本要件。即首先，必须是在被告接受合法送达后于法定期限内无正当理由拒不提交书面答辩状的情形下才能适用。其次，必须是原告向法院提出申请，要求对被告作出不应诉的判决的情形下才能适用。最后，法院必须对原告申请和相应诉讼材料以及证据充分审查判断的情况下，才能制作不应诉判决。

三、审前程序阶段Ⅲ：答辩后至开庭前

（一）证据交换制度

证据制度不仅是民事诉讼的基石，更是司法公正的基础，证据材料的收集及交换对于认定事实、保障审判结果公正性具有重要意义。由于民事诉讼中法院对案件事实的认定必须建立在当事人对证据充分辩论的基础上，且受"谁主张，谁举证"的民事证据限制，当事人仅了解自己掌握的证据，无法保障其充分行使举证权和质证

权，也就催生了证据交换制度。这就要求双方当事人除了交换书状外，还应当交换相应的证据材料，以便双方在相互了解对方诉讼攻防之后再进入正式的开庭审理程序。为了保障当事人更好地获得司法救济，各国民事诉讼法都从程序上保障当事人收集相关证据和了解案件信息的相关权利，这种致力于要为当事人提供一个公平的收集证据、交换证据的程序也是审前程序得以产生的直接动因就。

1. 证据交换的缺陷

证据交换的前提是必须要有可供交换的证据材料，而证据收集是排除证据交换的障碍，获取证据材料的基本方式。"证据的收集是证据交换的前提，没有证据的存在就无所谓交换证据，证据交换是证据收集后的另一个层次上的诉讼活动。"① 没有证据收集，证据交换也就失去了意义，案件事实就无法通过证据收集与交换逐步揭示出来；没有证据收集，证据交换只能是简单的证据交换。"收集证据是前提，交换证据是结果。收集证据受到法律的保护，交换证据则为法律所要求。权利和义务在这里得到了天然的契合。"②

证据材料的基本来源是当事人自己掌握的材料，但还有一些证据材料可能为对方当事人所掌控或者为诉讼外第三人所掌控，于是赋予当事人收集证据的权利并为这一权利的有效行使提供程序保障具有重要的意义。民事诉讼法和《证据规定》都有相关规定，但司法实践中却未能尽如人意。"尽管法律和司法解释对当事人申请法院调查取证的权利做了明确的规定，但有些法官在诉讼中却未能按照

---

① 汤维建：《民事证据交换制度研究》，载姜兴长主编：《立案工作指导与参考》（2003 年第 4 卷），人民法院出版社 2004 年版，第 215 页。

② 汤维建著：《美国民事司法制度与民事诉讼程序》，中国法制出版社 2005 年版，第 426 页。

规定对处于举证困境中的当事人给予应有的帮助。"① 同时，由于原被告双方在诉讼起初是对立的双方，一般情况下都不愿意主动提供对对方有利的证据材料，有时会在开庭审理时突然袭击，提出一些令对方毫无准备的证据材料，法官不得不对突袭的证据材料重复进行相关程序，有时还必须休庭对证据重新进行调查，待调查完毕再开庭。这些行为都降低了诉讼效率、造成了诉讼迟延，还导致当事人和法官疲惫不堪。因此，需要有相关制度保证当事人证据收集的权利、保障法院审判工作的效率性。这种制度除了赋予当事人相关取证的权利外，法院的调查取证也是必不可少的。尤其是在当事人取证能力很弱的情况下，法院应当通过调查取证予以协助。需要注意的是，法院调查取证不会产生不公平的嫌疑，因为法院要认定事实、对事实的真相负责。

（1）证据收集制度缺陷

在我国证据制度改革过程中，关于审前证据的问题曾产生过激烈的争论，最大的争议是要不要引进英美法系的"发现程序"，其至少形成了五种意见。② 实践中的做法通常是以当事人及其诉讼代理人自行收集证据为主要方式，在当事人因客观原因无法自行收集或需要勘验、鉴定时，可以向法院申请由法院调查收集。《证据规定》第16条进一步明确并缩小了当事人申请法院调查收集证据的围。这种情况下，当事人自行收集证据的保障有所降低，对于其不能自行收集到的证据，可能因不属于法院调查收集的范围而得不到法院的批

---

① 李浩：《宁可慢些，但要好些——中国民事司法改革的宏观思考》，载《中外法学》2010 年第 6 期。

② 参见杨立新：《中国民事证据法研讨会讨论意见综述》，载《河南省政法管理干部学院学报》2000 年第 6 期。

准，其导致的结果是，很多证据因当事人无法自行收集到，又不属于法院调查收集证据的范围而无法进入诉讼程序，举证一方只能承担败诉的结果。这样就令实体公正的价值目标大打折扣，这一现状也曾引起学者和实务工作者的担忧。为此，有些法院实行了调查令制度，目的是要弥补上述规定的缺陷。调查令制度是指当事人不能自行收集证据时，向法院申请调查令，获法院同意后签发调查令，其律师在规定的有效期内向指定的单位收集调查令上载明的调查内容。调查令仍然无法收集到的证据材料才由受诉法院依职权调查。①但是这种做法的局限性在于，只允许律师申请调查令收集证据，使得诉讼当事人的证据调查权利保障缺乏普适性，因为从我国司法现状看，由于缺乏律师强制代理制度，实行律师代理的案件只是很少的一部分。

　　另外，法院取证也面临着极大困境。2012 年民事诉讼法第 67 条第 1 款规定，"人民法院有权向有关单位和个人调查取证，有关单位和个人不得拒绝。"该规定虽然从理论上解决了向诉讼外第三人收集证据的途径问题，但由于未规定有关单位和个人拒绝时的法律后果，在遭到有关单位和个人拒绝时没有采取强制措施的法律依据，法院的工作人员也只能无果而终，显得极为无可奈何。同时，如果调查取证的工作主要由法院来完成，则与法院作为裁判者的中立立场不相吻合，其裁判的公信力会受到极大影响。这也表现出了我国现实国情条件下司法权的局限性。

---

　　① 参见最高人民法院研究室编：《走向法庭》，法律出版社 1997 年版，第 55 页；参见国家法官学院司法审判研究中心：《关于实行证据调查令制度的探讨》；毕玉谦：《对实行证据调查制度研讨的综合评析》，载毕玉谦主编：《司法审判动态与研究》（第 1 卷第 2 辑），法律出版社 2002 年版，第 51—96 页。

（2）证据交换制度缺陷

我国《证据规定》设置了证据交换制度，是第一个系统地规定证据交换制度的司法解释，从而将证据交换制度纳入到民事诉讼法律规范的领域中。第 37 条至 40 条设置了证据交换规则，为缓解证据交换制度的困境起到了一定的作用。但也存在诸多缺陷：

其一，当事人之间直接的证据交换缺失。2012 年民事诉讼法在证据的横向交换这方面仍未作出相应的规定，对审判实践带来的消极影响是显而易见的，一方当事人在事先并不了解对方将要在庭审中提供的证据材料就匆忙进入庭审，在较大程序上造成了重复开庭和拖延诉讼的不良后果。《证据规定》似乎对证据交换制度进行了全面的规定，但从实践来看，在很多情形下，当事人向法院"提交证据"为实，而当事人之间"交换证据"为虚，这就使得《证据规定》设置的当事人适时提交和交换证据的义务异化为当事人限期向法院提交证据，从而为法院提供便利的一种行为了，导致作为证据交换基础的当事人收集证据的权利徒具虚名。

其二，2012 年民事诉讼法仍然只规定了当事人负有举证责任，但对当事人举证提供的法律保障几乎为零，造成对方当事人或者诉讼外第三人所持有的控制的证据不能有效、及时提供给法院，不仅使当事人面临败诉风险，也影响了法院查明案件事实真相。

其三、法院组织交换证据的义务不明确。《证据规定》第 37 条采用了申请型和自由裁量型相结合方式对证据交换的范围进行了规定。证据交换不是必经程序，只有那些证据较多或者复杂疑难案件，人民法院才应当组织双方当事人进行证据交换。"因为证据交换是在证据较多或者复杂疑难案件中适用举证时限制度的特殊要求，因为在这类案件中不进行证据交换，很难达到整理争点、固定争点和证据的效果。"① 如果双方当事人一致同意事先交换证据，法院可以组织双方当事人交换证据。总的来说，《证据规定》设置的证据交换的范围宽窄取决于各级法院的界定和法官的自由裁量。

其四，证据交换与举证时限的关系未厘清。因为证据交换制度是举证时限制度的一个组成部分，因此证据交换的时间与举证时限的时间是紧密联接在一起的，除了规定，"证据交换的时间可以由当事人协商一致并经人民法院认可，也可以由人民法院指定"外，还特别规定，"人民法院组织当事人交换证据的，交换证据之日举证期限届满。"值得注意的是，"举证时限是每一个诉讼中都必须实行的，而证据交换则在相当大的范围内是供选择而适用的。……证据交换之日就是举证时限届满之时，举证时限隐含在证据交换之中。所以，如果法院指令要进行证据交换，就无需另行指定举证时限；反之，在指定举证时限后，如果法院认为需要证据交换，则还可转入证据交换程序。举证时限所产生的法律后果，同样适用于证据交换。"②

其五，关于证据交换的次数，《证据规定》有限制地允许再次进行证据交换。当事人收到对方交换的证据后提出反驳并提出新证据的，人民法院应当通知当事人在指定的时间进行证据交换。除人民法院认为有必要再次进行证据交换的重大、疑难和案情特别复杂的案件，证据交换一般不超过两次。

总之，要弥补证据收集与交换制度方面存在的法理缺陷要正确地认识到当事人收集证据与法院调查收集证据的之间的关系，要认

---

① 最高人民法院民事审判第一庭：《关于民事诉讼证据的若干规定的起草说明》，载最高人民法院民事审判第一庭编：《民事诉讼证据司法解释及相关法律法规》，法律出版社 2002 年版第 44 页。

② 汤维建：《"83 条"都新在哪儿》，载 http：//www. civillaw. com. cn/article/default. asp? id = 9418，最后访问日期：2010 年 10 月 28 日。

识到证据交换的重要性，以及这些关系和重要性与审前程序、审理程序的关系，形成有机的立法构成，才能解决存在的矛盾和问题。

2. 证据交换的失权后果

证据失权制度是指在举证期间（法定或指定期间）内负有举证责任的当事人没有向法院提交证据，将丧失在开庭审理过程中提交该证据的权利的制度，其本质就是举证时限制度，即指负有举证责任的当事人，应当在法律规定（双方约定）或者在法院指定的期限内提出证明其主张的证据，逾期不提出证据的，将承担证据失权不利后果的一项民事诉讼制度。证据失权制度对于提高诉讼效率、贯彻诚信原则具有十分重要的意义，它也是证据交换制度有效运行的根本保障。证据失权制度是在职权主义模式向当事人主义模式转型，以及弱化、规范法院调查收集证据职能并强化当事人举证责任的背景下创设的，自该制度自创设以来一直深受学界和实务界的密切关注，其不仅具有重要的制度创设意义，且在司法实践中遭受了巨大阻力，最终为 2012 年民事诉讼法修改。

《证据规定》生效以前，我国民事诉讼基本上奉行的是证据随时提出主义，如 2012 年民事诉讼法第 139 条规定，"当事人可以在法庭上提出新的证据"，当事人在民事诉讼的各个阶段都可以提出新的证据。审判实践中，当事人及其律师常常在庭审前不提供证据，在开庭审理中来个突然袭击，或者在一审中不提供证据，在二审或再审中才提供，专门打二审官司。在一些律师眼里，这种诉讼技巧是值得推崇的，一些法官也错误地认为突然袭击的场面很精彩。但证据随时提出主义逐渐被认识到是民事司法的重大缺陷，不仅拖延了诉讼，浪费了有限的司法资源，使一审、二审判决处于不稳定状态，影响了裁判的权威性。

为弥补证据随时提出主义重重缺陷，2002 年 4 月 1 日施行的《证据规定》确立了证据失权制度，其第 33 条明确规定人民法院在送达受理通知书和应诉通知书时，可以根据案件情况在举证通知书上载明指定的举证期限及逾期提供证据的法律后果。为保障当事人的证据权利，该条还规定由人民法院指定举证期限的，指定的期限不得少于三十日。第 34 条规定了"当事人应当在举证期限内向人民法院提交证据材料，当事人在举证期限内不提交的，视为放弃举证权利"。同时，第 41 条对"新证据"作出了具体解释。即一审程序中的新证据包括当事人在一审举证期限届满后新发现的证据，以及当事人因客观原因无法在举证期限内提供，经人民法院准许，在延长期内仍无法提供的证据。无论在一审程序、二审程序还是再审程序，当事人主张有新的证据的，都应对司法解释规定的相应的新的证据的情形承担举证责任。这些规定基本上形成了完善的证据失权制度，充分保障了当事人的诉讼权利和实体权利。

《证据规定》第 36 条规定对超时限举证不产生绝对失权的效果，在确有困难的情况下允许延长期限，举证期限的延长一般不超过两次。但在司法实践中仍因其过于苛严，遭受较多质疑，主要是认为在答辩失权缺失，释明制度不完善的背景下过分强调证据缺乏正当性。2012 年民事诉讼针对这一质疑进行了相应的修正，并采取了相对温和的证据失权立场，即根据逾期举证的不同情形分别设置了不同的法律后果。该法第 65 条规定，当事人逾期提供证据的，人民法院应当责令其说明理由；拒不说明理由或者理由不成立的，人民法院根据不同情形可以不予采纳该证据，或者采纳该证据但予以训诫、罚款。

3. 证据交换的制度构想

在现代社会的纠纷解决过程中，事实确认发挥着越来越重要的作用，当事人收集证据的能力高低直接决定着当事人纠纷解决能力的强弱。当事人收集证据的能力越强，诉讼外或者诉讼前解决纠纷的可能性就越大。因此，程序法应当为当事人收集证据提供程序保障，以期增加当事人诉讼外或者诉讼前解决纠纷的可能性，减轻法院的案件压力。改进证据收集的程序设计也是完善证据交换制度的重要内容之一，2012 年民事诉讼法第 48 条和 61 条虽然规定，当事人有权"收集、提供证据，""代理诉讼的律师和其他诉讼代理人有权调查收集证据"，但是，缺乏对当事人收集证据权利的程序保障，也没有当事人从对方当事人或诉讼外第三人处收集证据的相关程序规定。

（1）证据收集程序的改进

当前司法实践中，关于民事诉讼证据收集的途径主要有三种：一是当事人及其诉讼代理人不通过法院直接收集证据。二是当事人向法院申请收集证据。三是由当事人申请，经法院同意后由法院收集或当事人持法院的同意命令自行收集。司法实践中一般是先由当事人不通过法院而自行收集，自行收集遇到阻碍的，或者是当事人不能自行收集或自行收集影响证明力的，如勘验、鉴定等，需要人民法院代当事人收集。[①] 从常理而言，当事人各自为了保护自己的合法权益，都希望收集到足够多的证据材料以应对对方。但从目前的司法环境看，当事人的取证环境不理想，当事人及其诉讼代理人很难向行政部门、职能机关收集到证据。如需要收集工商资料、银行

---

① 参见上海市高级人民法院：《民事经济审判方式改革的探索及若干做法》，载最高人民法院研究室编：《走向法庭》，法律出版社 1997 年版，第 54—55 页。

账户信息、人事档案等证据材料时，通常会遭到相关部门的拒绝，面对此种情况当事人很难自行收集到证据，其结果是当事人不能充分履行举证责任，也削弱了法院作出公正裁判的事实基础。当事人难以自行收集到此类证据有一个重要原因是人为因素，"受中国传统的'不得罪人，''多一事不如少一事'观念的影响，一些单位怕麻烦、怕得罪人，不愿意向当事人提供证据。"① 如果证据收集主要通过法院依职权来收集以改善当事人取证环境的话，不仅与法官作为裁判者应保持中立的地位的理念相悖，同时也会遭遇司法资源有限、案件数量日增的矛盾。

为克服这一弊端，一些法院试行了调查令制度，其中上海各级法院的做法较为典型。为进一步强化当事人在民事诉讼中的举证责任，提高举证能力，确保人民法院在民事诉讼中居中裁判作用的发挥，上海市第一中级人民法院 1996 年开始试行调查令制度，② 上海市高级人民法院在总结 1996 年以来上海市部分法院在民事诉讼中试行调查令做法的基础上，制定了调查令相应的规则，即《上海法院

---

① 金友成主编：《民事诉讼制度改革研究》，中国法制出版社 2001 年版，第 123 页。

② 1998 年 11 月 30 日上海市长宁区法院召开民事诉讼调查令通报会宣布：从 12 月 1 日起正式试行调查令制度，要求应邀到会的 29 家行政管理机关和企事业单位给予通力合作。以后，上海市杨浦、徐汇、南汇等区县法院也相继开始试行调查令制度。2004 年 4 月，上海市高级法院发出通知，决定在全市法院经济审判中全面试行调查令制度，试行期一年。试行期间，各级法院慎重把好调查令申请的审核关、调查令的签发关，为当事人正当行使调查取证的权利创造了条件，也对规范法院的调查取证工作、提高审判效率、促进司法公正起到了积极作用。2001 年 6 月，上海市高级法院再次发出通知，决定在全市法院民事诉讼中正式实施调查令。上海市长宁区人民法院王建平法官在 2001 年 11 月 10 日国家法官学院司法审判研究中心举办的"关于实行证据调查令制度的探讨"的发言，载毕玉谦主编：《司法审判动态与研究》（第 1 卷第 2 辑），法律出版社 2002 年版，第 67 页。

调查令实施规则（试行）》和《调查令样式》。其中对调查令的定义是，指当事人在民事诉讼中因客观原因无法取得自己需要的证据，经申请并获人民法院批准，由法院签发给当事人的诉讼代理律师向有关单位和个人收集所需证据的法律文件。其中的"客观原因"是指当事人通过正常的调查取证途径无法获得相关证据。当事人及其诉讼代理律师可以成为调查令的申请人，但是持令人必须是当事人的诉讼代理人，而且仅限于取得有效律师执业证书的律师。对调查令的申请由负责审理该案的合议庭或者独任审判法官进行审查。

除上海市各级法院外，重庆市渝中区法院①等也试行了调查令制度。调查令制度既能在一定程度上解决当事人取证难的问题，又能调动当事人及其诉讼代理人取证的积极性。同时，在保障当事人收集证据权利，以及确保当事人及时履行举证责任、提高庭审质量和效率方面均具有重要意义，也在司法实践中取得了积极的效果。比如，1997 年，上海某法院仅民一庭在半年时间里向市消防局、城市合作银行等 8 个单位发出 11 份调查令，回复率在 90% 以上。②"据对长宁区法院 1999 年至 2000 年间随机抽查的 60 份调查令运作情况进行调查分析，其中银行 15 份，税务 10 份。证券期货 8 份。房产 5 份，公安、工商、档案、电话、司法局 7 份，其他单位和个人 15 份。调查令发出后，持令律师前往有关单位调查，接待的有 29 家，拒绝接待或不予配合的有 29 家，还有 2 家律师没有及时前去调查。从这些数据中可以看出一些单位日益重视档案资料的社会利用价值，

---

① 参见《重庆正式推行全国首创律师取证申请调查令制度》，载《重庆商报》2004 年 6 月 15 日。

② 参见金友成主编：《民事诉讼制度改革研究》，中国法制出版社 2001 年版，第126 页。

50%的调查得到了许多单位的大力支持和配合。在《律师法》赋予律师调查权比较有限的情况下，律师积极参与持令调查的积极性较高。这也是调查令制度得以顺利实施的社会基础，说明它有利于维护当事人合法权益，有利于提高审判效率，确保被调查人的利益。"①

当然，调查令制度自身也存在的一些局限性。首先，由于这种制度处于试行状态，并且仅仅是在当事人通过正常的调查取证程序无法获得证据的情况下才能启用，法院的审查较为慎重。即便以后法律将该制度确立下来，这种思维习惯会在长时间内存在，也就会影响调查令的施行效果。其次，由于没有设定被调查者的义务和不履行接受调查义务时的制裁措施，当被调查人拒绝配合调查取证时，当事人则无可奈何，这在很大程度上限制了调查令制度的实效性。再次，从表面上看，调查令制度是辅助当事人收集证据的措施，但实际上仍然是法院调查取证的一种形式，凭借的是法院的权威，而不是当事人之间平等权利、义务的设置。最后，最为现实的局限性是，前文所提到的调查令的根本局限因素即律师的参与不可缺少。但我国的现实情况是，律师数量少②、分布发展不均衡；尤其是西部地区或经济不发达地区律师数量更少。"我们要清醒地认识到，随着我国经济社会快速发展、社会主义民主法制建设不断推进和人民群众对法律服务的需求日益增长，律师工作和律师队伍建设还存在一些不适应的问题……律师队伍发展不平衡，全国还有200多个县没

---

① 上海市长宁区人民法院王建平法官在2001年11月10日国家法官学院司法审判研究中心举办的"关于实行证据调查令制度的探讨"的发言，载毕玉谦主编：《司法审判动态与研究》（第1卷第2辑），法律出版社2002年版，第67—68页。

② 据2010年11月22日至23日在北京召开的全国律师工作会议最新的统计数据显示，我国目前律师数量为19.4万人，律师事务所1.69万家。

有一个律师……"① 当事人由于意识、经济条件的制约无法聘请律师代理案件，没有律师参与诉讼调查令制度就无法启动。同时"由于调查令只能由律师持有，因此很可能在一方当事人的律师基于调查令而方便地获得证据的时候，另一方当事人却由于没有委托律师而无法享受调查令带来的好处。所以，在实行调查令制度的同时，应当确保没有委托律师的一方当事人的诉讼权利。"② 这也是该项制度基本都在上海等经济发展较快的城市试行的原因之一，因为在没有律师参与的情况下无法试行，也就不能取得较好的试行效果。

调查令制度可以作为一种收集庭审必须证据的补充方式而存在，因为它具有灵活性和实用性，也可以减轻法院调查取证的工作量，可以发挥作用的空间很大。但笔者认为调查令制度的适用必须具备以下几个要件：其一，调查令制度仅适用于重大、复杂、疑难案件中关于关键证据的收集。其二，只有在不取得该关键证据就无法查清案件事实的情况下才能用启。其三，调查令制度只适用于普通程序审理的案件。因为适用简易程序的案件通常事实争议不大、法律关系比较简单，而且多在基层法院，尤其是地处边远、经济不发达地区，当事人聘请律师的不多，这样设计就可以避免律师代理是必要前提所带来的局限。其四，调查令制度只适用于财产纠纷案件。因为身份关系的案件大多会涉及当事人的隐私，不适宜用这种强制性的方式获取证据。其五，调查令制度可以在证据交换前依照当事

---

① 周永康：《坚持和完善中国特色社会主义律师制度　忠实履行中国特色社会主义法律工作者的职责——在全国律师工作会议上的讲话》，载《人民法院报》2010年12月6日第1版。

② 陕西省高级人民法官赵健民法官在2001年11月10日国家法官学院司法审判研究中心举办的"关于实行证据调查令制度的探讨"的发言，载毕玉谦主编：《司法审判动态与研究》（第1卷第2辑），法律出版社2002年版，第58页。

人的申请和法院的准许进行，也可以在证据交换之后，就对方提交证据的情况以调查令的方式补充收集必需的关键证据。其六，对于不配合调查令的当事人或诉讼外第三人的制裁措施。如果是当事人不配合调查，其结果是直接认可申请该调查令的当事人对该项证据的主张；如果是诉讼外第三人不配合调查，可以对其实行罚款、情节严重的可以实行拘留。

（2）证据交换制度的改进

其一，就证据交换的范围而言，由于笔者对证据交换制度作了扩展性的解释，即包括收集、提交、展示证据的功能为一体的制度，于是也应当慎重确定证据交换的范围。我国的证据交换制度是由《证据规定》首次确立，但是由于该制度实施时间不长、尚未全面推行，在实践中出现了一些滥用证据交换的苗头，有些法院利用该制度为自己提供便利。随着证据交换制度的全面推行，证据交换制度产生的负面影响可能会越来越明显，因此证据交换的范围是一个不得不慎重考虑的问题。笔者认为，在确定证据交换的范围时比较适宜的方式是概括式与排除式相结合的确定方式。可以规定，对于当事人诉讼请求或者抗辩理由有直接关系的证据，当事人可以自行收集，遇到困难时可以向法院提出申请，由法院签发调查令等协助取证的命令。对于与案件争议相关的其他证据，需要法院准许的情况下才能调查收集。当然，如果被收集证据的人同意，就不必取得法院准许。

其二，就证据交换的机构设置而言，司法实践中具体做法五花八门。"推行证据交换的法院对由谁来主持证据交换非常敏感，若是由庭审法官主持，则难以监督法官是否回到了以往提前接触当事人，造成'先定后审'、易生腐败嫌疑的情况，从而影响司法公正。若是成立一个专门的机构来进行，又与最高人民法院已经确立的立审、审执、审监分立的三大体制改革不相适应。在这样的背景下，有的法院认为，既然纳入'（庭）审'不利法院'形象'，就将其纳入'立案'，将立案职能扩大。"[1]

具体而言，实践中有四种做法。第一种，设置于立案庭，在立案庭中设置预备组，预备组仅对疑难负责案件或新类型案件进行庭前准备，指导当事人进行证据交换，并归纳确定争点，必要时预审法官可以作出调解书或撤诉裁定。其优点是预备庭设立于立案庭内，预审法官与审理法官相分离，避免"先入为主"的思维定势，同时可以保证审理法官的主要精力放在驾驭庭审活动和认定事实、适用法律水平的提高上；第二种，设置于审判庭。在民事经济审判庭设立有多名有经验的审判员或者助审员与书记员组成的预审组，案件由立案庭初步分流，将疑难复杂、适用普通程序审理的案件按照流程管理程序分配给预审组，预审组指导当事人举证，必要时可依职权收集证据，根据当事人提供的证据整理、归纳争点，然后将案件移交至另外组成的合议庭开庭审理。上海市卢湾区人民法院就是采取的这种方式，该院民庭将预审组和专门的合议庭对口，便于沟通，避免重复劳动，促使案件的审理工作真正有序、有效进行；第三种，由书记员办公室负责庭前准备，在做好包括证据交换在内的准备工作的基础上将案件移交审判庭，接到移交的案件后审判庭才指定单独的法官或者组成合议庭进行开庭审理[2]；第四种，单独设立进行包

---

① 韩庆解、廖朝平：《民事审判方式改革中之审前程序结构模式研究》，载《法学评论》2001 年第 6 期。

② 参见张莉：《论我国民事庭前证据交换制度》，载胡锡庆主编：《司法制度热点问题探索》（第 1 卷），中国法制出版社，第 452—453 页。

括证据交换在内的审前准备工作的准备庭或者预备庭。

可见，由于各地法院情况不同，认识不统一，所以证据交换的机构设置缺乏统一性。这在一定程度上给当事人进行诉讼带来了一定麻烦，使他们难以适应。但这些做法有一个共性，即审前法官与审理法官相分离。这一趋势在我国民事审判方式改革中已有体现，不过，还缺乏相应的立法依据。在我国"立审、审执、审监分立"的法院机构设置的格局下，以"强化庭前准备"改革为重点，继续丰富和完善"诉调对接"机制，通过在立案庭内建立专门的庭前准备组织（或者预审组），强化庭前诉讼指导、庭前证据交换和庭前调解等工作措施，是证据交换机构设置改革的一条可取路径。山东省高密市人民法院就是依此为路径提高了庭前准备工作质量，保证了开庭成功率。"2001 年该院民事案件庭前调解和撤诉率达到 48%；经过庭前充分准备的案件，平均个案庭审时间仅为 30 分钟，一次开庭成功率达到 95%。"① 笔者认为，"审判准备法官与预审法官"模式也代表了我国证据交换机构设置未来的走向。

其三，就证据交换的操作规程而言，目前尚无统一的模式。有的法院采用"听证式"，有的采用"预备庭式"，还有的采用"会议式"。其中，采用"预备庭式"的形式进行证据交换是大多数法院进行证据交换所采取的方式，较为普遍。而"听证式"、"会议式"的证据交换是个别地区法院的做法，相对较少适用。

（3）证据交换制度改进的主要思路

笔者认为，改进证据交换制度的出发点应当是要容纳证据收集、交换、调解于一体，进而形成一项全新的证据交换制度。证据交换

---

① 张守增：《司法，彰显对人的关怀》，载《人民法院报》，2003 年 3 月 12 日第 006 版。

的主体是当事人和审前法官，以当事人庭外自行收集证据、进行和解为主，审前法官充当程序运行的协调者和管理者。因此，双方当事人会面并交换证据应以"会议式"为宜，在这一点上可以借鉴美国证据开示制度中"审前会议"的经验，而不宜采取预备庭的方式。因为这种方式使证据交换制度染上了过于浓厚的职权主义色彩，同时，法庭的庄重气氛不利于当事人之间的交流、沟通，不利于调解工作的开展。另外，在预备庭方式中，法官的角色也很尴尬，进行的工作并非审理，还必须依照审理的严格程序进行，一定程度上阻碍证据交换潜在功能的发挥。可见，总体而言，在明确证据交换的主体是当事人，并采取会议方式进行证据交换的同时，也应明确审前法官在证据交换中的权力，包括指挥权、监督权和制裁权。

（二）审前会议

1. 审前程序的缘起

审前会议制度起源于美国，最初在个别地方法院试行，后来为国家立法正式确认，并与诉答制度、证据开示制度共同构成了审前程序。审前会议制度的发展过程体现了美国对当事人主义诉讼模式进行不断修正和完善的过程。具体来说，早期的美国民事诉讼程序主要由诉答程序与审理程序构成。但是，这种构成的缺陷随着社会的发展逐渐暴露出来。特别是由于当时还没有证据开示程序，在法庭上采信何种证据较大程度上取决于当事人及其律师采用诉讼策略，使得当事人因无法应对对方当事人的证据突袭，也无法借助其预先提交的诉答文书进行相应的防御。这种状况导致诉答程序经常为当事人滥甚至任意控制，大大增加了庭审难度，不仅因法庭难以尽快掌握案情而不得不耗费大量的时间来排解那些与真实争点缺乏必要关联性的繁文缛节，同时也无法保障当事人借助正当程序来获取诉讼利益。

为改变这一弊端，审前会议制度被法院用来在审前以职权干预的方式对诉答程序的结果进行控制和限制，并具备了开创先河性质的里程碑意义。因此，美国设立审前会议制度的初衷是要弥补诉答程序和审理程序中出现的一些缺陷，后来随着证据开示程序的增加，使得审前会议制度不得不引申为法院对案件的程序管理，随后又为了解决案件的不断激增给庭审活动所带来的日益严重的负荷，由庭审法官介入审前会议制度为促成当事人达成和解提供了天然的良机和内在机制，最终使现在的美国审前程序基本上完成了从审理程序走向审前程序的重心过渡。这表明，美国的审前程序已不再像当初那样主要是为开庭审理做准备的单一功能。因为，经过审前程序之后，仅有个别案件能够进入庭审，使得审前程序在解决纠纷、消化案源的能力上实际替代了审理程序的许多原有功能。

从美国审前会议制度的发展历程，可以总结出其推行此制度需具备的几个条件：第一，有发达的诉答程序，并以当事人的自主推动为主；第二，职业能力很强的律师群体；第三，审前功能的根本性转变，即由为开庭审理做准备的单一功能转变为在审前解决纠纷的功能；第四，绝大部分法官具有律师工作经历。美国审前会议制度的发展过程为我们设计审前会议制度提供了很好的借鉴。结合我国实际总结出关于审前会议的相关问题：

2. 我国审前会议的功能构想

（1）加速诉讼

美国的审前会议制度所设定的追求尽快对诉讼进行处置的目的是有的放矢的。"被认为属于复杂类型的案件，美国的法院将举行一系列的审前会议，在提交诉状之后不久即行开始，延续到整个审前阶段，涉及各种各样的重要法律问题、证据发现程序的争议，以及其他程序事项。"①

我国律师在审前程序中的作用过于被动和消极，法官的作用过于主动和积极。多年来，超审限审理案件一直是困扰我国司法效率的一大难题。由于我国的审前程序缺乏像美国的诉答程序和证据开示程序这两种驱动当事人和律师发挥主导作用的机制，导致实践中一些案件的审前程序几乎消耗了一半以上的审限期间，个别的还更多。这主要是由于主持审前程序的立案庭或审前程序法官与业务庭或审理法官之间的相互协调成本过高，有时会出现审前程序与审理程序职能重叠、重复劳动的现象。因此，我国目前实行的审前程序也存在需要加速进行的必要，审前会议则是实现这一设想的最佳路径，只是具体制度应当根据我国民事诉讼的实际需要设计。

（2）加强程序控制和管理

对诉讼程序进行控制与管理是我国多年来实行审判方式改革基础上的产物，主要体现在审判流程管理与法官释明权行使两个方面。在审判方式改革过程中，涌现出了对程序管理和控制的多种模式，如北京市房山区人民法院的"三二一"模式，山东省寿光市人民法院的"大立案"模式。对这些模式不宜全盘肯定与全盘否定，而应当从强化审判法官的权力和当事人在诉讼中的地位入手，重新考虑立案庭的角色与职能，它只应当为审判法官起到辅助性作用，而不能够成为制约审判法官行使审判权力的力量。因此可以借鉴美国诉答程序、证据开示程序，为庭审开展创造必要的条件，并且为部分

---

① ［美］杰弗里·C. 哈泽德、米歇尔·塔录伊著，张茂译：《美国民事诉讼法导论》，中国政法大学出版社1999年版，第126页。

借鉴审前会议制度提供基础。

从我国目前实行审判方式改革的角度看，法官的释明权也应当被视为属于程序管理的范畴，因为它与审判方式改革所推行的当事人主义具有天然的联系。从某种意义上讲，《证据规定》是对各地法院审判方式改革所取得的阶段性成果的总结与规范。如果法官的释明权与当事人主义之间具有天然的关联性的命题能够成立的话，那么英美法系的法官在实质意义上早就拥有这一职权。例如，在传统上，无论英美法系法官在推动诉讼的开展上其态度如何被动、消极，但当法官面对当事人就案件的实体或程序性问题申请动议时，不论该法官就此动议是否予以批准，如果有其中一方当事人提出异议时，法官为此而作出的解释理应属于释明权的范畴。从历史的角度看，英美法系有强化法官行使释明权的趋势，但是从程序管理功能的视角而论之，在审前程序中，法官的释明权应当属于审前会议制度的附属品。如果理解到这一点的话，将有助于我们加深对两者相互关系的理解。

（3）使审前准备更加充分

美国通过审前会议强化审前准备程序的充分性具有特别的意义。因为它以陪审团审理的模式来决定庭审只能通过一次集中性审理来作出裁决为价值目标的。而在审前程序当中的诉答程序和证据发现过程中，由于当事人发挥着推动程序开展的主导性作用，当事人的激烈对抗所包含的主动性与积极性并非等同审前准备的充分性与妥当性，当事人之间利益冲突决定了发现实体真实的程序与过程很有可能被当事人任意操纵，将导致偏离程序正义所应当预期的审前准备效果。因此，审前会议制度所发挥着整合审前程序的总体功能，使其朝着正当程序所决定的方向发展，从而使审前准备具备充分性。在我国，经过审判方式改革，虽然在形式上通过最高人民法院的若干司法解释，有关法院也进行了诸多改革探索，显得较为重视审前程序，但由于受到了民事诉讼立法缺失的严重制约，使得审前程序仍然呈现出较为空洞化的状态，未能实现为开庭审理进行充分准备的预期目标，使得开庭审理程序与审前程序的部分功能重叠，实际上是在进行重复性劳动，反而增加了当事人的诉讼成本，造成司法资源的浪费。应当指出的是，从横向比较来看，尽量通过一次性的集中审理来解决争端，不仅仅是为了节约诉讼成本、提高诉讼效益的需要，更重要的是出于程序正当性的考虑。

（4）促进诉讼和解

在美国有超过95%的民事案件在审前就得以解决，有些法院的审前结案率通常达到97%。如此现象给我们的启示是，通过庭审解决纠纷需要更多的成本。在美国，经历了诉答程序和证据发现程序所带来的高额诉讼成本，再加之诉讼结果的不确定性这些客观原因使当事人愿意选择采用和解的方式解决纠纷。因此，为了优化审前程序的功能，我们应当考虑将包括促使当事人和解在内的可替代性纠纷解决方式引入审前程序，其是诉讼程序改革的一套系统工程。实际上，我国历史上就有采用当事人之间的和解解决民事纠纷的传统，中华民族并不热衷"好讼"，也与和谐理念不符。张伟仁研究员在描述我国明清时代的诉讼时是这样说的，"有不少清代的学者和官员指出，一类案子的原告自始就'图准不图审'，它之所以呈递诉状请求官府启动司法程序，是为了迫使对方为避免讼累而与之和解，并且作出较多的让步。此一现象显示出告状者并非'好讼'，而是利用了被告者'畏讼'心理，去达成他避免诉讼的目的。"[1]　就此说明

---

① 张伟仁：《中国法文化的起源、发展和特点（上）》，载《中外法学》2010年第6期。

中国人传统既非好讼，也非畏讼，而是利用诉讼，迫使对方接受和解。但是市场经济带来的高度物质文明，造成了各种社会关系之间的物质利益冲突，导致人们在认识和处理这些纠纷与冲突的思维方式、价值选择上出现了偏差。有些当事人为了争口气而不计诉讼成本，法官有时仅仅因为回避查明事实真相的难度而变相强迫当事人之间和解等等。这些非理性的思维模式和做法，会导致严重扭曲司法程序的权威性与严肃性后果。因此，通过审前会议促进和解，实现审前程序纠纷化解功能的强化具有较强的可行性。

2. 我国审前会议制度的设计

我国的审前会议制度的创设不能照搬美国模式，必须结合我国现实的国情对我国民事诉讼程序功能加以改进与完善，有条件地吸收其合理的因素及必要的程序规则。在其适用方面，包括审前会议制度在内的审前程序主要适用于采用普通程序审理的复杂案件，即使采用普通程序审理的案件也只有其中的一小部分适用这一程序，即便在审前会议制度的发源地美国也只是复杂案件才适用审前会议。具体而言，我们考虑的主要因素包括案情的复杂程度、涉及证据数量多少以及双方当事人是否聘请律师代理等。因为包括审前会议制度在内的审前程序意味着审前程序要耗费更多的时间、投入更多的诉讼成本，从而导致整体诉讼结构会发生"前重后轻"的倒置现象，即审前程序耗费的时间与成本更多，审理程序耗费的时间与成本更少。

同时，由于审前程序是一种充满技术性的程序，因此它的具体运用要充分借助于双方当事人的积极性与主动性，并且需要依靠当事人自主地推进程序向前发展，特别是律师的作用不可或缺。但是，由于我国律师制度等相关制度存在内在的功能性障碍，致使我国的审前会议制度解决当事人纠纷的效果难以与美国相比。因此，虽然审前会议的一个重要目标是促使当事人走向和解，但案件不能通过和解解决的情况下，审前会议也能为庭审作更充分的准备，比如对诉状文书进行必要的修改和补充，确定案件的争执点、固定有关的证据等。因此，笔者认为，庭审法官不宜介入审前会议，相对独立的审前法官指导该会议比较合适，需要注意的是，有必要赋予审前法官就当事人之间的争议及时作出裁决的权力。同时，为了给当事人之间的和解创造必要的氛围，审前会议可以在会议室，并采用圆桌会议的形式进行。

最后，对于审前会议的次数视情况而定。对于一般复杂的案件，审前会议进行一次即可；对于案情特别复杂、重大疑难案件或新类型案件可以组织两次或两次以上的审前会议。第一次审前会议应在证据交换前进行，在最后一次审前会议上应固定证据、整理争点，审前法官应遵循当事人自愿原则，以证据交换过程中展现出的事实和争点为基础促进当事人和解或者进行适当的调解工作。

（三）审前法官

审前法官①的选择是完善审前程序的关键。英美法系国家因为实行陪审团制度使得审前程序与开庭审理程序之间的界限清晰；而大陆法系国家由于并不实行一次性的集中审理，使得二者之间的界限不明，但近些年来为了克服分散式的审理方式带来的诉讼效率低下等弊端，各国纷纷开始探索各种类型的审前准备。审前程序中一个关键的问题是，主持审前程序的法官与主持开庭审理程序法官是否应为同一主体。这个问题几乎成为了各国在立法和审判实务争议的

---

① 本文所称审前法官是对法官、书记员和法官助理等主持审前程序的主体的统称。

焦点问题。如果为同一主体，则能够使裁判者在审前程序中了解案情，便于集中审理，提高诉讼效率，但容易造成法官先入为主，导致庭审空洞化和司法腐败等问题。如果为不同主体，优点和缺点则恰好相反。我国究竟应当采取分离制还是合一制，还得先考察一下国外的情况。

1. 域外考察

（1）英国

英国由主事法官负责主持审前程序。在 1867 年以前就有主事法官一职，从 1867 年开始普通法院的主事法官取代了法官的某些职能，不再作为法官的副手。主事法官由枢密大臣从有 10 年以上执业经历的大律师中选任①，选中的主事法官到 72 岁退休前都享有主事法官的职权。主事法官担任审判前的司法工作，为法官在审判时明确争议焦点、预防先入为主及提高诉讼效率做准备工作；同时也能加快审判前的各种申请事项的处理，为当事人节约诉讼成本。根据沃尔夫勋爵在民事司法改革当中的建议，英国现行民事诉讼规则采用审理法官与程序法官相分离的模式。审理法官通常由资历较深的法官担任，主持审理程序或开庭审理并对案件作出裁决。程序法官负责审前程序中的案件分配、案件管理。② 主事法官（即程序法官）是在办公室听审，不进行公开审理，主要受理中间申请、审理案件、或估计评定损害赔偿金额。当事人向主事法官提出申请时要使用传票，并载明所申请的裁定送达到所有当事人。主事法官对申请案件

---

① 现在王座法庭共有 8 名主事法官。沈达明编著：《比较民事诉讼法初论》，中国法制出版社 2002 年版，第 363 页。

② 参见徐昕著：《英国民事诉讼与民事司法改革》，中国政法大学出版社 2002 年版，第 169 页。

实行"恒定原则",即案件分配给某一主事法官后所有的申请都由他一人受理,大律师及其职员都可以出席主事法官的听审。

对于主事法官所作的裁决如何上诉的问题,王座法庭与枢密院法庭适用不同的程序。王座法庭的主事法官是独立的法官,对他在审前程序中所作的裁决只能向该庭的法官上诉,该庭的法官只能在非公开庭上受理上诉,如果不服法官的裁决,经他许可后才能向上诉法院上诉。受理上诉的法官在非公开开庭上的听审是新的听审,要采纳新证据,行使独立的自由裁量权。枢密院法庭的主事法官是法官的副手,不能向该法官提起上诉,因此只能申请主事法官把问题交给法官重新处理。但是,王座法庭和枢密院法庭主事法官审理案件作出的判决,确定损害赔偿金额的判决,当事人可以直接向上诉法院提出上诉。

(2)美国

在美国,关于审前程序主持者的称谓问题,"法院"是最通用的称谓,还有称为地区法官、补助法官、法院法官、书记官的,还有被翻译为主事官、仲裁人、审计员、询问法官、专业顾问等。[1] 在20世纪80年代以前,美国审前的诉答、证据开示都是由当事人自动开展的,法官要到审前会议时才介入,对当事人审前程序的准备结果进行审查并确认。当事人完全自动开展诉答和证据开示,导致了大量滥用证据开示现象的产生,带来诉讼的极度拖延。于是,在1980年开始的对《联邦民事诉讼规则》的一系列修改活动中,陆续加大了法官对于审前程序的控制,包括法院安排证据开示的日程、和以会议形式监督当事人正确利用证据开示程序的相关措施。

---

[1] 参见白绿铉、卞建林译:《美国联邦民事诉讼规则、证据规则》,中国法制出版社2000年版,第90页。

美国法院在审前法官的选择上存在很大的争议，导致其司法实践中准备法官与审理法官是否同一的做法不一致。有的法院是由助理法官完成，但"随着对法官应早期介入案件准备过程并加强管理的强调，由审理案件的法官主持审前准备程序，并在准备阶段就开始了解案情的做法还得到提倡。在联邦法院系统几乎所有的案件都由同一法官主持审前与审理程序。"①也有美国学者建议引进英国的主事法官主持全部审前程序，认为英国的这种主事法官制度，使审前和审理两种程序的功能发挥出来并相互补充。主事法官监督当事人提出诉状、答辩状等诉讼文件，证据开示程序确定争议焦点、确定诉讼进度以及对某些案件作出裁定。②经过这种主事法官的审前工作，在开始审理之前所有诉讼上的争议焦点都已最终确定，可以使审理法官从当事人的问题争执中摆脱出来，使其在审理阶段能够做到公正、公平。还有一点最为重要的是，审理法官与主事法官之间分工明确，可以避免审前阶段法官暗示当事人接受被迫的和解。

（3）德国

德国的准备法官本身就是合议庭成员，典型的如斯图加特模式的准备程序。第一个阶段是由法院的书记官指挥诉讼，由其核查当事人提交的书面材料，核查当事人是否遵守法律规定的期间，在此阶段准备法官对程序性工作不必费心，只需等待下一阶段的准备；准备程序的第二阶段就需要在准备法官的监督下进行。在原告提交对被告答辩状的答辩后，全部案卷交给法院院长，由法院院长指定一名汇报法官（即准备法官）。同时院长自己也要研究案卷以决定诉

---

① ［日］竹下守夫等：《研究会美国民事司法的动向》，载《法律家》1992 年第 7 期。转引自熊跃敏著：《民事审前准备程序研究》，人民出版社 2007 年版，第 91 页。

② 例如原告的诉讼请求不能得到支持而作出的驳回起诉的裁定。

讼如何进行，作好言词辩论的准备工作，为案件判决作准备。院长还要召集全体法官召开讨论预备会，由汇报法官提出意见供全体法官讨论，汇报法官的报告要录音并打印。讨论预备会结束后，法官作出调查证据的裁定，传唤当事人及证人出庭、把证据材料集中起来。这些措施如果还不够整理争议焦点的话，可以在主言词辩论前一个星期之内举行"中间听审"。主言词辩论前几天，再开会查阅案卷，讨论预备会后出现的新情况，同时还要决定主言词辩论日的工作安排，明确向当事人、证人等诉讼参与人询问的问题及询问的次序。

（4）日本

日本审前程序的进程是由法官始终主持并控制的。1926年日本仿效德国，对民事诉讼法进行修改，扩大了审前程序的适用范围，规定由单独的受命法官负责审前程序。审前程序从一开始就由专门负责办理特定案件的法官或合议庭来进行，并且重视通过在法官主持下的审前程序实现法官与当事人双方的口头交流，进行争议焦点整理。当然，也有学者认为，日本法并未就主持专门准备程序的法官及其地位作出明确规定，"进行准备程序的法官，可以是构成受诉法院（诉讼法上的法院）的法官所属的法院（作为机关的法院）的法官，也可以是受诉法院的法官，还可以是准备程序专门法官。"[1]也就是说准备程序的法官可以是审理本案的法官所属法院的法官，也可以是审理本案的法官，还可以是专门的准备程序法官。"而日本民事诉讼法对于审前准备程序的主持者则根据不同的情形，分别表

---

[1]　[日] 三月章著：《日本民事诉讼法》，汪一凡译，五南图书出版公司1997年版，第407页。

述为法院、审判长或受命法官。"①

（5）法国

法国新《民事诉讼法典》规定，适用一般程序的案件要先通过由准备程序法官主持的准备程序。② 准备程序的法官是受理案件庭的成员（第763条），准备程序由该庭的几名法官负责，并由庭长负责分配其他法官的工作（第818条）。法国的准备程序法官制是在1965年试行的，其初衷为了加强对审前程序的管理与监督，加快诉讼进程。总的来说，法国民事诉讼法的趋势是向着扩大准备程序法官权力的方向发展。

法国准备程序法官依法拥有相当广泛的权力。一方面，他们为了预防当事人拖延诉讼，在准备程序中处于指挥者地位。不仅可以监督当事人进行诉讼程序，督促其及时交换起诉状和答辩状等诉讼文件，还可以在审前程序中在充分听取当事人陈述的基础上进行调解；另一方面，他们可以依职权积极地参与充实诉讼内容的活动。其一，为了使诉讼能够顺利进行，新民事诉讼法典赋予准备程序法官名副其实的命令权③，并根据需要干预程序的进行。其二，他们还对一些附随事件拥有专属管辖权（第771条）；其三，当准备法官认为案件已经达到足以作出判决的状态，即双方律师根据证据交换的结果，可以口头形式向法院表明双方在诉讼上所存在的事实和法律

---

① 白绿铉编译：《日本新民事诉讼法》，中国法制出版社2000年版，第138页。

② 也有学者认为，"除将协议期日送交辩论程序的案件外，其他的案件都将分配至各业务庭，由审前准备法官进行审前准备程序。"毕玉谦、谭秋佳、杨路著：《民事诉讼研究及立法论证》，人民法院出版社2006年版，第539页。

③ 包括一些制裁权，例如：当事人没有在指定期间内实施法官所要求的诉讼行为，法官可以作出结束准备程序的裁定，当事人就不得再提交其他诉讼文件或证据材料。

争议焦点，还拥有命令结束准备程序的权力。①

就民事诉讼准备程序法官的选择上，法国起初想采取相当于刑事诉讼的预审法官制，不准准备程序法官参与本案的裁判。但由于法国法官数量严重不足，而民事审判案件的数量急剧增加，在这种情况下很难有专门的法官专事处理程序，当初设置准备法官的目的难以实现。例如，"巴黎大审法院曾在建筑工程庭专门设置了不参与本案判决的准备程序法官，但是该庭在 20 世纪 80 年代后半期取消了这一设置，转而采用和本院其他业务庭同样的方式进行准备程序。取消的原因在于即使准备程序法官行使释明权，律师也会对此有积极的反应或充分施行整理争议焦点活动，并且在先行给付命令发布后，当事人双方的律师都会对其后进行的诉讼活动失去热情，以致引起延迟诉讼现象的发生。"②

总之，从两大法系许多国家通过司法改革来构建其审前程序的轨迹来看，其力图解决的焦点始终是司法的公正和效率之间的平衡问题。从传统观点看，公正应当置于效率之上，但随着社会的不断发展，各国不得不将公正与效率置于同等位置，试图找到二者的最佳平衡点。当今司法公正与效率之间平衡机制的突破口，即是把效率作为司法公正内涵的一个元素。例如，美国的审前程序自 20 世纪 80 年代实行改革以来，很大程度上发挥着实体审理的替代功能，使得绝大多数案件可以在审前程序终结。究其原因，是其受到来自大

---

① 《法国新民事诉讼法典》第 763 条规定："案件，在受分配审理本案件的法庭的一名司法官监督下进行审前准备。该司法官的任务是，保证诉讼程序公正进行，特别是保证即时交换陈述准备书与相互传达文书、字据。该司法官得听取律师的意见说明并向他们通报一切有益的材料；如有必要，也可向律师发出指令。"

② 张卫平、陈刚编著：《法国民事诉讼法导论》，中国政法大学出版社 1997 年版，第 197 页。

陆法系国家的影响，具体表现为美国法官对于审前程序干预职权的强化。由此可见，赋予主持审前程序主体何种具体职能，或者如何设计法院在审前程序中的角色，完全取决于审前程序功能设计本身。也就是说，一旦赋予审前程序何种功能，就应当使之拥有与此相适应的法院角色定位。

2. 我国审前法官选任的争议

我国民事诉讼审前程序曾出现过先定后审、庭审走过场、法官主动而当事人地位消极被动等制度异化现象。为了克服这些弊端，法院系统内部近年来实行了立审分立的体制，即将审前程序与庭审程序相分立，主持审前程序的主体与主持庭审程序的主体相分立，强化了审前程序的独立价值地位。实务部门和学者们对于设立独立的审前程序已基本达成一致意见，但对于主持审前程序的主体设置却存较大分歧。归纳起来，主要有以下观点和做法。

（1）主张建立审前法官制度

该观点认为，庭审法官如果对审前程序和庭审程序全权负责到底，审前准备行为和开庭审判行为不分，庭审容易流于形式，案件审理容易形成"先定后审"的局面。为了克服同一法官全程主持所带来的弊端，应当实行审前法官与庭审法官相分离，设立专门的审前法官。由专门审前法官主持审前准备工作，制作审前会议记录，依职权裁定结束审前程序，既可以克服同一法官同时主持审前程序和庭审程序带来的先定后审、先入为主等缺陷，又能够监督和管理当事人的审前准备，以防止其滥用权利，拖延诉讼，造成诉讼的低效率。[①] 支撑这种观点的理由，主要是基于防止庭审法官因参与庭审

---

① 参见丁新春、钱伟民：《浅谈民事审前程序之构建》，载中国法院网 http://www.chinacourt.org/html/article/200307/11/67954.shtml.2010 年 12 月 28 日访问。

程序而导致先入为主的倾向，同时，可以有效减少因与当事人单方接触而可能带来的司法腐败。

这种观点不仅有学者的强力声援，而且在部分法院已经开展了试点。就学术观点而言，有学者建议，"我国应建立庭前程序法官与审判法官分离的制度，即审判法官不能介入庭前程序活动中去，而由程序法官进行审前准备活动。依据我国的实际情况，借鉴德法等大陆国家的做法，可以设计预审法官指挥庭前程序的进行。"① 还有学者认为"准备法官既可以结合具体案件从民庭法官中任命，也可以在立案庭中专门设立准备法官机构，其职权范围是管理从立案受理到开庭前准备阶段的一切工作，但他不得参与本案件的审理"②；就司法实证而言，2002 年 8 月，联合国开发计划署和最高法院确定山东县高密县人民法院为"审前程序与预审法官制度"司法改革开发项目试点法院。③ 高密县法院设立了专门的审前准备机构—审前准备庭。审前准备庭的预审法官在审前准备过程中主要进行的工作有：送达法律文书、保全财产和证据、调查取证、指导诉讼和指导举证、证据交换等程序性工作；处理管辖异议、不予受理通知、庭前调解等实体性工作和排期开庭、分流案件等事务性工作。可见，预审法官除了不能参与审判外，其他的与审判事务有关的工作基本都要由他们来完成，但其主要工作是明确争议焦点。

---

① 李祖军、周世民：《论庭前程序的完善》，载田平安主编：《民事诉讼程序改革热点问题研究》，中国检察出版社 2001 年版，第 158 页。

② 杨路：《庭前证据交换的实证研究》，载毕玉谦主编：《中国司法审判论坛》（第二卷），法律出版社 2002 年版，第 269—270 页。

③ 参见李岩峰、王世心：《借鉴·探索·突破——来自高密法院审前准别程序试点的调查》，载《人民法院报》2002 年 9 月 1 日第 1 版。

（2）主张立案法官及书记员共同负责审前准备

主张此种作法的学者认为，"对于复杂的案件，由立案法官及书记员组织当事人整理争议焦点、提交和交换证据等庭前准备工作后，移交业务庭；对那些简单的案件，无须准备就能集中审理的案件可直接提交业务庭，进入审理程序。"① 这种作法所称的"立案法官"，与前一种观点所称的"准备法官"称谓虽不同，但本质上没有差别。书记员相对于立案法官而言是从属法官，因此由书记员协助立案法官从事审前程序。但笔者认为这种观点与第一种观点没有实质性区别。

这种做法可以克服庭审法官过早介入审前程序所带来的弊端，而且由于立案法官和书记员都不是合议庭的组成人员，对庭审不会产生"先定后审"的不良影响。另外，书记员负责审前的一些程序性工作，也可以使庭审法官从繁琐的审前审查事务中解脱出来，专心致力于质证、认证等庭审工作。但我国的立案法官和书记员在业务能力、工作经验方面都还很欠缺，其面对审前程序中一些事项，如追加当事人、妨碍民事诉讼强制措施的判断与裁定等情况是否能合法、合理地决断是一个需要深思的问题。"书记员的总体工作经验、业务能力还难以完全适应主持审前会议的要求，因此，审前会议中的有些权力只能由审判员来行使。"②

（3）主张法官助理主持审前程序

主张这种观点的学者认为，"在审前准备程序中，法官助理并不审查证据的真实性、关联性与合法性，只是为当事人互相知悉对方

---

① 黄国新：《我国民事审前程序存在问题及对策研究》，载中国法院网，http：//www. chinacourt. org/html/article/200209/12/10818. shtml. 2010 年 12 月 28 日访问。

② 叶健：《论审前准备程序之重构》，载《人民司法》2000 年第 10 期。

的诉讼信息提供机会，为庭审质证和辩论创造条件。"①法官助理在法官的具体指导和监督下需完成准备工作，即初步审查与送达，指导当事人举证，采取财产保全或证据保全措施，组织证据交换，根据当事人申请或依职权调查收集证据，以法官名义进行调解、排定开庭日期。这种意义上，法官助理被定位为法官助手，其所进行的庭前准备工作多在法官指导下进行，并且在审前准备结束后，要向法官汇报庭前准备情况。② "从目前人民法院的机构设置状况看，由审判庭自行确定法官助理担任此项工作是合适的，也是切合实际的。"③实践中，天津市开发区人民法院曾尝试设置了法官助理参与审前程序制度，由法官助理负责庭前准备，处理审判以外的事务，这使得主审法官可以专心"坐堂问案"，审判效率自然也就提高了。④ 此外，北京市房山区经济庭、广州海事法院都曾试行过法官助理制度。

这种审前程序主持模式下，法官助理在审前程序中处理的事项不仅限于程序性问题，而且也涉及实体性问题，其应当被理解为享有实体审判权的法官助手。这种模式的优点不仅在于可以避免了审理法官的先入为主，更为重要的是可以避免审前法官等程序性主体在不享有实体审判权的前提下，对有关争议焦点进行管理而可能造成的重复性劳动。法官助理为审理法官起草裁判文书必然涉及在审

---

① 吉罗洪、张仲侠、谭黎明：《"三二一审判机制"的审前准备程序（下）——兼论民事诉讼审判机制改革的切入点》，http://www.chinacourt.org/html/article/200209/12/10818.shtml，最后访问日期：2010 年 12 月 28 日。

② 参见毕玉谦主编：《司法审判动态与研究》（第 1 卷第 1 辑），法律出版社 2001 年版，第 88—94 页。

③ 范跃如：《从比较法角度看我国民事审前准备程序的构建》，载江伟主编：《中国民事审判改革研究》，中国政法大学出版社 2003 年版，第 108 页。

④ 曹建明主编：《诉讼证据制度研究》，人民法院出版社 2001 年版，第 582 页。

前程序就应当确定争议焦点，对此，由于法官助理已经实施了必要的管理，对案件事实的框架已经有了基础性的认识，有利于提高诉讼效率，而由审理法官对法官助理的初步意见进行最终把关，则有利于克服法官助理先入为主的偏见，使裁判结果尽可能符合实体公正。另外，法官助理主持审前程序还有助于实现法官的精英化，减少现有法官的数量，提高法官的质量，提高司法的权威性，是未来司法改革的发展方向。

(4) 主张建立预审组

"有些法院在实践中探索这样一种做法，即在民事、经济审判庭设立由多名有经验的审判员或助审员组成的预审组，负责疑难复杂或新类型案件的庭前准备工作。预审组做好归纳整理争议焦点、指导当事人举证和依职权收集必要的证据等准备后，才将案件移交给另外组成的合议庭开庭审理。合议庭成员在开庭前既不接触当事人，也不收集证据。"[①] 实践中，上海市高级人民法院《关于民商事纠纷案件庭审程序中应注意的若干问题》（沪高法民二［2005］10 号）就规定了这样的制度。这种做法的优点在于在某种程度上有助于保障审前准备工作的质量，但也存在较大的弊端，即增加了诉讼成本，浪费了司法资源。因为在实践中，审判员或助理审判员都属于享有审判权的法官，而这些法官构成审前程序的主持主体。配置这些人员组成的预审组从事审前程序性事务和部分实体性事务必然要求法院应具备相当数量的法官，采用这种做法就必须首先解决法院案多人少的尖锐矛盾，因此其可行性也因此受到较大的限制。

---

① 上海市高级人民法院：《民事经济审判方式改革的探索及若干做法》，载最高人民法院研究室编：《走向法庭》，法律出版社 1997 年版，第 53 页。

（5）主张设立书记官处

有的学者则提出了由书记员进行审前准备程序。"如果审前准备程序由书记员主持，那么法官不能介入审前证据交换程序与法院又不得不参与该程序的矛盾问题就迎刃而解了。"① 实务部门也有人主张，由书记官处专门负责庭前准备，在做好准备工作后将案件移交审判庭，接到移交的案件后，审判庭才指定单独的法官或组成合议庭进行开庭审理。这种模式的优点在于司法成本较低，但从书记官的职能而言，其缺乏一些程序性的裁定权限，只能限于办理立案手续、排期开庭、送达起诉状及答辩状、发送开庭传票及出庭通知等。这就暴露了审前程序的功能局限性，这种准备工作只是程序性的，无法整理证据和争议焦点。导致案件不能得到充分准备，在远未能达到适合开庭的成熟状态就将案件提交开庭审理，更无法实现审前程序化解纠纷的功能。

（6）主张建立证据准备组

持该观点的学者认为，"从《人民法院五年改革纲要》确定的审判流程管理、立审分立改革的思路及现有立案改革的一些做法看，民事案件开庭审理前的一些准备工作均是由立案庭完成，因此，可在立案庭内设立'证据准备组'专事审前证据准备工作。"② 立案庭负责审前准备工作，涉及立案庭与业务庭之间的分工问题，需要加强内部的协调，否则其中可能会因重复劳动而出现司法资源的浪费。在立案庭中再设立证据准备组，其成员是否要包括立案庭的程序法

---

① 甘力：《论我国审前准备程序之重建》，载陈光中、江伟主编：《诉讼法论丛》（第4卷），法律出版社2000年版，第403页。

② 雷文、黄金波：《设立民事诉讼审前证据准备程序之构想》，http://www.chinacourt.org/html/article/200308/07/73508.shtml，最后访问日期：2010年12月28日。

官、书记官或者其他辅助人员，还是一个值得探讨的问题。同时在立案庭内部也势必涉及证据准备组与其他立案庭内部机构之间的协调与配合。因此，建立证据准备组可能会加重立案庭的膨胀，也会加大司法成本，影响诉讼效率，应审慎对待。

（7）主张庭审法官主持审前程序

该观点认为，庭审法官不可置疑地拥有程序和实体的裁判权，因此庭审法官主持审前程序，可以解决审前程序中需要解决的诸多问题，比如管辖权问题、主体是否合格的问题、法官的释明权问题、当事人申请鉴定等问题。这些问题是法官助理或书记员无法圆满解决的问题，原因在于他们的权力有限，缺乏庭审法官所拥有的裁判权。庭审法官主持审前程序是我国一种比较传统的做法，这种方式的优点是，在一定范围内有利于提高诉讼效率，实现集中审理。但其不足之处是，需要相当数量的法官，司法成本很高。同时，由于没有司法辅助人员，法官除了要承担开庭审理、作出裁判等实质性工作外，还不得不完成立案、排期开庭、送达诉讼文书等程序性的工作，这不仅严重影响诉讼效率，也妨碍了法官集中精力从事庭审工作，庭审的质量势必受到影响，最终诉讼公正就难以保障。

（8）主张由法官或法官助理主持

这种观点认为，"为避免先入为主，庭审法官和准备法官应分开，但又为了不使诉讼过于迟延，准备程序的主持者中应有一人参加到后续的审判活动中去。"① 这种观点与第（3）种法官助理主持审前程序模式仅有一点不同之处，即由审前程序的主持者中的一人参加到此后的庭审活动中去，而此人应当拥有审理权和裁判权，这

---

① 郭士辉、王铁玲：《民事诉讼法修改的若干重大理论问题（下）》，载《人民法院报》2004年11月2日第5版。

就使法官助理被排斥在外，同时，由两名或两名以上法官或者法官助理主持审前程序也必将加大司法成本。

综上所述，尽管各地法院的做法、模式各有千秋，但都从不同程度上体现了将审前程序作为审判方式改革的切入点，审前程序设立的必要性和功能被广泛认同和肯定。在审判实践的过程中，已经凸现了"审前程序＋庭审程序"的二元型诉讼结构的构建。就我国审前程序法官的设置而言，应当主要是考量如何克服传统审判模式下因法官过早过多接触案件造成的先入为主、庭审功能被弱化等弊端。但由于传统观念上审前程序的法官主要是完成如通知、送达、调查取证、指导当事人举证等程序性工作，加上重实体、轻程序的观念的影响，使得开庭审理过程中的审理法官自然居于很重要的位置。在这种观念的误导下，法官更多倾向于成为审理法官，加之人民法院尤其是基层和中级人民法院也选拔优秀人才担任审理法官，这就进一步扩大了此误区。但正如前文所述，审前程序除了具备为开庭审理做准备的基本功能外，还承载着极为重要的化解纠纷等功能，民事诉讼程序保障的许多目标都需要在审前程序中予以实现。近些年，大陆法系国家民事诉讼中也出现了扩大审前程序的倾向，我们应当在借鉴西方国家关于审前法官制度的某些先进经验的前提下，结合我国的实际情况，对审前程序的不断完善。

3. 我国审前法官的模式选择

（1）法官助理模式的可行性

我国审前法官与审理法官分工的改革尝试归纳起来主要有四种模式：一是立案庭法官模式，二是书记员模式，三是法官助理模式，四是庭审法官模式。对于立案庭法官模式，笔者认为该模式多有不妥之处。《证据规定》中，并没有涉及立案庭与审判庭分别主持庭前证据交换与主持正式庭审活动之间可能出现的职能重叠与冲突，该规定也因为对主持证据交换以及审前准备的主体不明确而缺乏操作性。而现实的情况是，立案庭的职能有膨胀的趋势，这与历史上实行"大立案"的模式有关。必须强调的是，审前程序与立案程序是两个独立的、不可替代的程序，主要是二者性质不同，"审前程序是与庭审程序相对的一个独立又是紧密联系的程序阶段，是审理活动的一个重要组成部分。"① 而立案程序主要是审查是否符合立案条件，两者职责完全不同；书记员担任审前法官也不可行。审前法官不仅要行使指导、监督、管理等职权，还要处理一些程序性事项。书记员的知识结构、实践经验等都无法达到胜任的层次，缺乏权威性。况且，《证据规定》第 39 条规定的主持证据交换的主体是审判人员而不是书记员，实际上也否定了书记员主持审前程序的方案；由庭审法官主持庭前准备，庭前程序与庭审程序操作主体合一，准备行为与庭审行为难以区分，是当前审前程序改革的对象。因此，庭审法官模式更加缺乏可行性。

在当前情况下，从尊重法官的司法权威的高度，从有助于实现司法公正与效率的功能上，结合防止先定后审、单方接触所造成的司法腐败等问题考虑，笔者建议我国适宜设置法官助理协助法官完成审前程序的准备工作。目前我国的法院体制下，法官队伍十分庞杂，作为同样是法官的院长、庭长等领导干部很少直接承办案件；法院内部许多从事行政管理、政治工作的人员也享有法官名义并享受法官待遇；还有很多的军队转业人员虽然没有法律知识，但同样可以成为法官承办案件；法官承办案件，受到来自各方面的压力，

---

① 章武生等著：《司法现代化与民事诉讼制度的建构》，法律出版社 2000 年版，第 456 页。

使其难以最终独立判案,很多情况下,要通过内部领导的审批、签字后裁判文书才能生效。由于这些实际情况的存在,我国目前很难有真正意义上的"法官",也很难实现法官的精英化,要培养和形成一支高素质的、精英化的法官队伍需要一个较长的过程。这些现实问题决定了直接为法官配置法官助理是必需的。

为法官配备法官助理等司法辅助人员,有助于优化法院内部结构,使法院在内部人员的构成上主要划分为法官、司法行政管理人员等类型,减少现有法官的数量,使真正意义上的法官定位为直接从事审判活动的人员。法官队伍做到精而少,才能树立法官的司法权威,也能提高法官的待遇,为实行法官的终身制创造条件。同时为法官配备法官助理人员也可以解决因法官亲自从事审前程序中繁杂的程序性事项而带来的诉讼效率低下的问题。只有法官队伍实现了"精而少"的模式,才能建立起法官助理等司法辅助人员体系,才能改造现行审判程序中一些不科学的环节,从而建立一个公正、高效、廉洁的审判机制。

(2)推行法官助理模式的步骤

鉴于我国法院的管理体制和法官队伍现状,法官助理制度改革仍然处于试点阶段,短期内不可能在全国范围内全面推行。所以目前只能着眼于对立案庭和审判庭法官以及其他审判辅助人员的配置现状做一些资源整合。其具体实施可以考虑采取以下方法和步骤:

第一,根据审判工作量的大小,在立案庭确定若干名主持审前程序的法官,具体承担立案庭职责范围内的审前准备事务。根据各法院的具体情况,当法官数量不足时,也可从不具备法官资格的其他法院工作人员(如书记员、法院干部等)中选择若干人为审前法官的助手,在其指导和监督下从事审前准备工作。

第二，根据目前审前准备事务的承担以立案庭为主、审判庭承担为辅的实际情况，各审判庭也应当配设相应的主持审前程序的法官，或者确定审判庭中相关不具备法官资格的其他法院工作人员在法官的指导和监督下从事必要的审前准备工作。

第三，鉴于基层法院派出法庭的人员配备和工作特点，审前准备事务仅需确定负责人员（既可以是法官，也可以是其他法院工作人员）后，令其直接依附于庭审法官从事相关事务活动。

第四，从最近十年来审判方式改革的成效来看，对于组织证据交换，进行争点整理和固定证据，调查收集证据，包括勘验、委托鉴定，传唤当事人，告知合议庭组成人员，发布开庭公告等审前准备事项由审判庭的法官来主持更为科学。

第 六 章

我国民事审前程序立法建议稿

行文至此，笔者对适合我国国情的民事审前程序如何构建有了初步的理解，故拟定出相关的立法条文，权作本文的结论。

一、一般规定

第一条 ［适用范围］本部分适用于基层人民法院或人民法庭。

第二条 ［法院指导］法院应加强对诉前调解、委托调解、邀请调解工作的业务指导。调解指导可以通过联合举办业务培训班、专题讲座、组织相关人员到法院旁听案件审理、接受个案指导等方式进行。

二、诉前调解

第三条 ［基本定义］诉前调解，是指由聘任调解员在案件起诉后至立案前组织当事人所进行的调解。

第四条 ［纠纷类型］对于属于人民法院受理民事诉讼的范围和

受诉人民法院管辖的案件，人民法院在收到起诉状或者口头起诉之后、正式立案之前，可以就以下几类案件在立案前做预登记，并就是否同意由法院指派法官或聘任调解员进行诉前调解征求当事人意见。

1. 婚姻家庭和继承纠纷；
2. 劳务合同纠纷；
3. 人身损害赔偿纠纷；
4. 宅基地和相邻关系纠纷；
5. 合伙协议纠纷；
6. 诉讼标的额较小的纠纷。

当事人同意诉前调解的，可以联系法院指派人员到场或者通知当事人到法院调解速裁室或人民调解窗口等进行诉前调解。

第五条［**调解期限**］诉前调解的期限为七日，经当事人一方或双方申请并报立案庭或者人民法庭庭长批准，可以延长至一个月。

第六条［**费用收取**］诉前调解达不成协议的，不收取任何费用；调解达成协议的，可以适当收取实际产生的费用。

当事人申请对诉前调解协议予以司法确认的，应当收取诉讼费用，但可以根据实际情况减免。

第七条［**移送立案**］当事人不同意诉前调解的或者诉前调解期限届满未能达成调解协议的，可以引导当事人立案，进入诉讼程序。

三、司法确认

第八条［**基本定义**］司法确认，是指人民法院根据当事人双方的申请，立案调解协议或其他调解组织调解达成的调解协议审查后确认其法律效力。诉前调解达成调解协议后，补办立案手续，法院出具调解书的视为对诉前调解协议的司法确认。

第九条 ［申请期限］ 诉前调解达成调解协议的，可以在补办立案手续后三日内共同向人民法院申请司法确认；委托调解达成调解协议的，可以立即共同向人民法院申请司法确认；其他调解组织调解达成的调解协议，可以自调解协议生效之日起三十日内共同向人民法院申请司法确认。

第十条 ［审查方式］ 人民法院审查调解协议时可以参照简易程序的规定。案件由审判员一人独任审理，双方当事人应同时到庭。人民法院应当询问双方当事人是否理解所达成协议的内容，是否接受因此而产生的后果，是否愿意由人民法院审查确认赋予该协议强制执行的效力。

第十一条 ［确认结果］ 调解协议经法院审查合法而制作的民事调解书或者决定书与生效民事判决书具有同等法律效力，一方当事人拒绝履行或者未全部履行的，另一方当事人可以申请人民法院强制执行。

四、委托调解

第十二条 ［基本定义］ 委托调解，是指纠纷在立案后至开庭审理前人民法院征得当事人同意后，将案件委托给聘任调解员、特邀调解员或其他调解组织或人员调解。

第十三条 ［意见征询］ 人民法院立案后开庭审理以前，在答辩期或者举证期限内，可以通过书面、口头及电话、传真、网络等各种方式征询双方当事人是否同意调解；人民法院认为确有必要的，也可以将案件委托给具有调解职能的调解组织协助进行调解。

第十四条 [权利告知] 审前法官应当告知当事人委托调解相关的权利和义务。

第十五条 [人员选定] 委托调解的案件，调解组织或人员的选定由当事人协商或者由人民法院确定。

第十六条 [调解指导] 审前法官在委托调解期间，应当与受委托调解人员保持联系，关注调解进展情况并予以指导。

第十七条 [调解期限] 委托调解的期限为一个月，因特殊情况需要延长的报立案庭或人民法庭庭长批准，但延长后的期限最长不得超过两个月。

委托调解的期限，不计入审限。

第十八条 [调解要求] 受托调解人员接受委托后，应在三个工作日内召集双方当事人进行调解，调解进展情况应当及时报告案件主审人。

第十九条 [调解结果] 委托调解达成协议的，当事人可以申请撤诉、申请司法确认，或者及时交由委托法院审查确认并制作民事调解书。调解不成的，及时交由法院依法审理。

五、邀请调解

第二十条 [基本定义] 邀请调解是指，对于已经立案的民事案件，人民法院在审理案件过程中可以邀请符合条件的组织或人员协助法院审判人员进行调解。

第二十一条 [协助人员] 协助人员可以是法院聘任的调解员、特邀调解员或者与当事人有特定关系的人员、与案件有一定联系的企业事业单位、社会团体或者其他组织。

第二十二条 [邀请发出] 需要邀请调解的案件，非涉案主审人应发出协助调解的邀请，告知协助调解事项。

第二十三条 [调解协助] 被邀请调解的人员在接到协助调解邀请后，应当准时到达指定地点，在非涉案主审人主持下协助调解或者运用掌握的专门知识或特定社会经验为案件调解提供帮助；调解达成协议的，应在协议书上签字署名。

第二十四条 [调解结果] 邀请调解达成协议的，当事人可以申请撤诉、或者及时交由邀请法院审查确认并制作民事调解书。调解不成的，及时交由该法院依法审理。

六、起诉与答辩

第二十五条 [对诉状的答复] 一方当事人就对方在诉状当中所提出的诉讼请求及所陈述的事实必须明确作出肯定性或者否定性的答复，除非有关的诉讼请求及事实表达不清楚或者有关当事人有正当理由不能作出明确答复，否则将视为对有关诉讼请求和事实主张的承认。

第二十六条 [缺席判决的作出] 在原告起诉后，经合法送达和传唤，被告既不在法定期限内提出答辩状，又不到庭的，经原告申请，人民法院应当作出缺席判决。对此判决，被告不得提出上诉。

被告如有异议，可以在缺席判决作出后十五日内向作出该判决的人民法院提出异议申请。人民法院对被告所提出的异议申请，应当在十五日内作出处理决定。经审查认为，被告确有正当理由无法应诉的，人民法院应当作出恢复原诉讼程序的裁定，该裁定作出后，原判决视为撤销。经审查认为，被告不应诉无正当理由的，人民法院应当作出驳回异议的决定。

第二十七条［拒不交换证据的后果］在庭前未经交换的证据，不得在庭审的言词辩论当中提出。

第二十八条［证据的提供］凡向人民法院提交或者在其诉状中援引有关证据的一方当事人拒不主动向另一方当事人提供的，另一方当事人可以向其提供相关证据的要求。

如果持有证据的一方当事人仍拒不提供相关证据的，另一方当事人可以向人民法院申请强制其提供有关证据。对此，人民法浣在责令持有证据的一方当事人于一定期限内向另一方当事人提供证据的同时，可以五千元以下的罚款。

凡超过指定期限，持有证据的一方当事人仍拒不向另一方当事人提供相关证据的，人民法院应当作出将有关证据排除在言词辩论之外的决定。

第二十九条［对持有证据的提供］当一方当事人认为支持其事实主张的有关证据为另一方当事人所持有的，该方当事人可以申请人民法院责令持有证据的当事人提交有关证据。对此，提出申请的当事人应当据情况做出必要的说明或者提供证据予以证明。经人民法院审查认为该申请具有正当理由的，可以责令持有该证据的当事人在特定期限内向其提供有关证据。

凡持有证据的当事人无正当理由拒不提供的，人民法院应当作出对该方当事人不利的推定。

七、证据交换

第三十条［证据交换的适用］经当事人申请，人民法院可以组织当事人进行交换证据。

对于证据较多或者复杂疑难的案件，人民法院应当组织当事人在答辩期届满后、开庭审理前交换证据。

第三十一条　[证据交换的时间] 证据交换的时间可以由当事人协商一致并经人民法院认可，也可以由人民法院指定。

人民法院组织当事人交换证据的，交换证据之日举证期限届满。当事人申请延期举证经人民法院准许的，证据交换日相应顺延。

第三十二条　[证据据交换的进行] 证据交换应当在审判人员的主持下进行。

在证据交换的过程中，审判人员对当事人无异议的事实、证据应当记录在卷；对有异议的证据，按照需要证明的事实分类记录在卷，并记载异议的理由。通过证据交换，确定双方当事人争议的主要问题。

第三十三条　[证据交换的次数] 当事人收到对方交换的证据后提出反驳并提出新证据的，人民法院应当通知当事人在指定的时间进行交换。

证据交换不应超过两次，但重大、案情特别复杂的案件，人民法院认为确有必要再次进行证据交换的除外。

第三十四条　[拒不交换证据的后果] 凡采用庭前交换证据程序且无客观上的障碍能够在该程序中提交、出示证据而拒不提供的，视为放弃提交、出示证据的权利；在此之后，无论在第一审程序或者第二审程序中再提交此类证据的，人民法院可不予以考虑。

前款所规定的在庭前交换的证据不包括涉及与国家秘密、商业秘密和个人隐私有关的证据。

为本法所指的合法障碍包括以下情形：

1. 原下落不明的证人重新出现；

2. 原已遗失或被认为灭失的书证、物证或者视听资料等失而复得；

3. 在审前程序结束之前至最后一次庭审辩论结束前，才出现或者被发现的证据。

当事人以在审前程序结束之前因存在上述合法障碍为由而未能提供和交换证据的，应当对此作出合理的解释，并提供必要的证据。

八、审前会议

第三十五条 [会议的召开] 在审前程序中，人民法院可以根据情况需要决定召开由双方当事人及其律师参加的审前会议，以便对当事人的起诉状与答辩状进行补充与修改，确定案件的争执点，对有关证据进行固定或保全，促使当事人达成和解。

第三十六条 [会议形式] 审前会议可以采用圆桌会议的形式进行。

参 考 文 献

一、中文著作、教材类

1. 杨荣新主编：《民事诉讼法学》，中国政法大学出版社 1997 年版。

2. 杨荣新主编：《民事诉讼法修改的若干基本问题》，中国法制出版社 2005 年版。

3. 杨荣新主编：《民事诉讼原理》，法律出版社 2003 年版。

4. 江伟、杨荣新主编：《民事诉讼机制的变革》，人民法院出版社 1998 年版。

5. 江伟主编：《民事诉讼法学原理》，中国人民大学出版社 1999 年版。

6. 江伟、邵明、陈刚著：《民事诉权研究》，法律出版社 2002 年版。

7. 江伟主编：《中国民事审判改革研究》，中国政法大学出版社 2003 年版。

8. 江伟主编：《比较民事诉讼法国际研讨会论文集》，中国政法大学出版社 2004 年版。

9. 江伟主编：《民事诉讼法专论》，中国人民大学出版社 2005 年版。

10. 汤维建主编：《美国民事诉讼规则》，中国检察出版社 2003 年版。

11. 汤维建著：《美国民事司法制度与民事诉讼程序》，中国法制出版社 2005 年版。

12. 汤维建著：《外国民事诉讼法学研究》，中国人民大学出版社 2007 年版。

13. 汤维建等著：《民事诉讼法全面修改专题研究》，北京大学出版社 2008 年版。

14. 汤维建著：《民事证据立法的理论立场》，北京大学出版社 2008 年版。

15. 肖建国著：《民事诉讼程序价值论》，中国人民大学出版社 2000 年版。

16. 肖建国、肖建华著：《民事诉讼证据操作指南》，中国法制出版社 2002 年版。

17. 肖建国主编：《民事诉讼法》，中国人民大学出版社 2010 年版。

18. 邵明著：《民事诉讼法理研究》，中国人民大学出版社 2004 年版。

19. 邵明著：《民事诉讼法学》，中国人民大学出版社 2007 年版。

20. 邵明著：《正当程序中的实现真实》，法律出版社 2009 年版。

21. 潘剑锋主编：《民事诉讼法随堂测试》，法律出版社 2005 年版。

22. 潘剑锋主编：《民事诉讼法》，清华大学出版社 2008 年版。

23. 潘剑锋主编：《民事诉讼法》，浙江大学出版社 2008 年版。

24. 宋朝武主编：《仲裁法学》，中国政法大学出版社 2006 年版。

25. 宋朝武主编：《民事诉讼法学》，厦门大学出版社 2008 年版。

26. 宋朝武、纪格非、韩波著：《民事证据规则研究》，首都经济贸易大学出版社 2010 年版。

27. 宋朝武主编：《民事诉讼法学》，中国政法大学出版社 2011 年版。

28. 肖建华主编：《民事诉讼立法研讨与理论探索》，法律出版社 2008 年版。

29. 熊跃敏著：《民事审前准备程序研究》，人民出版社 2007 年版。

30. 范愉主编：《多元化纠纷解决机制》，厦门大学出版社 2005 年版。

31. 范愉著：《纠纷解决的理论与实践》，清华大学出版社 2007 年版。

32. 范愉、李浩著：《纠纷解决——理论、制度与技能》，清华大学出版社 2010 年版。

33. 毕玉谦著：《民事证据法及其程序功能》，法律出版社 1997 年版。

34. 毕玉谦主编：《司法审判动态与研究》（第 1 卷第 1 辑），法律出版社 2001 年版。

35. 毕玉谦主编：《司法审判动态与研究》（第 1 卷第 2 辑），法律出版社 2002 年版。

36. 毕玉谦主编：《司法审判动态与研究》（第 1 卷第 3 辑），法律出版社 2002 年版。

37. 毕玉谦主编：《中国司法审判论坛》（第 2 卷），法律出版社 2002 年版。

38. 毕玉谦主编：《司法审判动态与研究》（第 2 卷第 1 辑），法律出版社 2003 年版。

39. 毕玉谦主编：《司法审判动态与研究》（第 2 卷第 2 辑），法律出版社 2004 年版。

40. 毕玉谦主编：《司法审判动态与研究》（第 2 卷第 3 辑），法律出版社 2004 年版。

41. 毕玉谦主编：《司法审判动态与研究》（第 3 卷第 1 辑），法律出版社 2005 年版。

42. 毕玉谦主编：《司法审判动态与研究》（第 3 卷第 2 辑），法律出版社 2007 年版。

43. 白绿铉著：《美国民事诉讼法》，经济日报出版社 1998 年版。

44. 北京市朝阳区人民法院民一庭编：《诉讼调解实例与研究》，中国法制出版社 2007 年版。

45. 北京市高级人民法院编：《审判工作热点问题及对策思路——北京法院调研成果精选（2005 年卷）》，法律出版社 2006 年版。

46. 北京市高级人民法院编：《审判工作热点问题及对策思路——北京法院调研成果精选（2006 年卷）》，法律出版社 2008 年版。

47. 北京市高级人民法院编：《审判工作热点问题及对策思路——北京法院调研成果精选（2007 年卷）》，法律出版社 2009 年版。

48. 卞建林主编：《共和国六十年法学论争实录·诉讼法卷》，厦门大学出版社 2009 年版。

49. 蔡彦敏、洪浩著：《正当法律分析——当代美国民事诉讼制度研究》，中国政法大学出版社 2000 年版。

50. 曹建明主编：《诉讼证据制度研究》，人民法院出版社 2001 年版。

51. 常怡主编：《比较民事诉讼法》，中国政法大学出版社 2002 年版。

52. 常怡主编：《民事诉讼法学》，中国法制出版社 2008 年版。

53. 常怡主编:《外国民事诉讼法新发展》,中国政法大学出版社 2009 年版。

54. 陈桂明著:《诉讼公正与程序保障》,中国法制出版社 1996 年版。

55. 陈桂明著:《程序理念与程序规则》,中国法制出版社 1999 年版。

56. 陈光中、江伟主编:《诉讼法论丛》(第 4 卷),法律出版社 2000 年版。

57. 陈光中、江伟主编:《诉讼法论丛》(第 6 卷),法律出版社 2001 年版。

58. 陈光中主编:《诉讼法理论与实践》,中国政法大学出版社 2003 年版。

59. 陈刚主编:《比较民事诉讼法》(2000 年卷),中国人民大学出版社 2001 年版。

60. 陈刚主编:《比较民事诉讼法》(2001 年—2002 年卷),中国人民大学出版社 2002 年版。

61. 陈绪纲著:《法律职业与法治——以英格兰为例》,清华大学出版社 2007 年版。

62. 段厚省著:《民事诉讼标的论》,中国人民公安大学出版社 2004 年版。

63. 谭兵主编:《外国民事诉讼制度研究》,法律出版社 2003 年版。

64. 何兵主编:《和谐社会与纠纷解决机制》,北京大学出版社 2007 年版。

65. 顾颉刚编订:《崔东壁遗书》,上海古籍出版社 1983 年版。

66. 顾培东著:《社会冲突与诉讼机制》,法律出版社 2004 年版。

67. 韩波著：《民事证据开示制度研究》，中国人民大学出版社2005年版。

68. 贺卫方著：《司法的理念与制度》，中国政法大学出版社1998年版。

69. 胡锡庆主编：《诉讼原理》，中国政法大学出版社2007年版。

70. 黄国新著：《民事诉讼理论之心开展》，北京大学出版社2008年版。

71. 纪敏主编：《法院立案工作及改革探索》，中国政法大学出版社2000年版。

72. 金友成主编：《民事诉讼制度改革研究》，中国法制出版社2001年版。

73. 姜启波、张力著：《民事审前准备（人民法院立案工作理论与实践丛书）》，人民法院出版社2008年版。

74. 姜兴长主编：《立案工作指导与参考》（2003年第4卷），人民法院出版社2004年版。

75. 李浩著：《民事证据立法前沿问题研究》，法律出版社2007年版。

76. 李响著：《美国民事诉讼法的制度、案例与材料》，中国政法大学出版社2006年版。

77. 李祖军著：《民事诉讼目的论》，法律出版社2000年版。

78. 李祖军著：《调解制度论：冲突解决的和谐之路》，法律出版社2010年版。

79. 廖中洪著：《中国民事诉讼程序制度研究》，中国检察出版社2004年版。

80. 廖中洪主编：《民事诉讼改革热点问题研究综述（1991—2005）》，中国检察出版社2006年版。

81. 廖中洪主编：《民事诉讼体制比较研究》，中国检察出版社 2008 年版。

82. 廖永安著：《民事诉讼理论探索与程序整合》，中国法制出版 社 2005 年版。

83. 刘旺洪主编：《比较法制现代化研究》，法律出版社 2009 年 版。

84. 刘学在著：《民事诉讼辩论原则研究》，武汉大学出版社 2007 年版。

85. 马原主编：《民事诉讼法的修改与适用》，人民法院出版社 1991 年版。

86. 齐树洁主编：《民事司法改革研究》，厦门大学出版社 2004 年 版。

87. 齐树洁著：《美国司法制度》（第 2 辑），厦门大学出版社 2006 年版。

88. 齐树洁主编：《民事审前程序》，厦门大学出版社 2009 年版。

89. 齐树洁主编：《台港澳民事诉讼制度》，厦门大学出版社 2010 年版。

90. 钱弘道著：《英美法讲座》，清华大学出版社 2005 年版。

91. 强世功编：《调解、法制与现代化：中国调解制度研究》，中 国法制出版社 2001 年版。

92. 乔欣、郭纪元著：《外国民事诉讼法》，人民法院出版社、中 国社会科学出版社 2002 年版。

93. 乔欣主编：《外国民事诉讼法学》，厦门大学出版社 2008 年 版。

94. 邱联恭著：《程序制度机能论》，（台北）三民书局 1996 年 版。

95. 邱联恭著：《程序选择权论》，五南图书出版公司 2000 年版。

96. 沈达明著：《衡平法初论》，对外经济贸易大学出版社 1997 年版。

97. 沈达明编著：《比较民事诉讼法初论》，中国法制出版社 2002 年版。

98. 沈德咏著：《司法改革精要》，人民法院出版社 2003 年版。

99. 沈冠伶著：《诉讼权保障与裁判外纷争处理》，元照出版公司 2006 年版。

100. 《审判前沿观察》编辑委员会编：《审判前沿观察》（2007 年第 1 辑），上海人民出版社 2007 年版。

101. 史德保主编：《纠纷解决——多元调解的方法与策略》，中国法制出版社 2008 年版。

102. 宋冰编：《读本：美国与德国德司法制度及司法程序》，中国政法大学出版社 1998 年版。

103. 宋冰编：《程序、正义与现代化——外国法学家在华演讲录》，中国政法大学出版社 1998 年版。

104. 苏永钦著：《走入新世纪的私法自治》，中国政法大学出版社 2002 年版。

105. 苏永钦著：《民事立法与公私法的接轨》，北京大学出版社 2005 年版。

106. 谭兵主编：《外国民事诉讼制度研究》（第 1 版），法律出版社 2003 年版。

107. 唐德华著：《新民事诉讼法条文释义》，人民法院出版社 1996 年版。

108. 田平安主编：《民事诉讼程序改革热点问题研究》，中国检察出版社 2001 年版。

109. 田平安主编：《比较民事诉讼论丛》，法律出版社2009年版。

110. 万鄂湘主编：《公证司法与构建和谐社会》，人民法院出版社2006年版。

111. 万鄂湘主编：《司法解决纠纷的对策与机制》，人民法院出版社2007年版。

112. 王福华著：《民事诉讼专题研究》，中国法制出版社2007年版。

113. 王利明、江伟、黄松有主编：《中国民事证据的立法研究与适用》，人民法院出版社2000年版。

114. 王琦主编：《民事诉讼审前程序研究》，法律出版社2008年版。

115. 王亚新著：《社会变革中的民事诉讼》，中国法制出版社2001年版。

116. 王亚新、傅郁林、范愉、徐昀、朱芒、吴英姿、王赢、邓轶著：《法律程序运作的实证分析》，法律出版社2005年版。

117. 王亚新著：《对抗与判定——日本民事诉讼的基本结构》（第二版），清华大学出版社2010年版。

118. 吴英姿编著：《民事诉讼法——问题与原理》，科学出版社2008年版。

119. 吴卫军、樊斌等著：《现状与走向：和谐社会视野中的纠纷解决机制》，中国检察出版社2006年版。

120. 徐昕著：《英国民事诉讼与民事司法改革》，中国政法大学出版社2002年版。

121. 徐昕著：《论私力救济》，中国政法大学出版社2005年版。

122. 徐昕主编：《纠纷解决与社会和谐》，法律出版社2006年版。

123. 徐昕主编：《司法程序的实证研究》，法律出版社2007年版。

124. 杨仁寿著：《法学方法论》，中国政法大学出版社1999年版。

125. 杨淑文著：《民事实体法与程序法争议问题》，中国政法大学出版社2009年版。

126. 叶自强著：《举证责任及其分配标准》，法律出版社2005年版。

127. 赵旭东著：《纠纷与纠纷解决原论》，北京大学出版社2009年版。

128. 张卫平、陈刚编著：《法国民事诉讼法导论》，中国政法大学出版社1997年版。

129. 张卫平著：《诉讼架构与程式——民事诉讼法理分析》，清华大学出版社2000年版。

130. 张卫平著：《探究与构想——民事司法改革引论》，人民法院出版社2003年版。

131. 张卫平主编：《民事诉讼法必读资料》，法律出版社2003年版。

132. 张卫平主编：《民事程序法研究》（第一辑），中国法制出版社2004年版。

133. 张卫平著：《转换的逻辑——民事诉讼体制转型分析》，法律出版社2004年版。

134. 张卫平主编：《民事程序法研究》（第三辑），厦门大学出版社2007年版。

135. 章武生、张卫平、汤维建、刘荣军、李浩、肖建国、吴泽勇著：《司法现代化与民事诉讼制度的建构》，法律出版社2003年版。

136. 周威著：《英格兰的早期治理》，北京大学出版社2008年版。

137. 最高人民法院民事审判庭编：《改进民事审判方式实务与研究》，人民法院出版社1995年版。

138. 最高人民法院研究室编:《走向法庭——民事经济审判方式改革示范》,法律出版社 1997 年版。

139. 左卫民等著:《诉讼权研究》,法律出版社 2003 年版。

二、外文译著类

1. [德] 奥特马·尧厄尼希著,周翠译:《民事诉讼法》,法律出版社 2003 年版。

2. [德] 汉斯 – 约阿希姆·穆泽拉克著,周翠译:《德国民事诉讼法基础教程》,中国政法大学出版社 2005 年版。

3. [美] E. 博登海默著,邓正来译:《法理学——法律哲学与法律方法》,中国政法大学出版社 1999 年版。

4. [美] 格兰特·吉儿莫著,董春华译:《美国法的时代》,法律出版社 2009 年版。

5. [美] 罗纳德·德沃金著,信春鹰、吴玉章译:《认真对待权利》,中国大百科全书出版社 1998 年版。

6. [美] 迈尔文·艾隆·艾森伯格著,张曙光、张小平、张舍光等译:《普通法的本质》,法律出版社 2004 年版。

7. [美] 杰弗里·C. 哈泽德、米歇尔·塔鲁伊著,张茂译:《美国民事诉讼法导论》,中国政法大学出版社 1998 年版。

8. [法] 让·文森、塞尔日·金沙尔著,罗结珍译:《法国民事诉讼法要义》(上、下),中国法制出版社 2005 年版

9. [日] 大木雅夫著,范愉译:《比较法》(修订译本),法律出版社 2006 年版。

10. [日] 高木丰三著,陈与年译:《日本民事诉讼法论纲》,中国政法大学出版社 2006 年版。

11. [日] 谷口安平著,王亚新、刘荣军译:《程序的正义与诉讼》(增补本),中国政法大学出版社 2002 年版。

12. ［日］兼子一、竹下守夫著，白禄铉译：《民事诉讼法》，法律出版社 1995 年版。

13. ［日］棚濑孝雄著，王亚新译：《纠纷的解决与审判制度》，中国政法大学出版社 2004 年版。

14. ［日］染野义信著，林剑锋译：《转变时期的民事裁判制度》，中国政法大学出版社 2004 年版。

15. ［日］小岛武司著，陈刚、郭美松等译：《诉讼制度改革的法理与实证》，法律出版社 2001 年版。

16. ［日］小岛武司、伊藤真编，丁婕译，向宇较：《诉讼外纠纷解决法》，中国政法大学出版社 2005 年版。

17. ［日］新堂幸司著，林剑锋译：《新民事诉讼法》，法律出版社 2008 年版。

18. ［日］中村英郎著，陈刚、林剑锋、郭美松译：《新民事诉讼法讲义》，法律出版社 2001 年版。

19. ［日］中村宗雄、中村英郎著，陈刚、段文波译：《诉讼法学方法论——中村民事诉讼理论精要》，中国法制出版社 2009 年版。

20. ［意］朱塞佩·格罗索著，黄风译：《罗马法史》，中国政法大学出版社 2009 年版。

21. ［意］莫诺·卡佩莱蒂等著，徐昕译：《当事人基本程序保障权与未来的民事诉讼》，法律出版社 2000 年版。

22. ［意］莫诺·卡佩莱蒂编，刘俊祥等译：《福利国家与接近正义》，法律出版社 2000 年版。

23. ［英］彼得·斯坦、约翰·香德著，王献平译：《西方社会的法律价值》，中国法制出版社 2004 年版。

24. ［英］约翰·福蒂斯丘爵士著，［英］谢利·洛克伍德编，袁瑜琤译：《论英格兰的法律与政制》，北京大学出版社 2008 年版。

25. ［英］约翰·哈德森著，刘四新译：《英国普通法的形成》，商务印书馆 2006 年版。

26. ［英］J. A. 乔罗威茨著，吴泽勇译：《民事诉讼程序研究》，中国政法大学出版社 2008 年版。

27. ［美］史蒂文·苏本、玛格瑞特·伍著，蔡彦敏、徐卉译：《美国民事诉讼的真谛》，法律出版社 2002 年版。

28. ［英］R. C. 范·卡内冈著，李红海译：《英国普通法的诞生》，中国政法大学出版社 2003 年版。

29. 白绿铉、卞建林译：《美国联邦民事诉讼规则·证据规则》，中国法制出版社 2000 年版。

30. 汤维建、徐卉、胡浩成译：《美国联邦地区法院民事诉讼流程》，法律出版社 2002 年版。

31. 徐昕译：《英国民事诉讼规则》，中国法制出版社 2001 年版。

三、中文期刊论文

1. 安克明：《让热心人更好地"说和事儿"》，载《人民法院报》2010 年 11 月 4 日第 4 版。

2. 毕玉谦：《试论民事诉讼上的举证时限》，载《法律适用》2001 年第 1 期。

3. 毕玉谦：《民事证据立法基本问题之管见》，载《人民司法》2001 年第 1 期。

4. 毕玉谦：《证据准备与程序控制——〈最高人民法院关于民事诉讼证据的若干规定主要问题透视之四〉》，载《法律适用》2002 年第 7 期。

5. 毕玉谦：《现行民事诉讼证据制度修订应当考虑的若干层面》，载《法律适用》2005 年第 2 期。

6. 毕玉谦：《程序的理性设计与举证期限制度的界定》，载《法学》2006 年第 1 期。

7. 毕玉谦：《试论反诉制度的基本议题与调整思路》，载《西北政法学院学报》2006 年第 2 期。

8. 蔡虹：《审前准备程序的功能、目标及其实现——兼论法院审判管理模式的更新》，载《法商研究》2003 年第 3 期。

9. 陈畅、钱薇伽：《速度＋保障＝成效 大调解的武侯实践》，载《人民法院报》2010 年 11 月 22 日第 8 版。

10. 陈福民、胡永庆：《审前程序与多元化调解机制》，载《中国审判》2007 年第 9 期。

11. 陈刚：《证明责任法与"当面点清"原则评析》，载《法学》2000 年第 1 期。

12. 陈刚：《证明责任理论中若干误区之反思》，载《中央政法管理干部学院学报》2000 年第 2 期。

13. 陈桂明：《民事举证时限制度初探》，载《政法论坛》1998 年第 3 期。

14. 陈桂明、张锋：《审前准备程序比较研究》，载《诉讼法论丛》（第 1 卷），法律出版社 1998 年版。

15. 陈桂明：《审前准备程序设计中的几对关系问题》，载《政法论坛》2004 年第 2 期。

16. 陈桂明：《民事诉讼法内容的增删改》，载《法学家》2004 年第 3 期。

17. 陈桂明：《审前准备程序中的几对关系问题》，载《政法论坛》2004 年第 4 期。

18. 陈桂明：《民事诉讼法学的发展维度——一个时段性分析》，载《中国法学》2008 年第 1 期。

19. 陈锡岑、刘红光：《论我国民事诉讼审前程序改革中法官角色的变化》，载《华侨大学学报》（哲学社会科学版）2008 年第 4 期。

20. 陈葵、陈志良、黄秀莉：《论繁简分流与快速处理机制——以一个基层法院的司法运作为样本》，载《法律适用》2010 年第 10 期。

21. 陈荣：《人民法院在多元化纠纷解决机制中的定位与功能》，载《人民法院报》2007 年 10 月 11 日第 5 版。

22. 陈卫东、刘计划：《论集中审理原则与合议庭功能的强化——兼评〈关于人民法院合议庭工作的若干规定〉》，载《中国法学》2003 年第 1 期。

23. 陈希：《民事诉讼审前程序的独立地位——兼议审前程序的目的、任务与功能》，载《法学杂志》2006 年第 5 期。

24. 陈忠武、谢敏：《民事诉讼审前准备程序设计之完善》，载《行政与法》2003 年第 11 期。

25. 程兵：《论我国民事诉讼审前程序的完善》，载《法学杂志》2009 年第 4 期。

26. 董扬、高晋：《"小中心解决了大问题"——涧西法院诉前调解工作纪实》，载《人民法院报》2011 年 1 月 14 日第 4 版。

27. 范愉：《诉前调解与法院的社会责任，从司法社会到司法能动主义》，载《法律适用》2007 年第 11 期。

28. 傅郁林：《对于引进对抗制论说的质疑》，载《法学》1997 年第 12 期。

29. 傅郁林：《繁简分流与程序保障》，载《法学研究》2003 年第 1 期。

30. 傅郁林：《诉答程序·程序时效·诚信机制——"答辩失权"的基础性问题》，载《人民法院报》2005 年 4 月 13 日第 B01 版。

31. 傅郁林：《"诉前调解"与法院的角色》，载《法律适用》2009 年第 4 期。

32. 甘力：《论我国审前准备程序之重建》，载陈光中、江伟主编：《诉讼法论丛》（第4卷），法律出版社2000年版。

33. 关保权、吴行政：《庭前证据交换规则在我国的确立及证据失权问题研究》，载《人民司法》2001年第9期。

34. 郭士辉、王铁玲：《民事诉讼法修改的若干重大理论问题（下）》，载《人民法院报》2004年11月2日第5版。

35. 韩路、郭兴：《民事证据交换制度探析》，载《湘潭师范学院学报》（社会科学版）2009年第4期。

36. 韩庆解、廖朝平：《民事审判方式改革中之审前程序结构模式研究》，载《法学评论》2001年第6期。

37. 黄国新：《我国民事审前程序存在问题及对策研究》，载《法制与社会发展》2000年第4期。

38. 何艳芳：《程序再铸：我国诉答程序的创新》，载《西华师范大学学报》2005年第3期。

39. 胡宜奎：《论民事诉讼中的调查取证权》，载《山东社会科学》2006年第7期。

40. 黄松有：《证据开示制度比较研究——兼评我国民事审判实践中的证据开示》，载《政法论坛》2000年第5期。

41. 黄星航、玉明凯：《江南，立案调解形成工作链》，载《人民法院报》2010年8月3日第2版。

42. 姜春兰：《诉讼和解的价值与制度构建》，载《山西省政法管理干部学院学报》2007年第2期。

43. 蒋季雅：《浅议从法院调解到诉讼和解》，载《山东行政学院山东省经济管理干部学院学报》2007年第2期。

44. 江伟、傅郁林：《民事审判制度改革中亟待解决的问题》，载《法学杂志》1999年第6期。

45. 江伟、刘荣军：《民事诉讼程序保障的制度基础》，载《中国法学》1997 年第 3 期。

46. 江伟、刘荣军：《民事诉讼中当事人与法院的作用分担——兼论民事诉讼模式》，载《法学家》1999 年第 3 期。

47. 江伟、刘荣军：《英国民事诉讼制度改革的新动向》，载陈光中、江伟主编：《诉讼法论丛》（第 1 卷），法律出版社 1998 年版。

48. 江伟、吴泽勇：《证据法若干基本问题的法哲学分析》，载《中国法学》2002 年第 1 期。

49. 江伟、吴泽勇：《论现代民事诉讼立法的基本理念》，载《中国法学》2003 年第 3 期。

50. 江伟、吴泽勇：《现代诉讼理念与中国民事诉讼制度的重塑》，载《诉讼法论丛》（第 8 卷）。

51. 江伟、谢俊：《诉讼与诉讼外纠纷解决机制关系新论》，载《江苏行政学院学报》2009 年第 1 期。

52. 江伟、熊跃敏：《德国民事诉讼上的和解制度介评——兼论对改革我国法院调解制度的启示》，载《福建政法管理干部学院学报》2001 年第 4 期。

53. 江伟、徐继军：《民事诉讼法典修订的若干基本问题》，载《中国司法》2004 年第 2 期。

54. 蒋惠岭、李邦友、向国慧：《进一步完善人民法院调解工作机制》，载《中国审判》2009 年第 9 期。

55. 李飞：《朝阳法院"诉讼爆炸"现象调查》，载《人民法院报》2005 年 7 月 12 日第 12 版。

56. 李桂生、王毅、冯卫：《中国民事审判庭前准备程序设置刍议》，载《中南财经政法大学研究生学报》2006 年第 6 期。

57. 李浩：《论法院调解中程序法与实体法约束的双重软化——兼

析民事诉讼中偏重调解与严肃执法的矛盾》，载《法学评论》1996 年第 4 期。

58. 李浩：《法官素质与民事诉讼模式的选择》，载《法学研究》1998 年第 3 期。

59. 李浩：《调解的比较优势与法院调解制度的改革》，载《南京师大学报》（社会科学版）2002 年第 4 期。

60. 李浩：《举证时限制度的困境与出路》，载张卫平主编：《民事程序法研究》（第 3 辑），厦门大学出版社 2007 年版。

61. 李浩：《民事审判中的调审分离》，载《法学研究》1996 年第 4 期。

62. 李浩：《民事证据立法与证据制度的选择》，载《法学研究》2001 年第 5 期。

63. 李浩：《民事证据的若干问题——兼评最高人民法院〈关于民事诉讼证据的司法解释〉》，载《法学研究》2002 年第 3 期。

64. 李浩：《民事审前准备程序：目标、功能与模式》，载《政法论坛》2004 年第 4 期。

65. 李浩：《论举证时限与诉讼效率》，载《法学家》2005 年第 3 期。

66. 李浩：《民事程序选择权：法理分析与制度完善》，载《中国法学》2007 年第 6 期。

67. 李浩：《委托调解若干问题研究——对四个基层人民法院委托调解的初步考察》，载《法商研究》2008 年第 1 期。

68. 李浩：《民事判决中的证据失权：案例与分析》，载《现代法学》2008 年第 5 期。

69. 李浩：《民事诉法典修改后的"新证据"——〈审监解释〉对"新证据"界定的可能意义》，载《中国法学》2009 年第 3 期。

70. 李浩：《法院协助调解机制研究》，载《法律科学》2009 年第 4 期。

71. 李浩：《论民事诉讼当事人的申请调查取证权》，载《法学家》2010 年第 3 期。

72. 李浩：《宁可慢些，但要好些——中国民事司法改革的宏观思考》，载《中外法学》2010 年第 6 期。

73. 李岩峰、王世心：《借鉴·探索·突破_ 来自高密法院审前准备程序试点的调查》，载《人民法院报》2002 年 9 月 1 日第 1 版.

74. 李祖军：《民事诉讼答辩状规则研究》，载《法学评论》2002 年第 4 期。

75. 李祖军、王伟：《审前程序的独立价值与我国审前程序的重构》，载《吉首大学学报》（社会科学版）2006 年第 3 期。

76. 廖群、万俊华：《多年烦心事电话调解了》，载《人民法院报》2010 年 11 月 12 日第 4 版。

77. 廖中洪：《民事证据发现制度比较研究》，载《河南省政法管理干部学院学报》2004 年第 5 期。

78. 廖中洪：《大陆法系当事人主义程序理论溯源——法国 1806 年〈民事诉讼法典〉基本思想与程序理论研究》，载《学海》2008 年第 3 期。

79. 刘洪文、郭云忠：《论我国民事诉讼审前准备程序的构建》，载《河北法学》2001 年第 5 期。

80. 刘建军、申遇友：《回望我国六十年民事审判方式的演进与变迁——以湖南省长沙市雨花区人民法院为视角》，载《法律适用》2009 年第 12 期。

81. 刘金华：《外国审前准备程序比较研究》，载《山西省政法管理干部学院学报》2002 年第 4 期。

82. 刘金华：《我国民事诉讼审前准备程序之构建》，载《山西省政法管理干部学院学报》2005 年第 1 期。

83. 刘连泰：《综合利用各种纠纷资源的机制创新》，载《人民法院报》2010 年 12 月 23 日第五版。

84. 刘敏：《论民事诉讼审前准备程序的重构》，载《南京师范大学学报》（社会科学版）2001 年第 5 期。

85. 刘敏：《论现代法院调解制度》，载《社会科学研究》2001 年第 5 期。

86. 刘敏：《论纠纷的可诉性》，载《法律科学》2003 年第 1 期。

87. 刘敏：《论裁判请求权保障与民事诉讼起诉受理制度的重构》，载《南京师范大学学报》（社会科学版）2005 年第 2 期。

88. 刘敏：《论民事诉讼诉前调解制度的构建》，载《中南大学学报》（社会科学版）2007 年第 5 期。

89. 刘顺斌、厉武成：《变"单打独斗"为"协同作战"——山东省五莲县法院委托调解工作侧记》，载《人民法院报》2010 年 10 月 13 日第 4 版。

90. 刘亚宁、李欣红、徐伟东：《设立庭前准备程序相关问题探讨》，载《法律适用》2002 年第 9 期。

91. 罗书臻：《诉讼调解要靠责任去存进 靠能力去实践 靠制度去保证》，载《人民法院报》2010 年 8 月 6 日第 1 版。

92. 穆昌亮：《我国民事诉讼程序集中化改革建议探索》，载《贵州大学学报》（社会科学版）2008 年第 6 期。

93. 齐树洁：《台湾法院调解制度评析》，载《法学》1994 年第 8 期。

94. 齐树洁：《台湾法院调解制度的最新发展》，载《台湾研究集刊》2001 年第 1 期。

95. 齐树洁：《德国民事司法改革及其借鉴意义》，载《中国法学》2002 年第 3 期。

96. 齐树洁：《构建我国民事审前程序的思考》，载《厦门大学学报》2003 年第 1 期。

97. 齐树洁、李辉东：《中国、美国、德国民事审前程序比较研究》，载江伟主编：《比较民事诉讼法国际研讨会论文》中国政法大学出版社 2004 版。

98. 齐树洁：《英、德民事司法改革对我国的启示》，载《厦门大学学报》（哲学社会科学版）2004 年第 1 期。

99. 齐树洁：《司法改革与纠纷解决机制之重构》，载《中国司法》2005 年第 12 期。

100. 齐树洁：《和谐社会与多元化纠纷解决机制的构建》，载《福建政法管理干部学院学报》2006 年第 2 期。

101. 齐树洁：《莆田"调解衔接机制"的法治意义》，载《司法》2008 年第 3 辑。

102. 齐树洁：《〈民事证据规定〉的困境及其启示》，载《证据科学》2009 年第 2 期。

103. 齐树洁：《关于我国民事司法改革的思考》，载《法学杂志》2009 年第 3 期。

104. 齐树洁：《论我国民事审前程序之构建》，载《法治研究》2010 年第 4 期。

105. 乔李平：《我国民事诉讼审前程序的构建》，载《山西省政法管理干部学院学报》2007 年第 2 期。

106. 荣晓红：《析我国民事诉讼审前准备的不足与立法完善》，载《福建政法管理干部学院学报》2005 年第 3 期。

107. 史栋梁：《民事诉讼审前准备程序研究》，载《沈阳大学学报》2009 年第 4 期。

108. 宋瑞平：《中法民事审前准备程序之比较研究》，载《湖南公安高等专科学校学报》2008 年第 6 期。

109. 宋艳华：《论庭审前准备程序的设立》，载《法律适用》2000 年第 6 期。

110. 孙泊生：《美国法院的调解制度》，载《人民司法》1999 年第 3 期。

111. 孙海龙、高伟：《调解的价值是如何实现的——以部分中、基层人民法院为研究样本》，载《法律适用》2009 年第 10 期。

112. 孙青平、齐聚峰：《论民事诉讼审前程序》，载《当代法学》2001 年第 9 期。

113. 潭秋桂、林瑞成：《法、美、德、日四国民事诉讼准备程序比较》，载《求索》2000 年第 2 期。

114. 唐力：《对话与沟通：民事诉讼构造之法理分析》，载《法学研究》2005 年第 1 期。

115. 唐力：《日本民事诉讼证据收集制度及其法理》，载《环球法律评论》2007 年第 2 期。

116. 唐力：《论协商性司法的理论基础》，载《现代法学》2008 年第 6 期。

117. 汤鸣、李浩：《民事诉讼率：主要影响因素之分析》，载《法学家》2006 年第 3 期。

118. 汤维建：《论民事诉讼中的诚信原则》，载人大复印资料《诉讼法学、司法制度》2003 年第 10 期。

119. 汤维建：《论构建我国民事诉讼中的自足性审前程序——审前程序和庭审程序并立的改革观》，载《政法论坛》2004 年第 4 期。

120. 汤维建：《理念转换与民事诉讼制度的改革和完善》，载

《法学家》2007 年第 1 期。

121. 汤维建：《论民事诉讼法修改的指导理念》，载《法律科学》2007 年第 6 期。

122. 童云华：《德清 陪审员隔空做调解飞书解婚约》，载《人民法院报》2010 年 12 月 4 日第 5 版。

123. 王亚新：《论民事、经济审判方式的改革》，载《中国社会科学》1994 年第 1 期。

124. 王亚新：《实践中的民事审判——四个中级法院民事一审程序的运作》，载《现代法学》2003 年第 5 期。

125. 王亚新：《实践中的民事审判（续）——四个中级法院民事一审程序的运作》，载《现代法学》2003 年第 6 期。

126. 王亚新：《实践中的民事审判（二）——5 个中级法院民事一审程序的运作》，载《北大法律评论》（2004）第 6 卷第 1 辑。

127. 王亚新：《程序·制度·组织——基层法院日常的程序运作与治理结构转型》，载《中国社会科学》2004 年第 3 期。

128. 王亚新：《我国民事诉讼不宜引进"答辩失权"》，载《人民法院报》2005 年 4 月 6 日第 B01 版。

129. 王亚新：《再谈"答辩失权"与"不应诉判决"》，载《人民法院报》2005 年 5 月 11 日第五版。

130. 王亚新：《诉调对接和对调解协议的司法审查》，载《法律适用》2010 年第 6 期。

131. 王奕：《审前会议研究》，载张卫平、程春华、郭小冬主编：《民事程序法研究》（第二辑），厦门大学出版社 2006 年版。

132. 汶辉：《让心结在音乐中消融》，载《人民法院报》2010 年 12 月 3 日第 4 版。

133. 吴坚定：《江州立案调解大开便民之门》，载《人民法院报》

2010 年 12 月 5 日第 4 版。

134. 吴明童：《"直接开庭"与"审理前的准备"之我见》，载《法学评论》1999 年第 2 期。

135. 吴晓明：《论当代中国学术话语体系的自主建构》，载《中国社会科学》2011 年第 2 期。

136. 厦门大学法学院课题组：《司法体制和工作机制改革问题研究》，载《司法改革论评》（第八辑）。

137. 熊跃敏：《民事诉讼审前准备程序的两种模式探析》，载《沈阳师范学院学报》（社会科学版）2000 年第 5 期。

138. 熊跃敏：《日本新民事诉讼法中的当事人照会制度介评》，载《政治与法律》2002 年第 2 期。

139. 熊跃敏：《日本民事诉讼的文书提出命令制度及其对我国的启示》，载陈光中、江伟主编：《诉讼法论丛》（第 7 卷），法律出版社2002 年版。

140. 熊跃敏：《大陆法系民事诉讼中的证据收集制度论析——以德国民事诉讼为中心》，载《甘肃政法学院学报》2004 年第 4 期。

141. 熊跃敏：《法官职权调查证据的比较研究》，载《比较法研究》2006 年第 6 期。

142. 熊跃敏：《民事诉讼中的诉答程序探究》，载《福建政法管理干部学院学报》2007 年第 1 期。

143. 熊跃敏：《和谐社会视野下法院调解的法律阐释》，载《河北法学》2007 年第 1 期。

144. 熊跃敏、周静：《诉讼程序运行中当事人与法院的作用分担论略——以协同进行主义为视角》，载《江海学刊》2009 年第 3 期。

145. 晏景：《我国民事庭前准备程序之完善——从法国的相应制度谈起》，载《法学》2007 年第 11 期。

146. 姚晨奕等：《国际司法性 ADR 的中国化实践》，载《人民法院报》2010 年 12 月 6 日第五版。

147. 杨立新：《中国民事证据法研讨会讨论意见综述》，载《河南省政法管理干部学院学报》2000 年第 6 期。

148. 杨荣新、陶志蓉：《再论审前准备程序》，载《河南司法警官职业学院学报》2003 年第 1 期。

149. 袁兆春、刘同战：《人民调解制度的革新》，载《法学论坛》2009 年第 5 期。

150. 占善刚：《完善民事诉讼审前准备程序之构想》，载《现代法学》2000 年第 1 期。

151. 张世全：《论我国民事庭前准备程序》，载《甘肃政法学院学报》2000 年第 2 期。

152. 张硕：《我国审前准备程序的现状及改革构想》，载《政法论丛》2009 年第 2 期。

153. 张卫平：《大陆法系民事诉讼与英美法系民事诉讼——两种诉讼体制的比较分析》（上），载《法学评论》1996 年第 4 期。

154. 张卫平：《绝对职权主义的理性探知——原苏联民事诉讼基本模式评析》，载《现代法学》1996 年第 6 期。

155. 张卫平：《民事诉讼基本模式：转移与选择之间》，载《现代法学》1996 年第 6 期。

156. 张卫平：《大陆法系民事诉讼与英美法系民事诉讼——两种诉讼体制的比较分析》（下），载《法学评论》1996 年第 5 期。

157. 张卫平：《论民事诉讼中失权的正义性》，载《法学研究》1999 年第 6 期。

158. 张卫平：《民事证据法：建构中的制度移植》，载《政法论坛》2001 年第 4 期。

159. 张卫平：《民事诉讼处分原则重述》，载《现代法学》2001年第 6 期。

160. 张卫平：《起诉条件与实体判决要件》，载《法学研究》2004 年第 6 期。

161. 张卫平：《我国替代性纠纷解决机制的重构》，载《法律适用》2005 年第 2 期。

162. 张卫平：《民事诉讼"释明"概念的展开》，载《中外法学》2006 年第 2 期。

163. 张卫平：《诉讼调解：时下势态的分析与思考》，载《法学》2007 年第 5 期。

164. 张卫平：《回归"马锡五"的思考》，载《现代法学》2009 年第 5 期。

165. 张雪峰：《论我国民事证据失权制度的完善》，载《吉林广播电视大学学报》2008 年第 5 期。

166. 张晋红、余明永：《民事诉讼庭前准备程序研究——兼评〈广东省人民法院民事、经济纠纷案件庭前交换证据暂行规则〉》，载《广东社会科学》2001 年第 2 期。

167. 张晋红、梁智刚：《民事案件审判流程管理改革的问题透析——大立案模式下的思考》，载《广东商学院学报》2009 年第 2 期。

168. 张守增：《司法，彰显对人的关怀》，载《人民法院报》2003 年 3 月 12 日第 6 版。

169. 张伟仁：《中国法文化的起源、发展和特点（上）》，载《中外法学》2010 年第 6 期。

170. 章武生、张大海：《论德国的起诉前强制调解制度》，载《法商研究》2004 年第 6 期。

171. 张艳：《加拿大民事诉讼中的审前准备程序》，载《政治与法律》2002 年第 4 期。

172. 赵晋山：《论审前准备程序》，载陈光中、江伟主编：《诉讼法论丛》（第 6 卷），法律出版社 2001 年版。

173. 赵信会、陈刚：《略论民事诉讼理由的变更》，载《广西政法管理干部学院学报》2001 年第 3 期。

174. 赵正辉、方华：《南长　调与判演绎成"黄金搭档"》，载《人民法院报》2010 年 12 月 13 日第五版。

175. 周翠：《中国与德国民事司法的比较分析》，载《法律科学》2008 年第 5 期。

176. 周永康：《坚持和完善中国特色社会主义律师制度　忠实履行中国特色社会主义法律工作者的职责——在全国律师工作会议上的讲话》，载《人民法院报》2010 年 12 月 6 日第 1 版。

177. 朱福勇：《民事诉讼证据失权在法律适用中的困惑及改造》，载《法学杂志》2007 年第 6 期。

178. 朱旻：《江苏完善诉调对接机制》，载《人民法院报》2010 年 11 月 22 日第 1 版。

179. 左卫民、陈刚：《证据随时提出主义评析》，载《法学》1997 年第 11 期。

四、学位论文

（一）博士论文

1. 崔婕：《民事诉讼准备程序研究》，西南政法大学 2002 年博士论文。

2. 韩波：《民事证据开示制度研究》，清华大学 2003 年博士论文。

3. 苏隆惠：《论民事集中审理之发展趋势——以审前程序为中心》，中国政法大学 2006 年博士论文。

4. 熊跃敏：《民事诉讼准备程序研究》，中国人民大学 2003 年博士论文。

（二）硕士论文

1. 常书燕：《民事诉讼诉答程序制度探析》，中国政法大学 2006 年硕士论文。

2. 戴玉华：《浅谈民事诉讼审前准备程序的构建》，苏州大学 2004 年硕士论文。

3. 丁宝同：《简论民事诉答及对中国之启示》，西南政法大学 2004 年硕士论文。

4. 黄淑云：《论我国民事审前准备程序之构建》，中国政法大学 2007 年硕士论文。

5. 蒋利玮：《论集中审理原则》，清华大学 2006 年硕士论文。

6. 李世伟：《庭前证据交换制度》，西南政法大学 2008 年硕士论文。

7. 李亚婷：《论我国民事诉讼审前程序》，华东政法大学 2009 年硕士论文。

8. 刘志伟：《民事审前准备程序研究》，苏州大学 2004 年硕士论文。

9. 陆俊：《对我国现行民事审前程序的思考》，华东政法大学 2008 年硕士论文。

10. 吕丽群：《从英美民事诉讼诉答程序看我国起诉与受理制度的完善》，苏州大学 2004 年硕士论文。

11. 罗芳梅：《试论我国民事起诉制度的改革与完善》，湘潭大学 2004 年硕士论文。

12. 聂志强：《论我国民事诉讼审前程序改革与完善》，湘潭大学 2008 年硕士论文。

13. 马太庆：《论民事举证时限制度》，西南政法大学 2008 年硕士论文。

14. 孙燕：《民事诉讼审前准备程序研究》，四川大学 2003 年硕士论文。

15. 唐铁湘：《论我国法院调解模式的选择》，湘潭大学 2006 年硕士论文。

16. 张译平：《完善我国民事诉讼证据交换制度之构想》，湘潭大学 2005 年硕士论文。

17. 赵铁军：《审前程序改革研究》，苏州大学 2004 年硕士论文。

五、外文著作及论文

1. Notice Pleading, 31 Harv. L. R. ev. 501 (1918).

2. Moore, A New Federal Civil Procedure – Pleading and Parties, 44 Yale L3. J. 1291, 1307 (1935).

3. Velvel, comments, Federal Rule 12 (e): Motion for More Definite Statement – History, Operation and Efficacy, 61 Mich. L. Rev. 1126 (1963).

4. Standard Title Ins. Co. v. Roberts, 349 F. 2d 613 (8th Cir. 1965).

5. Moore v. Moore 案件 391A. 2D. 762.

6. Hess, Rule 11Practice in Federal and State Court: An Empirical, Compartive Study, 75

7. William Rose, Pleadings without Tears (A Gauide to Leaal Drafting under the Civil Procedure Rules Seventh Edition), Oxford University Press Inc., New York (2007)

8. George L. Paul and Bruce H. Nearon, Discoery Revoulution, ABA Publishing (2006)

9. Galanter & Cahill, Most Case Settle: judicial Promotion and Regula-

tion of Settlements, 46 Stan. L. Rev. 1339, 1387 (1994).

10. A Process Model and Agenda for Civil Justice Reform in the States, by Edward F. Sherman, Stanford Law Review, Vol 46 No. 6 , July 1994, p. 1564.

11. Rocket Dockets: Reducing Delay in Federal Civil Litigation, Carrie E. Johnson, California Law Review, Vol. 85 No. 1 , 1997, 01. p. 236.

12. Charles R. Richey, Rule 16 Revisited: Reflection for the Benefits of Bench and Bar, 139 F. R. D. 525, 526 , 1991.

13. Lauren Robel, Fractured Procedure: the Civil Justice Reform Act of 1990, 46 Stan. L. Rev. 1447, 1456 – 60 ; Charles R. Richey, Rule 16 Revisited: Reflection for the Benefits of Bench and Bar, 139 F. R. D. 525, 526 , 1991, p. 534.

14. Charles R. Richey, Rule 16 Revisited: Reflection for the Benefits of Bench and Bar, 139 F. R. D. 525, 526 , 1991, p. 680.

15. The Discovery Revolution, Discovery Amendments to the Federal Rules of Civil Procedure, George L. Paul and Bruce H. Nearon, 2005, p. 13.

16. J Clifford Wallace. Civil pretrial procedures in Asia and the Pacific: A comparative analysis , The George Washington International Law Review. Washington: 2002. Vol. 34, Iss. 1,.

17. M. D. グリーン：「体系アメリカ民事訴訟法」, 小島武司、椎橋邦雄、大村雅彦共訳, 信山社, (1993)。

18. 田中和夫：「アメリカにおける単一訴訟方式」,『訴訟法学と実体法学』, 早稲田大学法学会, (1956)。

19. 吉村徳重：「アメリカにおける訴訟物をめぐる学説の展開」,『民訴雑誌』11 号, (1964)。

20. 田中和夫：「普通法の訴訟手続と衡平法の訴訟手続」，『裁判と法　下』，有斐閣，(1967)。

21. 桜田勝義：「アメリカにおける民事訴訟法典の成立と発展—フィールド法典を中心として」，『民商法雑誌』52 巻 4 号，(1965)。

22. 小林秀之：「アメリカ民事訴訟法」，弘文堂，(1994)。

23. 田中和夫：「米國聯邦新民事訴訟法」，『法政研究』10 巻 1 号，(1939)。

24. 小林秀之：「民事訴訟法がわかる：初学者からプロまで」，日本評論社，(2007)。

25. 加藤新太郎：「民事事実認定と立証活動」，「第 1 巻」，判例タイムズ社，(2009)。

26. 伊藤眞，山本和彦：「民事訴訟法の争点」，有斐閣，(2009)。

27. 托马斯・A. 马沃特著：《审前程序》(影印本)，中信出版社 2003 年版。

图书在版编目（CIP）数据

基本原理与理性构建：民事审前程序研究/胡晓霞著.
—北京：中国法制出版社，2013.8
ISBN 978 - 7 - 5093 - 4741 - 6

Ⅰ.①基… Ⅱ.①胡… Ⅲ.①民事诉讼 - 诉讼程序 -
研究 - 中国 Ⅳ.①D925.118

中国版本图书馆 CIP 数据核字（2013）第 179934 号

策划编辑 唐 鹃　　　责任编辑 唐 鹃　　　封面设计 李 宁

基本原理与理性构建：民事审前程序研究
JIBEN YUANLI YU LIXING GOUJIAN：MINSHI SHENQIAN CHENGXU YANJIU

著者/胡晓霞
经销/新华书店
印刷/三河市紫恒印装有限公司
开本/880×1230 毫米　32　　　　　　印张/9.5　字数/229 千
版次/2013 年 8 月第 1 版　　　　　　2013 年 8 月第 1 次印刷

中国法制出版社出版
书号 ISBN 978 - 7 - 5093 - 4741 - 6　　　　　定价：30.00 元
北京西单横二条 2 号　邮政编码 100031　　　传真：66031119
网址：http：//www.zgfzs.com　　　　　编辑部电话：66066820
市场营销部电话：66033296　　　　　　邮购部电话：66033288